中国华电
CHD

发电企业
7S管理

中国华电集团公司　编

中国电力出版社
CHINA ELECTRIC POWER PRESS

内 容 提 要

本书系统、翔实地介绍了发电企业 7S 管理的含义、作用、推进内容、推进方法、推进典型工具、检查评价及常态化管理等内容，对发电企业 7S 管理的导入、推行、巩固、提升的全过程管理具有一定的帮助和指导意义，对其他企业的 7S 管理推行亦有借鉴作用。

本书既可作为 7S 管理理论的培训教材，也可作为发电企业、咨询公司推行 7S 管理的实操手册。

图书在版编目（CIP）数据

发电企业 7S 管理/中国华电集团公司编. —北京：中国电力出版社，2014.6（2017.6 重印）
ISBN 978-7-5123-5963-5

Ⅰ. ①发… Ⅱ. ①中… Ⅲ. ①发电厂－工业企业管理 Ⅳ. ①F407.61

中国版本图书馆 CIP 数据核字（2014）第 106311 号

中国电力出版社出版、发行
（北京市东城区北京站西街 19 号　100005　http://www.cepp.sgcc.com.cn）
北京博图彩色印刷有限公司印刷
各地新华书店经销

*

2014 年 6 月第一版　　2017 年 6 月北京第九次印刷
787 毫米×1092 毫米　16 开本　15.25 印张　323 千字
印数 21501—22500 册　定价 **42.00 元**

版 权 专 有　侵 权 必 究
本书如有印装质量问题，我社发行部负责退换

编 委 会

主　　　任　李庆奎
常务副主任　程念高
副　主　任　陈建华
编　　　委　（以姓氏笔画排序）
　　　　　　刘传柱　李　丰　金泽华

主　　　编　刘传柱
副　主　编　赵晓东　李雪忠　李前锋　田　亚
　　　　　　李朝新
编 写 人 员　许晓斌　周卫红　崔艳东　张亚光
　　　　　　施　杨　孙锋伟　马生亮　刘海涛
　　　　　　牟晓东　蔡凌龙　聂勇勇　田小兵
　　　　　　刘有茂　余弟录
审 查 人 员　张存柱　侯　丽　陈宇肇　马天忠
　　　　　　林　峰　马卡安　孙广卓　童文洪
　　　　　　汪向华　王光新　王贵来　谢跃峰
　　　　　　郝光辉

序

自 1989 年开始,电力企业以"安全文明生产达标"和"创一流"为载体全面加强企业管理,基础管理得到夯实,安全文明生产水平显著提高。随着电力体制改革的深入推进和市场化程度的日益提高,发电企业面临的内外部环境发生了新的变化,对企业安全生产、成本控制和内部管理提出了更高的要求。发电企业亟须找到一种有效的管理手段来进一步强化管理,提升企业核心竞争力,以求在激烈的市场竞争中立于不败之地。

7S 管理是在 5S 管理的基础上完善而来的。5S 起源于日本,在日本企业中得到广泛推行。5S 在塑造企业形象、降低成本、准时交货、安全生产、高度标准化和现场改善等方面发挥了巨大作用。对于发电企业,安全是企业的生命线,节约是降低成本的重要手段。为此,中国华电集团公司在 5S 的基础上引入了"安全"和"节约",形成了 7S 管理理念。7S 管理的核心是"认真"和"精细",是从最简单的整理、整顿、清扫入手,通过制度固化,培养员工认真严谨的工作素养,进一步夯实企业管理基础,减少各种浪费,使企业管理更加精细规范。

中国华电集团公司成立以来,始终致力于企业管理创新的研究与实践。2009 年,华电包头公司将 7S 管理理念率先导入发电企业,经过五年的完善、巩固和提升,取得了良好效果。近几年,7S 管理在华电系统 30 余家企业中推广。实践证明,7S 管理在提高设备健康水平,提升安全保障能力,有效降低生产成本,激发员工创新活力,营造良好工作环境等方面效果明显。中国华电集团公司在认真总结 7S 管理成功推行经验的基础上,编写了《发电企业 7S 管理》一书。本书是 7S 管理试点研究基本理论、实践和经验的总结,紧密结合发电企业实际,深入浅出地对 7S 管理的内涵和推行方法进行了细致的阐述,具有很强的理论性、指导性、针对性和可操作性。

希望本书的出版能够对 7S 管理在华电系统乃至整个发电行业的推广及应用起到积极的促进作用。

中国华电集团公司董事长、党组书记

2014 年 5 月 28 日

前　言

随着经济社会的不断发展与电力体制改革的深入推进，发电企业面临的内外部环境复杂多变，市场竞争日益激烈，同时能源结构加快向清洁、低碳方向转变，节能环保压力不断增大，对发电企业安全生产、成本控制和内部管理提出了更高的要求。内外部环境的变化，使发电企业迫切需要一种有效的管理手段来强化基础管理，提升企业的竞争能力、抗风险能力和可持续发展能力。2009年，华电包头公司在发电企业中率先推行7S管理，随后7S管理又在华电系统30余家电厂陆续推广应用，对提升企业综合管理水平具有积极的促进作用。7S管理已经成为一种强化企业基础管理的有效手段。

为更好地开展发电企业7S管理工作，中国华电集团公司在认真总结7S管理成功经验的基础上，组织编写了《发电企业7S管理》一书。本书立足"来源于发电企业，服务于发电企业"的原则，系统、翔实地介绍了发电企业7S管理的含义、作用、推进方法、推进典型工具、检查评价及常态化管理等内容。书中大量引用7S管理过程中的典型案例，包含诸多制度、表格、图片和实战范本，文字简明扼要、通俗易懂，可以有效减少发电企业的摸索过程，提高7S管理推行效率，"拿来可用、用之有效"，有利于发电企业在7S推行过程中更好地把握重点、解决难点、消除盲点，具有十分鲜明的管理特色。

本书对发电企业7S管理的导入、推行、巩固、提升的全过程管理具有一定的帮助和指导意义，对其他企业的7S管理推行亦有借鉴作用，既可作为7S理论知识的培训教材，也可作为发电企业、咨询公司推行7S管理的实操手册。

本书自2014年3月份开始，历时3个月编写完成，付梓出版。第一章由崔艳东编写；第二章和第四章由马生亮、施杨、牟晓东、蔡凌龙、刘海涛、聂勇勇、孙锋伟共同编写；第三章由张亚光编写；第五章由田小兵、刘有茂编写；第六章由周卫红编写；全文统稿由周卫红完成。本书漫画由冯亮绘制。本书案例、图片等资料主要来源于华电内蒙古能源有限公司、华电内蒙古能源有限公司包头发电分公司、福建华电可门发电有限公司、华电新疆发电有限公司红雁池电厂、福建华电漳平火电有限公司、华电福新能源股份有限公司甘肃分公司、华电四川发电有限公司宝珠寺水力发电厂、贵州乌江水电开发有限责任公司构皮滩发电厂、福建棉花滩水电开发有限公司等单位。另外，本书的编写工作得到了深圳市立正管理咨询有限公司的大力支持和帮助，在此表示感谢！

由于时间仓促、水平有限，书中问题和不足在所难免，恳请广大读者提出宝贵意见，使之不断完善。

编　者

2014 年 5 月

目 录

序
前言

第一章　7S 概述

第一节　关于 7S ··· 2
第二节　发电企业推行 7S 管理的意义 ································ 5
第三节　7S 管理的认识误区 ·· 7
第四节　7S 与其他管理活动的关系 ······································ 9

第二章　7S 推进内容

第一节　整理 ··· 12
第二节　整顿 ··· 23
第三节　清扫 ··· 37
第四节　清洁 ··· 60
第五节　素养 ··· 65
第六节　安全 ··· 71
第七节　节约 ··· 99

第三章　7S 推进方法

第一节　推进原理及阶段 ··· 110
第二节　推进组织及职责 ··· 111
第三节　推进具体步骤 ·· 115
第四节　推进要诀 ·· 143

第四章　7S 推进典型工具

第一节　定点摄影法 ······148
第二节　洗澡活动 ······149
第三节　目视化管理 ······153
第四节　红牌作战 ······162
第五节　全员生产性维护（**TPM**） ······166

第五章　7S 管理检查评价

第一节　7S 检查评价组织机构 ······188
第二节　7S 检查评价准备 ······189
第三节　检查组织实施 ······212
第四节　检查结果运用 ······213

第六章　7S 常态化管理

第一节　7S 标准化 ······218
第二节　7S 常态化组织管理 ······220
第三节　持续改善 ······226
第四节　7S 管理的延伸与提升 ······230

参考文献 ······234

7S 概述

第一章

第一节 关 于 7S

一、7S 的起源

提起 7S，首先要从 5S 谈起。1955 年，日本企业提出"安全始于整理整顿，终于整理整顿"的宣传口号，其目的是为了确保足够的作业空间和安全。整理（SEIRI）、整顿（SEITON）的日文罗马拼音单词首字母都是 S，因此称为 2S。后来，根据生产和品质控制的需要，逐步提出后续 3S，即清扫（SEISO）、清洁（SEIKETSU）、素养（SHITSUKE），从而形成了系统的 5S 管理方法。日本企业将 5S 管理作为工厂管理的基础，再加上品管圈（QCC）活动的推行，使得"二战"后工业产品质量和效益得以迅速提高，从而奠定了日本经济强国的地位。而在以丰田为代表的日本公司的倡导推行下，5S 管理对于塑造企业形象、降低成本、准时交货、安全生产、作业标准化、创造良好工作环境等方面的巨大改善作用逐渐被管理界认同，5S 逐渐成为现场管理的一种有效工具。1986 年，首部 5S 管理著作问世，使 5S 发展成为现场管理的一种理论，被当今世界大多数知名企业所使用。

20 世纪 90 年代，以海尔为代表的国内企业在 5S 现场管理的基础上，增加了"安全"（SAFETY）形成 6S。中国华电集团公司结合发电企业对效益的本质追求，在 6S 基础上创新增加了"节约"（SAVE）要素，拓展了 6S 管理的内涵和适用范围，从而形成发电企业的 7S 管理。

二、7S 的含义

整理：区分必需品和非必需品，工作场所只放置必需品；
整顿：定位并标识必需品，确定数量和责任人，将寻找必需品的时间降至最低；
清扫：保持现场设备、设施干净整洁，防止故障发生，使其随时处于可用的状态；
清洁：将整理、整顿、清扫进行到底，维持前 3S 成果并使之制度化；
素养：通过前 4S 改善活动，员工自觉养成遵守规章制度的良好习惯；
安全：消除事故隐患，排除险情，预防事故发生，保障生产和员工人身安全；
节约：通过改善活动降低生产成本，减少浪费，提高效率。
以上为 7 个"S"的含义，为方便理解和记忆，可用以下短句来描述 7S。

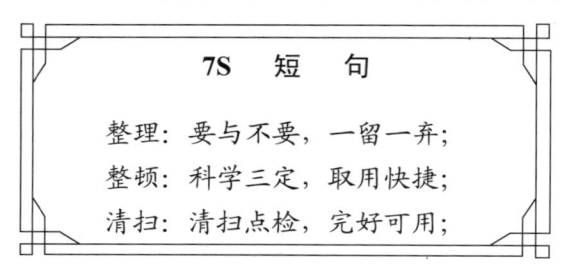

> **7S 短 句**
>
> 整理：要与不要，一留一弃；
> 整顿：科学三定，取用快捷；
> 清扫：清扫点检，完好可用；

> 清洁：形成制度，维持提升；
> 素养：遵章守纪，养成习惯；
> 安全：风险预控，本质安全；
> 节约：浪费最小，价值最大。

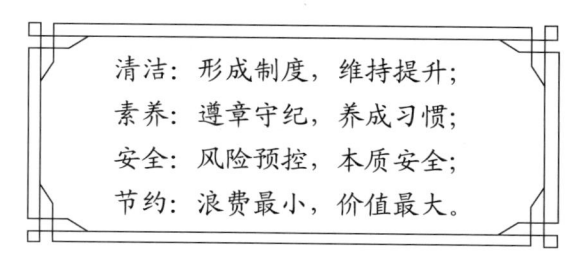

三、7个"S"间的关系

7个"S"并不是各自独立、互不相关的，它们之间是相互关联、密不可分的。从图1-1可知，整理是整顿的基础，整顿是整理的巩固和深化；清扫是保持并提升整理、整顿的手段，是对整理整顿的日常检查和持续改善；清洁是保持前3S成果并使之制度化；素养是通过持续推行前4S来培养员工自律精神，使员工养成遵章守纪的好习惯，自觉开展整理、整顿、清扫、清洁活动；安全和节约既是前5S的改善成果，又是前5S的拓展和提升。概括起来说，整理、整顿、清扫是手段，清洁是动力，素养是核心，安全和节约是目标和方向。所以，企业全面推行7S，能够在管理上取得显著成效，不断提高管理水平，有力推动企业可持续发展。

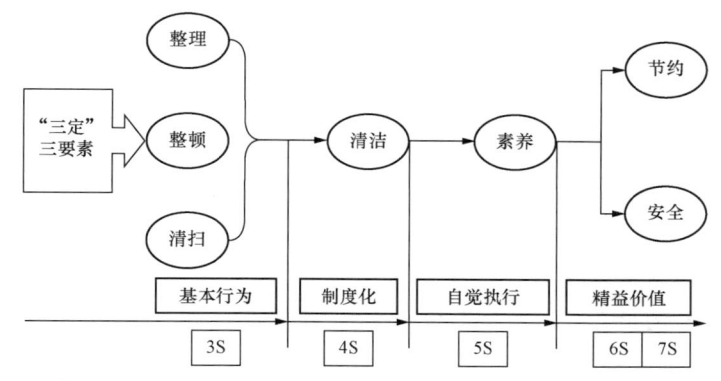

说明："三定"即定点、定类、定量；三要素即场所、方法、标识。

图1-1　7S关系图

四、7S管理的作用

（一）对企业的作用

7S管理是强化企业基础管理的一种有效手段。我们常说7S管理是帮助企业强身健体、增强抵抗力的一种基本功。只有练好这项基本功，企业的安全保障能力、成本管控能力、管理改善能力增强了，企业的"身体素质"好了，企业才能在日趋激烈的市场竞争中立于不败之地。

1. 使企业管理更加关注细节

发电企业许多问题，尤其是安全问题，其原因往往都是对细节的忽视。7S是一种关注细节、追求精细化的管理。例如在开展清扫活动时，重点是发现灰尘、脏污、异音、松动、锈蚀等微小问题，这些问题虽然不会立即引起故障，但却是隐患产生的源头。7S 管理关注企业内容易被忽视的细枝末节，通过加强管理，消除现场混乱、隐患，提高员工意识和素养，防止"小患"发展成"大病"。

2. 使企业增强自我完善能力

7S 管理倡导鼓励员工及时发现工作中的不科学、不合理、不安全、不节约的问题，鼓励员工制订改善提案，提出改善措施并实施改善，调动员工参与企业管理的积极性，激发企业管理提升的内在动力，帮助企业建立自我诊断、自我修复的良性循环机制，提升企业的自我完善能力。

3. 使企业凝聚力、向心力全面提升

员工齐心协力实施 7S 改善，每月组织评比检查，让优秀员工、先进团队走上台去讲述改善故事，分享改善经验；每天召开晨会，进入生产现场相互提醒工作是否到位，遇到问题共同商讨解决对策等。这些 7S 活动的开展，创造出了更加和谐温馨的工作氛围，使企业凝聚力和向心力得到前所未有的提升，使企业的每个细胞都充满生机和活力。

（二）对员工的改变

"人造环境，环境育人。"7S 管理是一个由外而内的过程，着眼于对环境的改造，通过改变环境，潜移默化地改变人的行为。

1. 培养员工的认真精神

7S 管理能够提高员工素养，说到底是让员工革除马虎之心，养成凡事认真的好习惯，成为做每项工作都讲究"认真"的人。

（1）按规矩办事。7S 推行了一个阶段后，员工自然而然会养成按规矩办事的习惯，这就是推行过 7S 企业的员工与没有推行过 7S 企业员工的最大差别。员工养成按规矩办事的习惯，就大大降低了企业安全生产事故的发生率。

（2）强化责任理念。7S 从整顿开始，就引入了责任的理念，明确了每项工作、每台设备、每样工具的责任人和责任要求，并使其目视化，再通过持续不断的督促、检查、落实，将责任管理理念根植到员工心中。

2. 提升员工的执行力

很多时候，员工会因为有领导监督就认真工作，领导没有监督就放松要求。7S 管理是帮助员工与自己不良习惯做斗争最有效的方法，使员工的执行力实现"领导在与不在一个样"，主要原因是：

（1）方便理解和实施。7S 通过形迹化、卡槽等有效的整顿措施使定置管理简便易行，通过明确的标识使工作方法一目了然，令执行变得更加简单。

（2）具有效率优势。增强执行力的一个关键要求是迅速贯彻，7S 要求在 30 秒内找到资料和工具，员工工作效率提高了，执行力也会相应增强。

（3）有利于监督检查。及时有效的监督检查是增强执行力的重要保障。7S 工作要求一目了然，实施效果显而易见，易于开展监督检查工作。

3. 促进员工更加热爱工作

推行过 7S 的企业都会有这样的感受，推行初期是企业推着员工往前走，后来是员工推着企业往前走。7S 使员工更加热爱工作，更加热爱岗位，主要原因是：

（1）创造了干净整洁的工作环境，使员工心情愉悦；

（2）作业流程更加规范、有序，提高工作效率；

（3）员工自己动手，更加爱惜改善成果；

（4）员工创造力得到激发，能力得到肯定认可，产生自豪感。

第二节　发电企业推行 7S 管理的意义

一、发电企业推行 7S 管理的背景

随着社会经济的不断发展与电力企业体制改革的不断推进，发电企业面临的经营环境日趋复杂多变，市场竞争日益激烈；同时能源结构加速向低碳、清洁方向转变，节能环保压力不断增加，对发电企业安全生产、成本控制和内部管理提出了更高的要求。发电企业生存和发展须满足四个方面的基本需求（见图 1-2）：一是安全，安全是发电企业生存和发展的基础；二是环保，环保既是国家政策的强制要求，又是发电企业必须履行的社会责任；三是经济，提升盈利能力和价值创造能力是企业的根本追求；四是可靠，可靠是发电企业可持续发展的前提和保障。

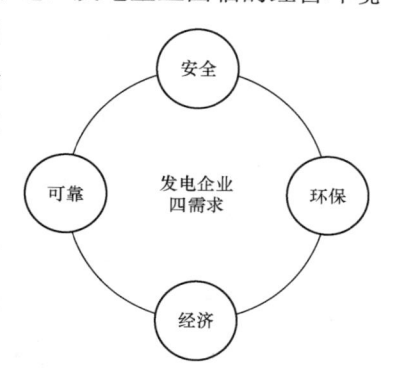

图 1-2　发电企业基本需求

外部需求和内部要求，使发电企业迫切需要一种有效的管理工具和手段来强化基础管理，提升企业的竞争能力、抗风险能力和可持续发展能力。发电企业要想在激烈的市场竞争中立于不败之地、实现可持续发展、创建一流发电企业，就要扎扎实实地从现场管理抓起，从解决身边的问题开始，努力夯实基础管理，使企业拥有更加强健的体魄。

二、发电企业推行 7S 的意义

7S 管理是规范生产现场的有效手段。7S 管理通过实施整理、整顿、清扫、清洁、素养、安全、节约活动，能消除生产现场不利因素，达到保障安全生产、提高设备健康水平、降低生产成本、改善生产环境、鼓舞员工士气、塑造企业良好形象的目的。发电企业推行 7S 能够实现事故为零、污染为零、浪费为零、缺陷为零、差错为零、投诉为零、违章为零

的目标。

（一）保障安全生产——实现事故为零、污染为零的目标

1. 事故为零

7S 管理能够有效治理人的不安全行为和物的不安全状态，显著提高员工的风险防范能力，最终实现安全可控在控、事故为零的目标。主要理由如下：

（1）整理、整顿后，通道和逃生路线等不会被占用；

（2）员工正确使用劳动保护用具，不会违规作业；

（3）物品放置、搬运、贮存、保养等都考虑了安全因素；

（4）现场安全标志齐全，介质流向和标牌清晰，能够防止误入和误操作；

（5）所有设备都进行清扫，能预先发现存在的问题，有效消除设备隐患；

（6）危险源得到辨识和控制，应急预案齐备，应急处理程序清晰，突发事件能得到妥善处置；

（7）工作场所宽敞、明亮、通畅，现场一目了然，安全隐患易于发现和治理。

2. 污染为零

7S 管理能够提高环保设施可靠性、投入率，保障环保绩效优良，实现污染为零。主要理由如下：

（1）环保设备得到可靠维护，投入率达到或优于国家标准；

（2）噪声得到控制和治理；

（3）废弃物循环利用，变废为宝；

（4）现场环境整洁有序，从源头上防止污染；

（5）员工正确佩戴劳保用品。

（二）促进降本增效——实现浪费为零的目标

7S 管理能够实现浪费为零的目标。主要理由如下：

（1）7S 能减少库存量，避免零件、材料、备件库存过多，避免储存设施和搬运工具过剩；

（2）避免购置不必要的设备、备件、工器具及办公物品等；

（3）避免"查找"、"等待"等引起的浪费；

（4）优化运行操作方法，减低耗差，提高经济效益；

（5）流程优化，消除不必要的审批环节等管理流程，提高企业管理效率，减少管理浪费。

（三）提高设备可靠性——实现设备缺陷为零的目标

7S 管理能够保障设备在规定的时限内运行可靠，不出现限出力、降负荷的情况。主要理由如下：

（1）目视化管理，使设备状态、现场环境一目了然，为设备管理奠定良好的基础；

（2）污染源治理，现场无七漏（漏水、漏油、漏气、漏煤、漏粉、漏灰、漏汽），设备维护保养到位；

（3）运行人员操作熟练、精细调整，避免出现超温、超压等影响设备健康的事件；

（4）每日进行点检，缺陷早发现、早处理，防患于未然。

（四）规范企业管理——实现差错为零的目标

7S管理能够提高员工的标准执行力度和工作熟练度，员工操作正确、快速，差错为零。主要理由如下：

（1）在推行7S过程中，好的经验和做法逐渐固化为公司的制度标准体系，减少出错的可能；

（2）员工养成了遵章守纪的良好习惯，形成了认真、严谨的工作作风，员工按规范的标准和流程去操作，避免出错；

（3）目视化的现场，任何状态都一目了然，员工不易出错。

（五）树立企业形象——实现投诉为零的目标

投诉为零，7S管理能够提高人的素养和打造卓越现场，企业满意度高、形象好。主要理由如下：

（1）机组性能好，电、热负荷调整及时，电、热产品质量符合要求；

（2）企业提供清洁、绿色的电能和热能；

（3）企业认真履行社会责任，树立良好企业形象；

（4）员工精神面貌良好，工作行为规范，执行力强；

（5）工作方便，环境舒适，员工满意。

（六）提升员工素养——实现违章为零的目标

7S管理使员工养成遵章守纪的良好习惯，员工遵守各项规定，没有违章指挥、违章作业、违反劳动纪律的行为，实现违章为零。主要理由如下：

（1）目视化现场、规范化流程，使违章的可能性降至最低；

（2）通过7S推行，员工养成遵章守纪习惯，不违反法律法规、规章制度，不发生"三违"行为。

总而言之，通过7S管理的推行和应用，发电企业能够实现可持续发展，逐渐成为有影响力的企业，并且至少达到四个相关方的满意：一是投资者满意，通过7S，企业管理达到更高境界，投资者可以获得更大的利润和回报；二是客户满意，表现为高质量、低成本、技术水平高、生产调节度大等特点；三是员工满意，企业效益好，员工幸福指数高，人性化管理使每个员工都能获得价值感和成就感；四是社会满意，企业热心公益事业，支持环境保护，履行社会责任，对社会做出杰出的贡献，树立了良好的社会形象。

第三节　7S管理的认识误区

企业在推进7S过程中，可能会出现以下认识的误区：

一、认为 7S 活动只花钱，不产生经济效益

部分企业管理者甚至个别高层管理人员存在急功近利的思想，7S 推进没多久就期待企业经济效益得到明显提升，短期内看不到效益就打退堂鼓。事实上，7S 推进初期的效果更多地体现在现场环境的改善、员工意识行为的改变和企业形象的提升上。它对企业效益的贡献需要一个长期的过程，通过改善现场环境提高安全生产水平，通过整顿和节约减少浪费降低成本，通过提高员工素养改善工作效果，通过激发员工积极性促进企业各方面管理水平的提升。因此，企业 7S 的倡导者、推进者要做好打持久战的准备。

二、认为 7S 就是打扫卫生，是一阵风，是搞运动

一些企业的员工，包括高层管理人员对 7S 的认识不足，觉得 7S 就是打扫卫生，清洁环境，所以认为 7S 很简单，在检查前突击应付一下就可以了。其实打扫只是 7S 清扫环节中的一部分工作，7S 的清扫包含扫除脏污、发现问题、进行改善三个步骤，而且在清扫之前要清除现场的非必需品，再将它们分类定置。推进 7S 是一个由外而内、持续改善的过程，通过创造良好的环境改变人的行为习惯，通过培养员工不断改善的精神，打造追求卓越的企业文化。因此，推进 7S 活动并不是打扫卫生，更不是搞运动。7S 管理活动的开展需要不断深入，需要长期坚持。

三、认为 7S 就是扔东西，浪费企业资源

在整理阶段，有的员工为了应付检查把原本有用的东西也扔了，让一些人认为 7S 就是扔东西。其实整理不是扔东西，而是清除非必需品，然后将有用的物品分类摆放，明确数量，将不需要的、不能用的、过量的非必需品从本岗位、现场"扔"出去。但"扔"是对本岗位、本现场而言，不是对企业而言，本岗位用不到但企业其他地方能用到的物品要退库保存，本岗位近期不用但以后会用到的可以放回库房备用。所以说整理不是简单地扔东西，需要结合工作需要认真检查判断。

四、认为 7S 是形象工程，是做秀

一些企业的员工认为 7S 是企业领导的面子工程，目的只是为了树立良好的企业形象。7S 不是做形象工程，是使环境变得整齐、规范、清爽，让员工有一个良好的工作环境。7S 是通过环境的规范最终促成人行为的规范。就像盖房子需要坚实的地基一样，7S 活动是现场管理的基础，最重要的作用之一就是改变人的行为习惯。很多企业规章制度已经非常完善了，但是还是会出现很多问题，归根结底是员工做事不认真，规章制度执行不到位，而 7S 就是根治这一顽症的良药。通过 7S 活动的持续、深入开展，规范员工行为、保障安全生产、提升企业效益才是推进 7S 的最终目标。

五、开展 7S 活动主要靠员工自发行动，不用设立专门机构

有的企业推进 7S 管理没有结合企业实际情况，管理层没有领悟 7S 的内涵，更没有深入生产一线，只是生搬硬套其他企业的做法，形成 7S 标准发给员工强制推进，最终将 7S 推进失败的原因归结为员工不愿意参与。7S 活动需要全员参与但并不等于可以放任不管，必须通过有力的组织，建立有效的激励机制，调动员工参与的积极性。如果只是发给员工一本改善手册让员工照着做，员工不知道为什么这样做，没有掌握改善技能，没有领会 7S 管理的内涵实质，推进工作是不会成功的。

六、认为 7S 只是生产现场的事情，与机关后勤人员无关

一些机关、后勤人员认为 7S 是生产现场的事，与自己无关。7S 是一种有效的改善工具，不仅适用于生产现场，也适用于办公和后勤区域。办公环境改善，后勤环境整洁，也能有效提升工作效率，改善管理效果。7S 活动倡导的是领导带头、自己动手、全员参与，只有领导带头、身先士卒，才能取得好的效果。7S 做得好的企业，一定会做到全动员、全覆盖。

第四节　7S 与其他管理活动的关系

7S 管理是打造卓越现场的有效工具，能够实现人、机、料、法、环的有序管理。但企业为实现不同的管理目标往往采用不同的管理方法，如 TPM、TQM、ISO 9000、6 西格玛、ERP、精益管理等。企业已实施其他的管理方法，还需要再推行 7S 吗？7S 管理和其他管理活动又是什么关系呢？

一、发电企业常用的管理方法

下面简单介绍发电企业常用的几种管理方法：

谈起设备管理必提 TPM。全员生产性维护（Total Productive Maintenance，TPM）是以追求生产系统效率（综合的效率）的极限为目标，突出了全员参与为生产服务的观念，使用各种有效的手段，构筑能防止所有灾害、不良、浪费的体系。TPM 关注的是团队合作和成员的细致细心。

全面质量管理（Total Quality Management，TQM）是指一个组织以质量为中心，以全员参与为基础，目的在于通过顾客满意和本组织所有成员及社会受益而达到长期成功的管理方法。全面质量管理的关注点是为用户服务、全过程全员管理。

ISO 9000 质量管理体系是企业发展与成长之根本，ISO 9000 不是指一个标准，而是一系列标准的统称。企业实施 ISO 9000，需要营造一种"人人积极参与，事事符合规则"的

良好氛围。这往往也是 ISO 9000 推行工作的重点及难点。

精益管理是起源于日本丰田汽车公司的一种生产组织管理方式。精益管理要求企业的各项活动都必须运用"精益思维"（Lean Thinking）。"精益思维"的核心就是以最小资源投入，创造出尽可能多的价值。

二、7S 管理与其他管理活动的关系

7S 管理只是一种高效的企业管理手段，不是包治企业百病的灵丹妙药，不可能代替所有的管理活动。但 7S 管理可以作为其他管理活动的基础，在 7S 管理的基础上开展其他管理活动，可以收到事半功倍的效果。

7S 各要素所提出的要求都与员工的日常行为息息相关，相对来说比较容易获得共鸣，7S 能够营造一种"人人积极参与，事事遵章守纪"的良好氛围。有了这种氛围，推行 TPM、TQM、ISO 9000、精益管理等就更容易获得员工的支持和配合，有利于调动员工的积极性，形成强大动力。另外，人才是企业管理进步的支撑。推行 7S 可以为企业培养一批善思考、勤动手、有能力、有方法、有干劲的管理人才，为成功开展其他管理活动提供了保障。

一般情况下，实施 TPM、TQM、ISO 9000、6 西格玛、ERP、精益管理等活动的效果是长期性的、隐蔽的，短期难以看到显著效果，而 7S 活动的效果是立竿见影的。如果在推行其他管理活动之前导入 7S，可以通过在短期内获得显著效果来增强企业和员工的信心。

7S 注重从现场管理入手，是维持现场良好生产秩序、提升企业基础管理水平的有效工具。而现场管理水平的高低，则制约着 TPM、TQM、ISO 9000、6 西格玛、ERP、精益管理等活动能否顺利推行。由此可见，在实施 TPM、TQM、ISO 9000 等管理活动的企业中推行 7S，可以为相关活动提供肥沃的土壤，为活动的成功推进提供强有力的保障。

7S 推进内容

第二章

第一节　整　理

一、整理的含义

整理是将生产现场、办公场所、库房等区域的设备、资料、物品清楚地区分为必需品和非必需品，对必需品进行妥善保管，非必需品则清出工作场所，在工作场所只放置必需品。

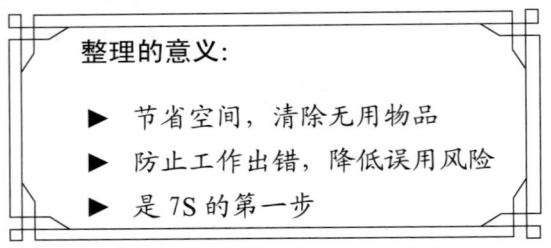

> 整理的意义：
> ▶ 节省空间，清除无用物品
> ▶ 防止工作出错，降低误用风险
> ▶ 是 7S 的第一步

就企业而言，如果不及时整理生产现场、办公场所、库房等区域，会造成时间、空间、资金等多方面的浪费。实施非必需品的整理，能避免这些浪费，提高工作效率。

二、整理的作用

1. 消除混放、减少差错

未经整理的生产现场，材料、物品、零配件等任意摆放、杂乱无章，不仅造成极大的浪费，还会给管理带来不便，为安全埋下隐患。

未经整理的办公场所，办公用品、物件、桌椅、资料等混合放置，任意摆放，造成资源浪费，影响工作效率和心情。

2. 减少库存、节约资金

库存物品如不及时整理，就会不断增加占用面积，即使再大的库房场地也无法满足需要，增加了管理时间、成本，加大了管理难度，且使管理的准确性降低。

电力企业生产过程中，设备改造、技术革新、小型基建等结束后，会导致一些拆除后的设备备件已不能继续使用。通过整理、鉴定、审批等规定流程进行处理，可以有效减少场地占用，减少库存，节约资金。

3. 减少碰磨、保证安全

如果现场及库房物件凌乱，随意堆放，会对精密仪器以及怕碰磨、易碎设备造成损坏，影响设备可靠性，导致成本增加。通过整理可以避免这一隐患。

4. 通行顺畅、释放空间

生产现场、库房等经常会出现一些未使用完的配件、材料，拆除下的零件、废品等物品，这些物品任意摆放既妨碍通行，又占据空间，对安全极为不利，因此必须将这些物品从现场整理出去。

通过整理，使现场保留最有用的可要的物品，将不要的物品处理掉，使生产现场更加清爽。文件柜内物品整理前后效果如图 2-1 所示。

图 2-1 文件柜整理前后效果

三、整理的步骤

整理的步骤如图 2-2 所示。

（一）现场检查

在实施整理工作之前，首先要做好对生产现场、办公区域、检修工具间、库房、室外等区域的检查工作。

（1）生产现场：主要检查设备、材料、工器具、地面、环境（如零部件、推车、叉车、工具、工具柜、材料箱、油桶、油盒、保温材料、检修电源等）；

（2）办公区域：主要检查办公设施、办公用品、地面（如抽屉和橱柜里的物品、桌上的物品、公告栏、

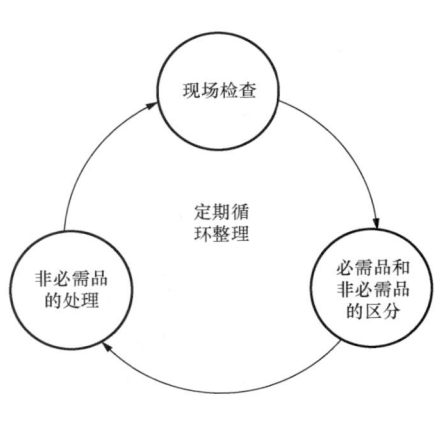

图 2-2 整理的步骤

标语、风扇、时钟、纸屑、杂物、花盆等；

（3）检修工具间：主要检查设备、工具、个人物品、地面（如工作台面、角料、余料、大布、手套、螺丝刀、扳手、图表、资料、电源线等）；

（4）库房：主要检查设备、物料、地面（如材料、货架、标签、名称等）。

对以上各处进行全面检查，不留死角，为区分必需品与非必需品创造条件。

（二）必需品和非必需品的区分

1. 必需品

必需品是指经常使用的物品，如果没有它，就必须购入替代品，否则将影响正常工作，一般包括：

（1）正常使用的设备、设施、装置等；

（2）使用中的推车、叉车、装载机、工作梯、工作台等；

（3）有使用价值的消耗用品；

（4）有用的原材料、配品、配件等；

（5）使用中的办公用品、用具等；

（6）使用中的橱窗、看板等；

（7）有用的图纸、文件、资料、记录、杂志等；

（8）使用的仪器、仪表、工具等；

（9）使用的私人用品。

2. 非必需品

非必需品一般分为两类：一类是指对生产、工作无任何作用的或不具有使用功能的物品；另一类是使用周期较长的物品，例如半年甚至一年才使用一次的物品。非必需品一般包括：

（1）废弃无使用价值的物品：

1）地面上的废纸、杂物、油污、灰尘等；

2）不能使用的破抹布、拖把等；

3）损坏的钻头、砂轮片、刃具、锯条等；

4）损坏的垃圾桶、包装箱、指示牌、看板等；

5）超过保管期的文件、过期的杂志、刊物，停止使用的标准等；

6）无法修复的设备、仪器、仪表等；

7）过期变质的物品、报废的零部件。

（2）不使用的物品：

1）多余的办公设备，如桌椅、电脑等；

2）多年不使用的设备、设施；

3）已停用的设备、需要淘汰的物品等；

4）不用的私人物品；

5）为生产需要，多余准备的备料、备件。

清理非必需品时，主要看物品有没有使用价值，而不是看原来的购买价值。非必需品判断原则：①本岗位、工作现场是否有用；②近期是否有用；③是否完好可用；④是否超过近期使用量。

必需品与非必需品的区别见表 2-1。

表 2-1　　　　　　　　　　必需品与非必需品的区别

项目	使用频率/用途	处理方法
必需品	每时使用	随身携带/现场存放
	每日使用	现场存放
	每月使用	仓库储存
非必需品	半年及以上使用	仓库储存
	永远不用	处理
	不能使用	报废/处理

（三）非必需品的处理

1. 非必需品处理的方法

一般来说，非必需品的处理方法有以下几种：

（1）入库保管：对于使用次数少、使用频率低的专用设备设施、工具、材料，主要处理方法是入库保管。

（2）转移使用：对于本车间、本办公室不使用，但是其他车间、办公室可以用到的设备设施、工具、材料，主要处理办法是转移到有用的场所使用。

（3）修复利用：对于有故障的设备、损坏的工具、损坏的材料，安排技术人员进行修复、修理，使其恢复使用价值。

（4）改作他用：将材料、设备、零部件等非必需品进行改造，修旧利废，用于其他设备或项目上，使其发挥最大作用。

（5）联系退货：由于设计变更、规格变更、设备更新等原因，致使一些设备、材料无法安装、无法使用。在这种情况下，企业应及时和供应商联系，协商退货，回收货款，将企业的损失降到最低。

（6）折价出售：该物品对企业没有任何使用价值，可根据情况进行折价出售，以便回收资金。

（7）特别处理：对于一些涉及保密的物品（如专利技术资料等）、污染环境的物品（如电池、化学物品等），需要根据其性质做特别处理。

（8）丢弃：对于已经丧失使用价值，损坏后无法修复利用的物品，过期、变质的资料、物品，主要处理方法是丢弃。

（9）报废处理：对于一些彻底无法使用、无法发挥其使用价值的物品，履行报废处置手续，回收统一处理。

非必需品的处理方法及示例见表 2-2。

表 2-2　　　　　　　　非必需品的处理方法及示例

序号	处理方法	类型	示　　例
1	入库保管	使用次数、频率低	闲置不用的设备、工具等
2	转移使用	分场所后使用	本部门或本车间不能使用，其他部门或车间可以使用
3	修复利用	因质量问题不能使用	如故障的机器、设备、仪器等，进行修复使用
4	改作他用	改造加工后再利用	对设备进行改造或二次加工，用于更合适的功能
5	联系退货	不能满足当前生产需要	由于设备更新、设计变更等，该设备已不能满足当前需要
6	折价出售	无任何使用价值	如过期不能用的设备材料等
7	特别处理	机密文件、化学废物	保密资料、设计图纸（需粉碎、销毁等）
8	丢弃	无利用价值的物品	不可再生型的垃圾（如塑料袋等）
9	报废处理	废弃物	无法使用，没有任何价值

非必需品的处理流程如图 2-3 所示。

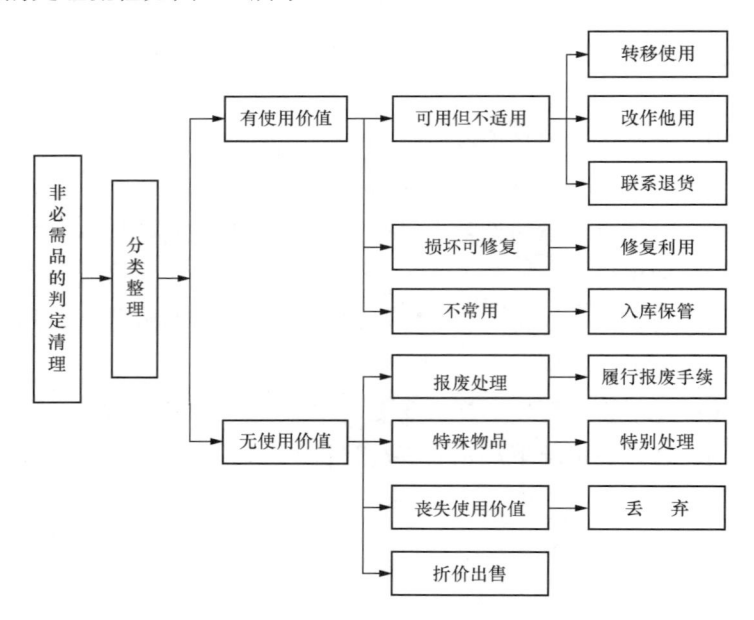

图 2-3　非必需品处理流程

2. 废弃非必需品的处理方法

企业建立处理程序，可以为整理工作的实施提供有力的制度保证。生产现场中有许多无用的物品，员工不清楚该如何废弃，只好维持原状，就地摆放。一般来说，非必需品报废的申请和实施流程如图 2-4 所示。

所在部门提出申请 → 相关部门确认再利用可能性 → 财务部门确认 → 主管领导审批报废 → 指定部门实施报废处理 → 财务部门进行账面处理

图 2-4　非必需品报废的处理程序

【示例】　　　　　××公司非必需品处理管理办法

第一章　总　　则

第一条　为使工作现场的非必需品及时、有效地得到处理，使现场环境、工作效率得到改善和提高，特制定本办法。

第二条　本办法中的非必需品是指工作现场中的无使用价值的物品。

第三条　本办法适用于公司各部门、各班组的非必需物的处理。

第二章　职　　责

第四条　整理工作的有序开展需要明确职责。

（一）7S推进办公室负责制定、下发公司非必需品判别标准，明确判定的依据和方法。

（二）公司的部门、班组按照标准对作业现场进行整理，区分必需品与非必需品并登记。

（三）7S推进办公室和相应对口部门负责审核、鉴别部门、班组非必需物。

（四）公司计划物资部、财务资产部按公司非必需品处理的管理办法负责对非必需品进行报废或处置。

第三章　程　　序

第五条　非必需品的处理程序包括区分、鉴别、批准、处置四个步骤。

（一）区分：各部门、班组及时清理判定非必需品，将非必需品置于统一的暂放区，并记录在"非必需品处理清单"及台账中。

（二）鉴别：生产技术部负责鉴别生产设备等非必需品，总经理工作部负责鉴别办公用品等非必需品，鉴别后应签字确认。

（三）批准：7S推进办公室对非必需品处置清单进行审核并批准。

（四）处置：职能部门按照办法程序，依据处置意见对非必需品进行处理。

第四章　附　　则

第六条　本办法由7S推进办公室编制及负责解释。

第七条　本办法自印发之日起施行。

（四）定期循环整理

整理工作贵在坚持，要以一丝不苟的态度应对每天的现场变化，及时把非必需品清理出来，做到时时整理，天天整理。不能搞突击、走过场，要把整理工作落到实处，将日常整理与定期循环整理相结合，形成常态化管理，使整理、检查、整改紧密结合。

（1）日常整理：要求各区域的责任人每天下班前五分钟或在工作中随时处理非必需品，养成良好的工作习惯，从源头上进行整理；

（2）周整理：每周对物品进行全面的整理归类，清理出非必需品，保证可用性；

（3）月整理：每月要对生产现场、库房工具间、办公室等进行一次彻底整理。由于日积月累，一些物品使用性质发生变化，应及时进行月整理，将现场的非必需品彻底清理。

四、整理的实施内容

1. 生产现场整理

生产现场主要包括设备、设施、环境等，应当按照要求区分必需品和非必需品，处理掉不需要的东西，保持工作场所整洁。生产现场整理的内容及方法见表2-3。

表2-3　　　　　　　　生产现场整理的内容及方法

类别	内容	处理方式
设备	本体及所属设备	1. 损坏及时修复； 2. 故障及时处理； 3. 设备及时清扫
设备	设备标识	1. 损坏的标识及时更换； 2. 缺失的标识立即补充
设备	工具	1. 损坏、缺失、故障及时发现并处理； 2. 检查是否过期并送检
设备	仪器仪表	1. 损坏、故障及时发现并处理； 2. 超过检验日期未送检者，及时校检
设施	消防、办公区等	1. 损坏、缺失、故障及时发现并处理； 2. 过期、数量不全及时发现并更换、补充
环境	通道、地面、照明等	损坏、缺失、不全及时处理

生产现场未整理的问题包括：①工具未收回；②垃圾未及时清理；③电缆未整理。未整理的生产现场如图2-5所示。

2. 办公区域整理

办公区域整理可以改善工作环境，提高员工的工作效率。文件是办公室整理的重点，要求办公用品分类摆放，及时清理出无用、过期的、破损的物品，需要的物品均应按定位分类存放。私人物品在工作区域尽量减少，集中统一整齐存放，如水杯、衣服、雨伞、鞋等。办公区域整理内容及方式见表2-4。

图 2-5　未整理的磨煤机减速机控制柜

表 2-4　　　　　　　　　　　办公区域整理内容及方式

类别	内容	处理方式
办公环境	会议室	1. 墙壁、地面、桌面上的各类装饰若已损坏，则应及时更换； 2. 接待、会议用品如纸杯、茶点等，应在会后及时处理掉
	办公区	1. 及时丢弃办公桌面无用的文件，保持桌面整洁； 2. 及时丢弃陈旧的装饰品、枯死的盆花
	卫生间	1. 丢弃破损的清洁、清扫工具； 2. 及时更换破损的设备、设施； 3. 及时清理垃圾
	标语	1. 及时替换办公室中过期的标语； 2. 替换办公室中破损的标语
文件资料	文档、记录	1. 分类存放，确定保存期限，并建立索引目录，以便于查找； 2. 每月按索引确认有无无用的文档记录，如有应及时清除
	合同、协议	1. 依据类别分类录入电脑； 2. 按索引确认有无过期合同，如超过保管年限则应及时处理
	技术资料	过期的及时更新替换
办公设备	电话、电脑、打印机、复印机、投影机	1. 无法维修的，及时更换； 2. 定期保养、维护、延长使用寿命
办公设施	桌椅、书架、文件柜	1. 无法维修的，及时更换； 2. 处理过期的书籍、报刊等

办公区域未整理的问题包括：①办公设备损坏；②桌面上杂物未清理；③文件柜内资料不整齐，未分类摆放；④非必需品、杂物未清理。未整理的办公区域如图 2-6 和图 2-7 所示。

3. 库房和工具间整理

发电企业在库房和工具间实施整理活动，可优化库存，减少浪费和提高库存综合利用价值。库房和工具间内设备、物料、药品、仪器等按要求整理，非必需品按要求处理，必需品按使用周期、次数、频率分类摆放。具体整理内容及处理方式见表 2-5。

图 2-6　未整理的办公室

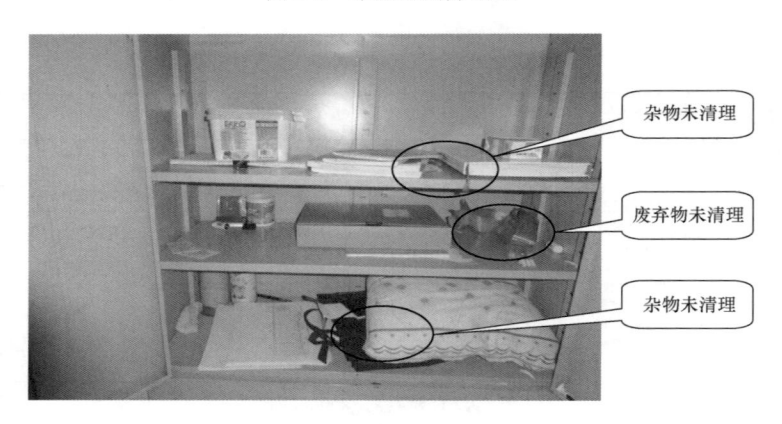

图 2-7　未整理的文件柜

表 2-5　　　　　　　　　　库 房 和 工 具 间 整 理

类别	内容	处 理 方 式
库房和工具间	存放区	1. 保留正常的装置、设备，清除或修理破损严重的； 2. 保管质量良好的物料，清除已变质或破损的； 3. 装载机、叉车、吊装机等完好，故障的及时修复； 4. 保留正常使用的工具，清除已损坏的； 5. 保留有价值的边角料，清除无价值的； 6. 保留信息齐、新、准的看板和各类标识，更新过期的； 7. 修理更换已老化的风扇、窗户、玻璃、窗帘等； 8. 更新或维护已失效的防火装置或设施； 9. 修复损坏的货架，及时更新物资标识卡
	办公区	1. 清除破旧桌椅； 2. 清除旧报纸、无用报表、记录； 3. 清除抽屉内的杂物； 4. 清除置于柜顶、窗台的杂物； 5. 清除地面和窗台的杂物

工具间未整理的问题包括：①工具间内杂物未清理；②工具间内废弃物未清理。未整理的工具间如图 2-8 所示。

图 2-8 整理前的工具间

4. 后勤区域整理

后勤区域如宿舍、食堂、公共区域等应按要求整理,保持设备、器具、设施齐全。具体内容及处理方式见表 2-6。

表 2-6　　　　　　　　　　　后 勤 区 域 整 理

类别	内容	处理方式
后勤区域	宿舍	1. 损坏的桌椅、床等设施及时更换并修理; 2. 墙皮、油漆脱落的,及时补刷; 3. 杂物及时清理
	食堂	1. 损坏的桌椅、餐具,及时更换并修理; 2. 杂物及时清理
	公共设施	1. 公共设施完好,破损的及时修理; 2. 标线、标示不全的,及时修补; 3. 垃圾桶、护栏、健身器材、井盖不全破损的及时更换
	活动中心	1. 设施损坏的及时更换; 2. 杂物及时清理

后勤区域未整理的问题包括:①储物架上杂物未清理;②储物架上废弃物未清理。未整理的后勤区域如图 2-9 所示。

图 2-9　整理前的食堂储物架

5. 厂区环境整理

厂区环境如道路、花坛、大门、文化长廊等处的地面干净卫生、文字清晰、指示明确，损坏的标识、过期的文字及时清理。整理内容及处理方式见表2-7。

表2-7　　　　　　　　　　　　　厂区环境整理

类别	内容	处理方式
厂区环境	道路	1. 道路损坏及时修理； 2. 道路标线、标示不全及时补充； 3. 清除道路上的杂物
	绿化	1. 杂物及时清理； 2. 枯死的草木及时清除并补种
	厂大门	1. 设施破损，及时修复； 2. 标示缺失的，及时补充
	宣传设施	1. 文字、标语、宣传图片过期的，及时更换； 2. 橱窗损坏的，及时修复

厂区环境未整理的问题包括：①厂区地面上杂物未清理；②厂区地面上废弃物未清理。未整理的厂区环境如图2-10所示。

图2-10　整理前的厂区环境

五、整理的注意事项

整理工作必须常态化，定期区分非必需品和必需品，检查确认后将不用的物品清除掉。

1. 处理果断、不拖延

员工在整理过程中，经常会出现这样的心态："这些东西没准以后还有用，应该留下。"结果这也不能丢，那也不能丢，留下的东西越堆越多。在处理非必需品时应坚决果断，严格按照使用频率判断取舍，不常用的东西立即处理，才能有效防止占用空间、浪费时间的问题发生。

2. 整理不是扔东西

从生产现场、办公区域等清理出来的非必需品，有的在本部门无用，但可用于他处，要注意判别，做到物尽其用。即使是报废的物品，也应按规定程序办理，不可不问青红皂白，把清理出来的物品当垃圾一扔了之。

在整理过程中，要遵循先"分开"后"处理"的原则，分开是将要用的（必需品）和不要的（非必需品）东西分开，过期的和未过期的东西分开，好的和坏的东西分开，经常用的和不常用的东西分开，在分开的过程中不需考虑处理，待分开后再考虑如何处理。

3. 整理的同时要做到追根溯源

在整理的同时，企业要做到追根溯源，就是要不断地找出问题的根源所在，然后彻底解决。通常，企业产生非必需品的原因如下：

（1）计划上报有误，采购数量控制不当；

（2）整理不彻底；

（3）过程中出现跑、冒、滴、漏等现象。

4. 避免产生新的非必需品

在实施整理之后，虽然现场有了很大的改善，但过了一段时间后，常会发现现场产生了新的非必需品，产生非必需品的原因主要有以下几方面：

（1）没有严格执行限额领料制度，多余的零部件、材料未及时退库；

（2）没有严格执行工作计划，提前将设备材料摆放在生产现场而没有开展工作；

（3）没有及时清理生产过程中产生的废弃物和各种边角料、废料、余料，从而占据了空间。

因此，在日常作业结束后，应做到工完料净场地清，要随时清理残留的物料，严格按照工作计划领料、开展工作，工作剩余材料及时退库，以避免产生新的非必需品。

第二节 整 顿

一、整顿的含义

整顿是合理安排生产及办公现场物品放置的方法，是将必需品放置于任何人都能立即取到和立即放回的状态，确定责任人，并进行有效的目视化标识管理，实现科学布局，快捷取用。

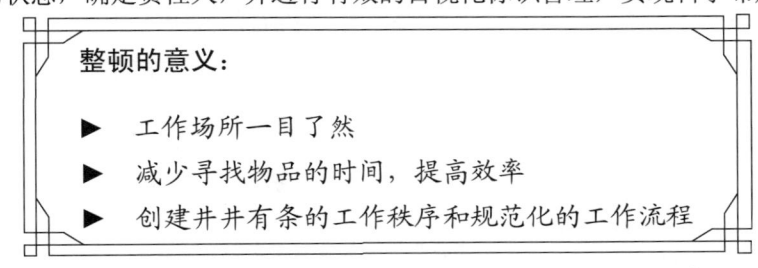

整顿的意义：
▶ 工作场所一目了然
▶ 减少寻找物品的时间，提高效率
▶ 创建井井有条的工作秩序和规范化的工作流程

整顿是研究提高效率、规范流程的管理方法。它研究怎样才可以立即取得物品、立即放回原位，以及如何让非专业人员也能一目了然地看出物品的状态、工作的流程。整顿要求在放置方法、标识方法上下工夫，让员工能非常容易地了解工作的流程，并遵照执行。

二、整顿的作用

1. 分类清晰、提高效率

如果没有做好整顿工作，物品杂乱摆放，会使我们很难找到所需物品，造成时间和空间的浪费，而7S整顿可以将物品的寻找时间减少至最低。

2. 点检定位、优化操作

将点检点、点检位置、点检路线、仪表指示范围等用目视化方法进行整顿，可以大大提高点检工作的效率和准确性，并降低点检或操作错误的可能性。

3. 形迹定置、交接顺畅

经过整顿后，物品不但整齐摆放，还按照形迹化管理，每一件工器具、办公用品都有固定的存放位置。当物品丢失或借出时，能一目了然及时发现，既提高了物品管理的规范性，又减少了交接班时间。

4. 规范流程、保障安全

整顿规范了工作流程，创建了良好的工作秩序，让非专业人员也能明白工作的要求和做法，并且易于区分安全区域与危险区域，可以有效保障作业安全。

5. 目视图解、利于培训

生产现场的工作流程均采用目视化标识，如正压式呼吸器的佩戴方法用图示表示，仪表的指示范围用颜色标识等，易于新员工理解和记忆，可以减少培训时间，提高培训效率。

三、整顿的步骤

整顿的步骤如图2-11所示。

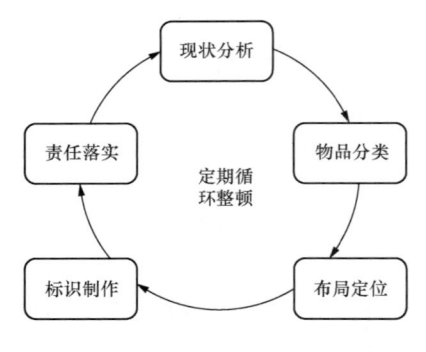

图2-11 整顿的步骤

1. 现状分析

根据区域的功能定位来进行现状分析，首先考虑硬件是否满足需要，例如是否需要增加货架、文件夹等硬件设施；其次，从安全、出入方便、取放快捷的角度考虑是否需要进行布局调整；最后，从便于维持、方便使用的角度考虑，确定物品的放置方式。

例如，在工具间寻找一件工具，之所以会浪费大量的时间，主要原因见表2-8。

表2-8　　　　　　　　　　　　问题分析处理表

序号	常见问题点	原因分析	处理方法
1	不知道物品存放在哪里	物品存放区域不清	布局划分
2	不知道要取的物品是什么类别	物品存放分类不清	物品分类
3	存放地点太远	物品使用频率不清	常用优先
4	存放地点太分散	物品存放方式不清	分类存放
5	物品太多，难以找到	物品管理表单不清	建立账目

图2-12所示为一个没有经过7S整顿的维修部工具间。假如需要从这个工具间寻找一把合适的扳手。那么，这个工具间有多少把扳手？找到合适的扳手需要花费多少时间？合适的扳手是否已被人借走？在未整顿的情况下，这些问题都很难在短时间内找到答案。

要想快速拿到合适的工具，必须要有很轻松就能取用的放置方式，要有从类别到规格、定位等一系列方法，对工具进行定置和标识管理。

此时,可使用7S管理项目改善备忘表（见表2-9），对物品的名称、分类、放置、管理等方面的情况进行调查分析，找出问题所在，对症下药。再填报拟实施的项目、要求、责任人及整改完成时间，并将此表提交7S推进办公室备案；对要购买、制作的物品进行草图设计、填报物资需求，并向7S推进办公室申报。

图2-12　某电厂整顿前的工具间

表2-9　　　　　　　办公区域7S管理项目改善备忘表

（区域：　　　　）　第　页　共　页　　　　　　　　日期：　　年　　月　　日

| 序号 | 问题点 | 建议改善内容 | 责任人 | 完成日期 | 项目组跟进 ||| 备注 |
						已安排	实施中	已完成	
1	办公室指引	应制作业务流程指引,明确工作的步骤和程序						

续表

序号	问题点		建议改善内容	责任人	完成日期	项目组跟进			备注
						已安排	实施中	已完成	
2	地板、周边清理		(1)地板无随意放置物品； (2)窗台禁止放物品						
3	线缆整理		(1)线缆用扎线、线盒整理： 1)有隔板类：放在隔板下方，不外露； 2)无隔板类：固定在桌面下，整齐有序。 (2)插排、集线器等用木螺钉固定在隔板上； (3)电脑线缆捆扎整齐，不落地； (4)用弧形线槽固定过道上线缆； (5)线缆标识（电脑及配件插头）						
4	文件柜、地柜		(1)清除多余、过期文件、物品； (2)物品、文件分类分层分位置放置、整齐规范； (3)文件柜有标识（明确物品类别、责任人，确保柜内物品与标识一致）； (4)文件应定位标识（放置位置处）； (5)物品进行定位标识（放置位置处）						
5	办公台面	工作区	键盘、鼠标不用定位；正在办理的文件等不用定位						
		辅助区	(1)电话表统一用硬胶套贴在侧板上/没有侧板的可塑封后放在文件框、文件夹内，不可贴在桌面； (2)日历、笔筒、电话等用隐性标识定位； (3)文件筐、文件夹应定位放置						
		个性区（部门统一设置个性区位置）	(1)图片、摆件不超过1件，放置不影响工作区域； (2)不超出屏风高度； (3)家庭照片不超过1件； (4)所有布置必须整齐、和谐						
		姓名牌	设置姓名牌，贴在前隔板的过道边/没有围屏的在桌面设立体姓名牌（内容为姓名、职责、部门）						
		台面绿植	台面可以放置个性化小植物/花卉，每桌不超过1盆，放时必须加隐性标识						
6	抽屉		(1)区分功能：办公文具、文件资料、私人物品； (2)抽屉标识：办公文具、文件资料、私人物品等； (3)抽屉内适当分隔，分类放置资料、表单、文具等； (4)应与内部物品一致。办公文具：笔类、笔记本、尺子等文具、手机及其他办公时用到的小工具； (5)私人的物品只能放在最下一层						

续表

序号	问题点	建议改善内容	责任人	完成日期	项目组跟进 已安排	项目组跟进 实施中	项目组跟进 已完成	备注
7	办公设备（电脑、打印机、传真机）	（1）清洁卫生； （2）使用状态良好； （3）标明责任人、编号等（主机及显示器标一个即可，要标明主机及显示器编号）						
8	空调/暖气设施	（1）有责任人； （2）设置目视条（用绸布条贴在风口，布条长度在10～15cm）； （3）线缆/线管横平竖直，没有在其上悬挂物品						
9	墙壁、天花板	无蜘蛛网、灰尘、悬挂物品整齐						
10	卫生	（1）窗明几净，门扉、门框无尘； （2）地面干净						

注　7S推进办公室提出后复印一份交区域责任人实施，原件推进办公室存档备查。

推进办负责人：_____　　　　　　　　　　　　　　区域责任人：_____

2. 物品分类

以工具间为例，根据工器具各自的特征，可以按其材质、特点、用途、成套、放置方式等划分类别，便于下一步布局的设计。

（1）制定物品分类标准；

（2）将物品按照用途、功能、形状、重量、大小、数量、使用频度分类摆放；

（3）确定分类后每一类物品的名称。

3. 布局定位

物品分类后，要对空间进行重新布局，制作空间布局定置图（如图2-13所示），明确物品放置场所。

依据物品分类后的用途、功能、形状、重量、大小、数量、使用频度，决定摆放方式（竖放、横放、直角、斜置、吊放、钩放等）、摆放位置（放几层、放上、放下、放中间等）。

4. 标识制作

标识在人与物、物与场所的关系中起着指导、控制、确认的作用。在生产中使用的物品品种繁多，规格复杂，它们不可能都放置在操作者的手边，如何找到，需要一定的信息来指

图2-13　工具间平面布置图示例

引。因此，在现场管理中，完善、准确而醒目的标识十分重要，它是使现场一目了然的前提，必须实施。

（1）区域标识。采用不同色的油漆、胶带、地板砖或栅栏划分区域及通道。

（2）物品标识。在放置场所标明所摆放物品，在摆放物体上标识物品状态。根据工作需要灵活采用各种标识方法，标签上要标明物品名称、责任人，一目了然，如图2-14所示。

5. 责任落实

整顿是一项持续推行与改进的现场管理工作，必须有责任部门、责任人主导推行。可根据部门特点与班组情况，将生产现场、办公区域划分成小区域，落实责任到各部门及班组。部门及班组再根据具体区域情况进行细分，明确具体责任人。要做到每台设备、每个文件柜、每台空调、每台打印机都有责任人。对于责任人的职责有相应的制度进行规定，同时有检查、监督、考核等管理办法。

以图2-15所示的工具间整改为例，经过整顿后，已变得规范有序，可以进入清扫、清洁阶段，因此需要确定责任人，承担保持改善的工作，并由相应的制度进行闭环管理。

图2-14 工器具标识示例

图2-15 整顿后的工具间

四、整顿的实施内容

（一）整顿方法及技巧（"三定"）

1. 定点

（1）确定摆放方法，如架式、箱内、工具柜、悬吊式等；

（2）尽量立体放置，充分利用空间，如图2-16所示。

2. 定类

（1）物品按性能、用途或按种类区分放置，如图2-17所示；

（2）便于拿取和先进先出。

图 2-16　工具上架充分利用空间　　　　　图 2-17　工具间分类摆放

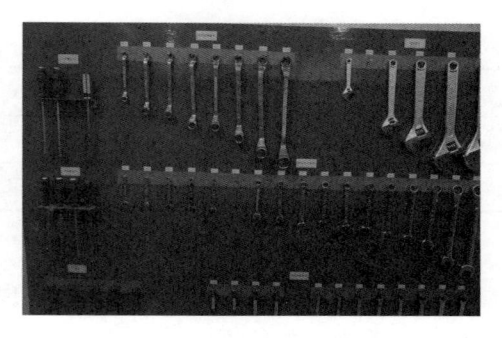

3. 定量

（1）确定材料的必须数量；

（2）确定所用容器；

（3）确定颜色等识别方法，如图 2-18 所示，为易耗品数量管理设置目视化警戒线，保证易耗品数量的及时补给。

图 2-18　易耗品数量颜色区分

（二）整顿的水平

衡量整顿的水平主要可分为 0~3 级，见表 2-10。

表 2-10　　　　　　　　　　　　　整　顿　的　水　平

整顿的等级	整 顿 的 水 平
3级	不但标识物品状态，还明确责任人及处置方法
2级	标识清晰明确，物品数量、工作状态一目了然

续表

整顿的等级	整顿的水平
1级	按"三定"三要素进行了分类放置，摆放整齐
0级	没有整顿的意识，物品杂乱堆放

（三）整顿的实施内容

对于发电企业，整顿可以分为对生产现场、办公区域、库房和工具间、后勤环境区域的整顿。生产现场的整顿主要包括区域划分、工器具定置、点检流程规范化、仪表目视化等；办公区域的整顿主要包括物品定置、档案文件整顿、办公流程规范化、电子文档的整顿等；库房和工具间的整顿包括区域划分、工具材料分类、定置摆放、标识设置等；后勤环境区域的整顿包含对道路车辆的整顿、餐厅厨房的整顿等。

1. 生产现场的整顿

生产现场的7S整顿对象主要有设备本体、基座、管道、阀门、地面、安全通道、点检通道、消防设施等。生产现场7S实施方法示例如下：

（1）点检看板：生产现场应设立设备点检目视化指引看板（如图2-19所示），设备点检看板中包括点检目视化标准、点检作业指导书，应内容完整，路线清晰、步骤清楚明确、图文并茂。

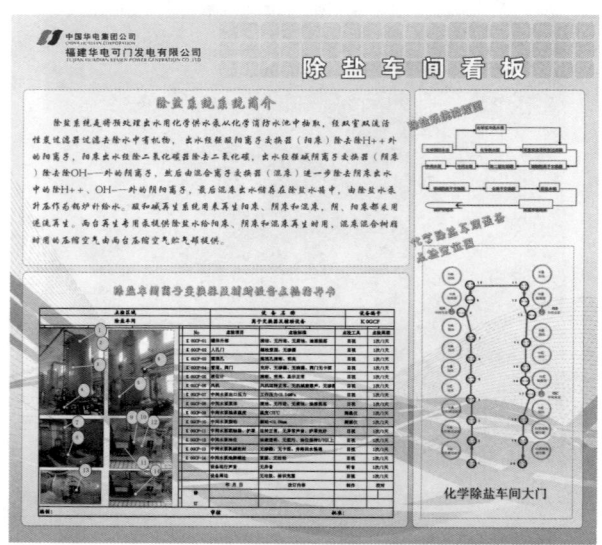

图2-19 生产现场点检目视化看板

（2）点检目视化：

1）应按点检路线对点检设备制作位置编码，且对应点检脚印，编号清楚，点检定位，如图2-20所示；

2）标识文字应简洁明了，并置于便于查看位置；

3）点检路线完整，行迹化路线规范，不走回头路；

图 2-20　点检目视化标识

4）设备点检目视化范围数据准确。

（3）仪表目视化：

1）仪表读数盘面应进行目视化标识，达到一目了然的效果，如图 2-21 所示；

2）用绿色表示正常范围，黄色表示异常范围，红色表示故障范围。

（4）管道：

1）管道刷漆防腐颜色应与管道内介质相对应，若为不锈钢管或管道外包覆保温，应在管道外标识色环，如图 2-22 所示；

图 2-21　仪表目视化　　　　　图 2-22　管道介质流向及名称

2）管道上应标明介质流向，管道名称。

（5）阀门：

1）阀门外观完整，手轮无缺损，阀门无渗漏、内漏缺陷；

2）阀体颜色应与管道颜色相同，手轮刷红色，手轮上用白色标识开、关方向，如图 2-23 所示。

2. 办公区域的整顿

（1）整体环境：

1）整体布局合理，物品定置清晰，办公环境温馨舒适，如图 2-24 所示；

2）办公室大门开关到位，地面有明确的门迹标识；

3）根据办公区域布置情况，制作俯视平面定位图。

图 2-23　手轮开关方向标识　　　　　图 2-24　整顿后办公环境

（2）办公桌面：

1）桌面允许摆放物品：显示器、鼠标、键盘、电话、岗位牌、水杯、台历、笔筒、文件夹（常用）；

2）桌面可适当摆放盆栽或装饰品，但不宜超过两件；

3）桌面物品定位摆放，同区域内定位标识相对统一，如图 2-25 所示。

（3）橱柜抽屉：

1）个人物品与办公用品需区分开；

2）橱柜抽屉分类标识清楚，责任人明确；

3）个人抽屉内应做好区域划分，并做好标识，如图 2-26 所示。

图 2-25　桌面定置效果　　　　　图 2-26　个人抽屉定置并标识

（4）办公用品：

公用办公用品、印章等需采用形迹定位，并做好标识，可及时发现缺失办公用品，方便寻找、交接，如图 2-27 所示。

（5）电源线缆：

1）各种线缆集束不散乱，布置需横平竖直，必要的时候可以考虑重新布线；

2）电源线缆两端应标识明确，便于查找用电对象，防止误操作，如图 2-28 所示。

（6）文件：

1）清理多余的文件，将文件分类装入文件盒并编号；

图 2-27　公用办公用品形迹定置 　　　　图 2-28　电脑线缆集束并标识

2）文件盒上需有明确的部门、责任人、日期；

3）多于三个文件盒，摆放时需有形迹线标识，便于文件盒缺失或错位时发现，如图 2-29 所示；

4）文件盒内需做好文件目录，文件盒内的文件需加上小标签，方便寻找。

3. **库房和工具间的整顿**

（1）区域划分：

1）库房、工具间地面不随意堆放物资，地面设置通道，通道上不堆放物品，保持畅通；

2）如图 2-30 所示，库房区域划分应清晰明确，验收区物资分类存放，并在一览表上做好记录，验收合格后立即将物资上架。

图 2-29　文件盒形迹线及编号 　　　　图 2-30　库房划分区域

（2）货架管理：

1）根据仓库区域进行货架摆放、物资存放的平面布置图；

2）货架应有明确标识牌，与平面布置图对应，编号及各层物品类别清晰、正确，如图 2-31 所示；

3）物资分类摆放整齐，四码定位准确清晰，物品标识整齐、准确，无遗漏。

（3）工器具：

1）工具间内应将同类型工具按尺寸等规则分类摆放，放置于立即可拿取的位置；

2）如图 2-32 所示，货架和工器应有明确标识，标识含名称、规格、数量；必要的工器具及物资有安全库存，有合理的有效期限。

图 2-31　库房货架分类摆放及标识 　　　　图 2-32　工具间工具分类标识

（4）化学药品：

1）化学药品应集中保管，设定放置场所、数量、容器大小，标识名称及使用期限，各类化学药品易于取用，如图 2-33 所示；

图 2-33　化学药品阶梯式摆放及领用管理

2）合理布置药品领用记录，便于统计及查找；

3）考虑通风、防火、公害、安全等问题。

4. 厂区环境的整顿

（1）道路的黄、白标识线清晰，路肩警示线清晰完整，如图 2-34 所示；

（2）停车位的黄、红标识线清晰，车辆均停放在区域线内，车头朝向一致。

5. 后勤区域的整顿

（1）餐厅：

1）餐厅整体应布局合理，营造卫生整洁的工作环境，物品定置定位清晰，桌椅摆放整齐，如图 2-35 所示；

图 2-34　厂区道路路肩警示标识　　　　　　图 2-35　食堂就餐整体环境

2）用餐区与工作区划分标识明确，工作员更衣后进入食堂工作区。

（2）厨房：

1）厨房工作台应分类标识清楚，责任人明确，厨房用具清洗消毒后立即归位，保持干净，如图 2-36 所示；

2）切菜板、刀具、备餐台生熟食分类明确，标识清晰。

（3）食堂货品：

1）食堂货品不得与地面直接接触，储存货架应设置存货卡，如图 2-37 所示；

2）货品应确定使用最低量和最高量，进出按照先进先出原则，保证食堂货品在有效期内，盘点一目了然。

图 2-36　厨房工作台　　　　　　图 2-37　食堂货品分类定置

6. 电子文档的整顿

（1）硬盘：

1）应将硬盘分为操作系统盘、应用软件盘、工作文件盘、私人文件盘等多个功能区，并对盘符重新命名，如图 2-38 所示；

2）文件夹层数以不超过三级为宜，一个文件夹里的文件数控制在 50 个以内，便于浏览和检索；

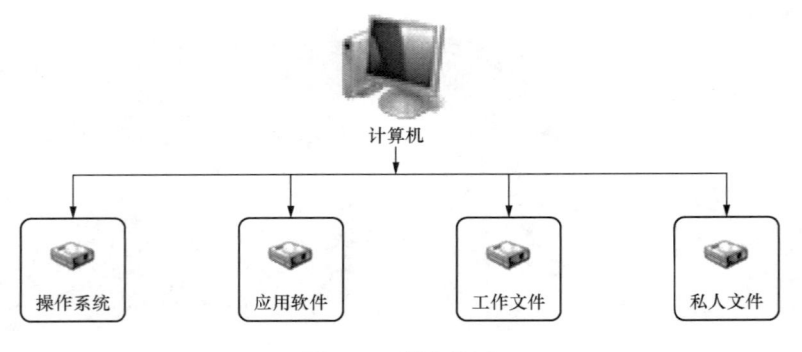

图 2-38　硬盘分区

3）所有的硬盘根目录只能有主分类文件夹，不能直接存储文件，主分类文件夹必须标明编号。

（2）文件夹：

1）如图 2-39 所示，普通文件夹按数字编号前缀："文件夹名＝数字＋空格＋内容"，如"1　常用软件""2　系统软件"；

图 2-39　电子文档整顿

（文件夹列表：1计算机及外设管理、2电话管理、3监控管理、4音响设备管理、5网络管理、6网站管理、7办公网管理、8短信客户端、9工作照、10扫描仪图片、11图表矢量图、12工作计划、13信息安全、14其他工作、15临时文件）

2）照片文件夹按日期编号前缀："文件夹名＝4位年份＋2位月份＋2位日期＋空格＋内容"，如"20140201 大修图片""20140510 技能竞赛图片"。

（3）电脑桌面：

1）电脑桌面保持干净整洁，除系统程序、常用软件快捷方式外，一般不存放电子文档。

2）对于经常要快速访问的文件或文件夹，可以右击选择"创建快捷方式到桌面"。当文件和文件夹不再需要经常访问时，应及时将快捷方式删除。

3）在桌面建立一个"临时文件夹"，将来不及处理的文件暂时存放在内，待有空时及时处理"临时文件夹"内的文件。

五、整顿的注意事项

1. 在彻底完成整理的基础上进行整顿

（1）在开展整顿工作之前应进行彻底的整理，只留下必需物品。如果未完成整理工作，会增加整顿的难度并造成重复劳动。

（2）在工作岗位只能摆放最低限度的必需物品。
（3）要正确判断是个人用品还是公共用品。

2. 做好布局规划

（1）在整顿前期，做好布局规划工作能起到事半功倍的效果；
（2）进行布局研讨，制作平面定置图，有利于布局规划；
（3）根据物品（工器具、文件等）的使用频率来确定放置的位置远近；
（4）所有物品均需定位定置；
（5）特殊物品、危险品应设置专门场所进行保管。

第三节　清　　扫

一、清扫的含义

清扫是清除生产现场、设备及办公区域的脏污，保持环境的干净整洁，防止设备故障的发生，确保物品、设备处于随时可用的状态。

清扫的意义：

▶ 保持现场干净整洁、为员工提供良好的工作环境
▶ 通过清扫能不断发现整理、整顿过程中存在的问题
▶ 保持设备和工具状态良好，提高可靠性

二、清扫的作用

(一) 保持现场干净整洁,创造无尘环境

员工如果在脏污的环境中工作,就会影响心情,降低效率,也会影响人身和设备安全;反之,如果在整洁明亮的环境中工作,心情就会变得舒畅,不但提高了工作效率,而且人身和设备的安全也会得到保障。图2-40所示为清扫后干净整洁的工作环境。

(二) 及时察觉细微变化,从源头上治理设备

1. 点检目视化得以执行,清扫就是点检

通过清扫把污垢、积灰、积粉、油迹等污染物清除掉,磨损、瑕疵、漏油、漏水、松动、裂纹、变形等设备缺陷就会暴露出来。通过耳听(设备运转时是否存在异常声响)、眼看(设备运转时的压力表、温度表指针是否在正常的范围内)、手摸(设备运转时本体和轴承是否存在发热、振动现象),在清扫中可及时发现设备的异常,采取相应的措施消除这些缺陷,避免设备故障的发生,如图2-41所示。

图2-40 干净整洁的工作环境　　　　图2-41 对设备进行点检

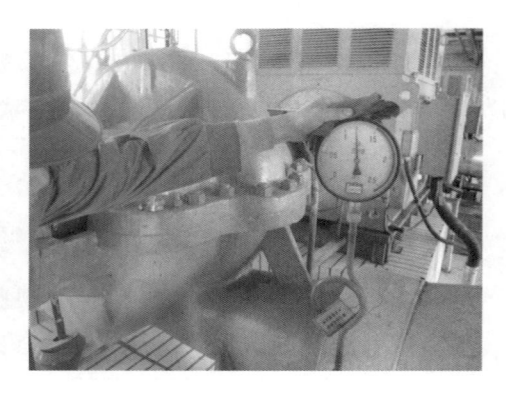

2. 设备维护保养得以强化,清扫就是设备保养

设备上的积灰、积粉、漏水会窜入轴承室,会使轴承磨损和润滑油脂乳化,造成轴承损坏。漏油会使设备台板、基座污染,造成设备污脏,如图2-42所示。清扫可以避免轴承的损坏,延长使用周期;可以消除设备台板、基座的污染,保持干净整洁。

清扫可去除设备的污脏,保持设备洁净和处于良好状态,促进设备定期维护工作;清扫可及时发现设备给油脂的多少并进行补充,强化设备给油脂工作;清扫可保持设备无渗漏、无积灰、无油污、无杂物,提升设备"四保持"水平。图2-43所示为技术人员对设备进行维护保养。

3. 消缺无渗漏工作得以推动,清扫就是消缺

在清扫过程中,对发现的设备异常进行处理,对微小缺陷(一般维护性缺陷)如脏污、缺油等立即进行处理;对需要停机、倒换、停用、降负荷处理的缺陷,按设备消缺流程进行处理。图2-44所示为技术人员在清扫中及时发现微小缺陷。

图 2-42 未清扫的设备

> 清扫积灰、漏水，防止顺着转轴窜入轴承室，造成轴承磨损、油脂乳化

图 2-43 技术人员对设备进行维护保养

图 2-44 清扫中及时发现设备微小缺陷

三、清扫的步骤

清扫的步骤如图 2-45 所示。

（一）准备工作

1. 技术准备

制定相关清扫基准，明确清扫对象、方法、要点、程度、周期、使用工具、责任者等项目，保证清扫质量，推进清扫工作标准化。表 2-11 是某发电企业的清扫点检基准表。

表 2-11　　　　　　　　　某发电企业清扫点检基准表

序号	名称	项目	使用工具	方法	清扫要点/点检基准	周期	责任人
1	厂用空压机	（1）空压机面板； （2）连接法兰； （3）油气分离器结合面； （4）油管道接头； （5）冷却水阀门； （6）油气分离器油位计； （7）冷却水管道接头； （8）设备标识牌； （9）机械防护罩壳	抹布	清扫时可用湿抹布涂上肥皂擦拭，再用干抹布擦净（电气部分除外）	（1）无积灰，无水迹，无油迹，设备见本色； （2）清理空压机及周边的不要物； （3）注意吸气软管、油管各接头、控制阀的严密性	1 次/日	×××
…	…	…	…	…	…	…	…

明确清扫部位，指出清扫要点，使清扫人员掌握设备的清扫重点，减少了设备不安全因素的发生。表 2-12 是某发电企业的设备清扫部位及要点统计表。

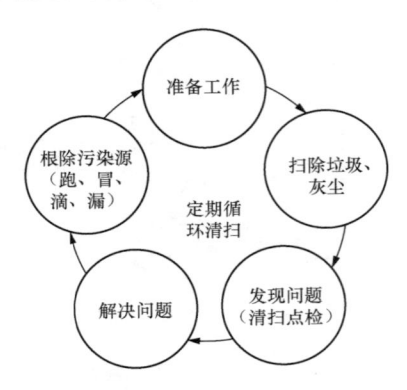

图 2-45 清扫的步骤

表 2-12　　　　　　　　　某发电企业清扫部位及要点统计表

序号	清扫部位	清扫要点	清扫重点
1	接触原材料、制品的部位，影响品质的部位（如传送带、滚子面、容器、配管内、光电管等）	有无不需要的物品、配线；有无劣化部件；有无螺丝类的松动、脱落等	（1）清除常年堆积的灰尘、垃圾、污垢；（2）清除因油脂、原材料的飞散、溢出、泄漏造成的脏污；（3）感觉清扫部位的微小变化，重在对异常的发现
2	设备驱动机械、备品、备件	有无过热、异常音、振动、缠绕、磨损、松动、脱落等；有无润滑油泄漏飞散	
3	仪表类（如压力、温度、浓度、电压、拉力等的指针）	指针摆动；指示值失常；有无管理界限；点检的难易度等	
4	配管、配线及配管附件（如电路、液体、空气等的配管、开关阀门、变压器等）	有无流动方向/开关状态等标识；有无不需要的配管具；有无裂纹、磨损	
5	设备框架、外盖、通道、立脚点	点检作业难易度（明暗、阻挡看不见、狭窄）	
6	其他附属机械（如容器、搬运机械、叉车、升降机、台车等）	有无液体/粉尘泄漏、飞散；原材料投入时的飞散；有无搬运器具点检等	
7	保养用机器、工具（如点检/检查器械、润滑器具/材料、保管棚、备品等）	放置、取用；计量仪器类的脏污、精度等	

2. 确定清扫对象及责任人

清扫可分为环境清扫和设备清扫。环境清扫对象为环境及环境附属物（门窗、墙壁、楼梯、绿化、货架、桌柜、公用设施等）；设备清扫包括对现场设备及附属设施的清扫。

对于环境的清扫，需要进行区域划分，实行区域责任制，责任直接到人。例如将厂内各区域的清扫划分至各部门，工具间库房和办公区域由所在部门、班组确定清扫责任人；

设备清扫按照设备分工管理标准,划分至部门各班组,再由各班组划分至个人。之后,编制清扫分工表(见表2-13),明确各区域、设备的清扫责任。

表2-13　　　　　　　　　某电厂化学检修设备清扫分工表

序号	系统名称	系统包含设备	负责人
1	水处理	水处理车间(库房)内所辖设备及管道阀门附件;屋外生水箱、淡水箱、清水箱、除盐水箱、制氢站、屋外空气压缩罐、氢罐	×××
2	深度处理系统	循环水深度处理、雨水泵房,屋内化学所辖设备管道阀门及附件;循环水泵房硫酸加药系统	×××
3	精处理系统	1、2号机组高速混床,再生系统、加药系统设备及附件;机组排水槽(酸、碱间),中水3、4号曝气风机,汽水取样系统设备及附件	×××
4	中水系统	送水升压泵房,反洗风机房,中水V形滤池,中水硫酸间设备及附件;中间水泵房,脱泥间,石灰石排泥间,1、2号澄清池,石灰石加药系统,聚铁加药间设备及附件	×××
5	生活污水系统	生活污水系统设备及附件;综合水泵房设备及附件	×××
6	工业废水系统	工业废水处理间、污废水提升泵房设备及附件	×××

3. 准备清扫工具

拖把、扫帚、抹布等清扫工具悬挂定位,定点存放,标识明确,对扫帚、抹布等进行数量管理,保持干净整洁。清扫的对象不同,使用的清扫方法、清扫工具也不同,见表2-14。可针对不易清扫的死角和难点开发专用清扫工具。

表2-14　　　　　　　　　　清扫工具表

清扫对象	清扫方法	使用工具
定子冷却水系统	清除灰尘、油污	抹布、扫把
检修工具间	清扫地面,擦去灰尘,清除非必需品	抹布、拖布、扫把、垃圾篓
班组休息室	清扫地面,擦去灰尘,修剪花卉	抹布、拖布、扫把、剪刀
…	…	…

(二)清除垃圾、灰尘

准备工作就绪后,就进入清扫的实施阶段。第一步是清除设备、环境表面的灰尘、垃圾。

对设备的清扫,应由作业人员自主开展,不可由清洁工代替,要明确清扫的项目、频率,确保不增加员工劳动强度,确保清扫能彻底执行,要根据污染源状况、设备保养要点确定清扫频率。

对环境的清扫,可以按清扫范围、难易程度确定清扫频率,环境清扫要注意将地板、墙壁、天花板,甚至灯罩的内部打扫干净。

实施清扫时,可以分时段分重点地清除长年堆积的灰尘、污垢,不留死角。

(三)发现问题(清扫点检)

清扫的第二步是发现问题。在清除了设备、环境设施表面的脏污后,就能够发现设备、设施存在的隐患和问题。

清扫过程就是点检过程，找出问题点并进行改善；一边清扫，一边检查设备、设施状况，把清扫与点检结合起来；容易发生跑、冒、滴、漏的部位要重点检查确认；特别注意油管、汽管、空压机等不易发现、看不到的内部结构。

（四）解决问题

清扫的第三步是解决问题，也就是对设备、设施的维护保养。主要内容包括：

（1）设备、设施如有破损时需及时进行整修，如：

1）紧固松动的螺栓，补上缺失的螺丝、螺母等配件；

2）更换老化或破损的水管、汽管、油管，清理堵塞的管道等；

3）更换绝缘层已老化或破损的导线，更换或维修难以读数、读数不准的仪表；

（2）对需要防锈保护或需要润滑的转动部分，按照维护保养标准及时加油保养。

（五）根除污染源（跑、冒、滴、漏）

如果源头问题没有解决，即使每天进行清扫，也无法根除灰尘、油渍和碎屑的问题。要彻底解决问题，必须消除和查明污染的发生源。

表 2-15　　　　　　　　　　某发电企业污染源统计

设备、系统位置	污染物	危害性
石膏浆液泵机封	石膏浆液	腐蚀设备、伤害皮肤
一次风机电机	油泥、粉尘	污染环境、设备
...	...	...

表 2-15 是某发电企业污染源统计表。对污染原因和危害性进行统计分析后，依据污染发生源的影响程度、治理难度来确定治理方式。表 2-16 为三种不同治理方式的优缺点。

表 2-16　　　　　　　　　三 种 治 理 方 式

方式	说明	优点	缺点
改善	在现有的基础上设法降低污染程度	投资小，技术投入低，人人都可以参与	只能短时间遏制污染的发生
改造	对设备进行小改进，使污染的状况有所好转	不需要较多资金投入，一般工程技术人员参与即可	能长时间遏制污染的发生，却不能彻底消除污染发生源
革新	通过技术革新，彻底根除污染源	从源头上消除污染发生源	投资大，技术含量高，需要高级技术人员参与

四、清扫的实施内容

（一）生产现场的清扫

发电企业生产现场的清扫，对设备的维护保养起到了重要作用，它不但消除了设备的污垢、污染，创造了无尘化的工作环境，而且还能及时发现和处理微小缺陷，避免缺陷进一步扩大，造成严重后果。

1. 清扫专用工具开发

针对设备的清扫难点，开发出清扫专用工具（见表 2-17），降低清扫难度和清扫时间。

表 2-17 死角和难点开发清扫工具

序号	部门	班组	清扫工具	作用	适用设备部位	开发人	图片
1	×××	×××	油污刮除刀	将厚厚的油污泥铲除	给水泵汽轮机油箱平台	×××	
2	×××	×××	长柄毛刷	清洁人员不能到达的地方	轴封加热器高处连接件	×××	
3	×××	×××	CP 清理刷	针对卡件本身细小缝隙进行清扫	CP 卡件	×××	
…	…	…	…	…	…	…	…

2. 按照点检点开展工作

生产现场设立设备目视化点检指引看板（如图 2-46 所示），内容包括点检作业指导书、点检标准、点检定位图。

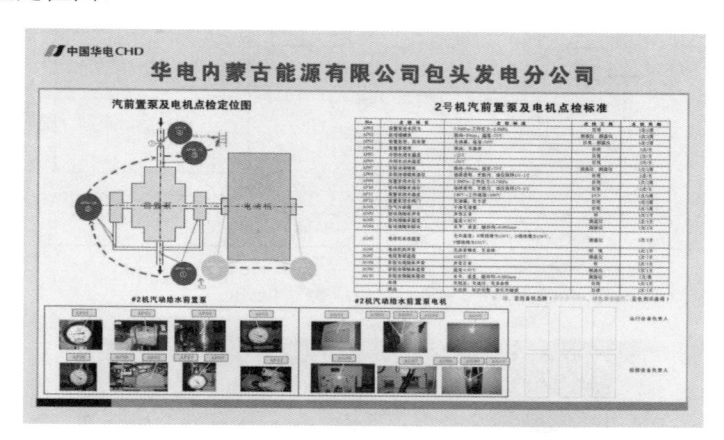

图 2-46 设备点检指引看板示例

（1）点检点目视化。用目视化识别点检项目及部位（如图 2-47、图 2-48 所示），识别温度表、压力表的读数是否在正常范围内，增强了设备点检的准确性和安全性。

（2）点检路线目视化。清扫点检行迹路线按设备位置编号，路线明确并和现场设备的点检脚印、行迹路线相吻合，清扫点检行迹合理，不走回头路，如图 2-49、图 2-50 所示。

（3）点检项目及要求目视化。对清扫点检的设备各部位进行目视化管理并编码，确定点检项目、点检标准、点检工具、点检周期，使清扫更加顺利，对设备劣化的判断更加准确，如图 2-51 所示。

说明：绿圈表示测振点，红圈表示测温点。

图 2-47　点检点标识

说明：绿色表示正常范围，黄色表示异常范围，红色表示故障范围。

图 2-48　仪器仪表点检

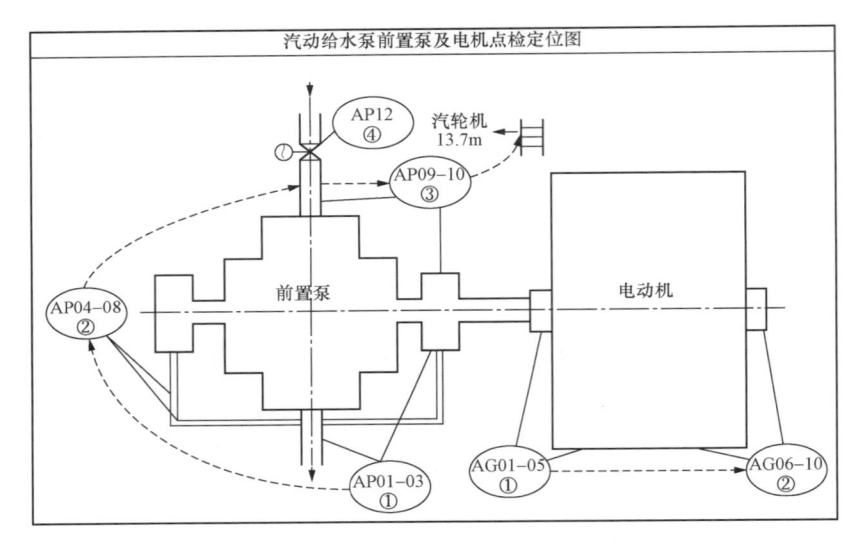

图 2-49　清扫点检定位图

图 2-50　行迹路线标示明确

图 2-51　点检指导书示例

检查点颜色说明：1. 轴承振动检测点（红色），轴承温度监测点（绿色）；2. 压力表、温度表正常区域为绿色。

3. 根除污染发生源

通过对污染发生源的分析来制定改善对策，彻底根除污染发生源，保证设备洁净，各部位一目了然，有助于点检的直观，防止缺陷隐藏，及时发现，及时处理。分析污染发生源的常用方法为"5Why 分析法"，又称"5 问法"，就是对一个问题点连续以 5 个"为什么"来自问，以追究其根本原因。表 2-18 为某发电企业采用发生源分析表（Know-Why 分析改善表）示例。

（二）办公区域清扫

编制办公区域清扫责任表（见表 2-19）和定置图，明确清扫项目，落实责任人，确保办公区域按要求及时清扫。清扫后的办公环境如图 2-52 所示。

图 2-52　清扫后的办公环境

表 2-18　　除氧器上水调阀 Know-Why 分析改善表

专业：汽轮机 设备名称：2 号机除氧器上水副调阀 制表日期：2013 年 10 月 8 日 两源种类：√发生源 □困难源	1. 两源详细描述	2 号机除氧器上水副调阀盘根漏水，紧固盘根压盖之后问题解决，但是阀门一旦动作上述现象仍旧存在	
	2. 现状把握	何处：2 号机除氧器上水副调阀	
		怎么了：盘根漏水	
		何时：阀门动作时	
		多少：一滩	
	3. 改善目标	整改之后阀门动作不再漏水	
4. 原因分析，改善对策（5Why 分析）	现象（原因分析）	2 号机除氧器上水副调阀盘根漏水→更换盘根→使得阀门不再漏水→现象未解决，仍需继续寻找原因→阀杆弯曲，导致阀门动作时摩擦石墨盘根较严重，密封性降低	
	改善想法	在未能更换阀杆的情况下在阀杆表面缠生料带，将磨损降低	
	改善对策	重新更换阀盘根，在阀杆表面缠生料带	
5. 制作与安装（图示及说明）	制作及安装		
6. 改善后效果	涂抹黄油的部位清理干净不再造成设备污染，清扫时同降低为每天 4 分钟		
7. 现状照片（图示）			
8. 改善后照片（图示）			

表 2-19　办公区域清扫责任表

区域/设备	清扫部位	清扫周期	要点及目标	现场7S实施确认（月） 1-31
空调器	外观、过滤网	周五	眼观干净，手摸无灰尘	
办公设备	内外部污垢、周边环境	周一、周三	眼观干净，手摸无灰尘，无故障	
地面	表面	每天	保持清洁，无污垢、碎屑、积水等	
地面			地面无破损、划线、标识清晰无剥落	
地面	通道		区域划线清晰，无堆放杂物，保持通畅	
地面	摆放物品		定位，无杂物，摆放整齐无压线	
地面	清洁用具		归位摆放整齐，保持完好可用，及时清理	
墙/天花板	墙面	每天	保持干净，无不要物，贴挂墙身物品整齐合理	
墙/天花板	开关、照明		干净无积尘，下班时关闭电源	
墙/天花板	门窗	周五	玻璃干净，无破损，框架无灰尘，窗帘整齐清洁	

续表

区域/设备	清扫部位	清扫周期	要点及目标	现场7S实施确认（　月） 1 2 3 4 5 6 7 8 9 10 11 12 13 14 15 16 17 18 19 20 21 22 23 24 25 26 27 28 29 30 31
墙/天花板	公告栏	周五	干净并及时更新，无过期张贴物	
	天花板		保持清洁，无蜘蛛网，无剥落	
工作台/办公桌	桌面	每天	物件定位，摆放整齐，干净，无多余垫压物	
	抽屉		物品分类存放，整齐清洁，公私物品分开放置	
	座椅		人长时间离开时座椅归位，座椅无堆放物	
箱柜	表面	每天	眼观干净，手摸无尘，无不要物	
	内部		分类摆放整齐，清洁	
台架/货架	摆放物品		叠放整齐，稳固，无积尘，无杂物	
	通道		保持通畅，无堵塞	
			无不明物，地面摆放物有明确区域及标识	

◎此栏由组长签字确认

注：
1. 每天上午9:00由责任人确认，合格在相应栏内打"○"，不合格应立即整改。不能立即整改的，先划"△"，待整改后划"Ø"。
2. 每天上午9:00以后，由组长到各责任区检查确认，并在确认栏签字。

办公区域清扫的具体内容应包括以下方面：

（1）线缆集束，横平竖直，有名称标识，标识完好粘贴；
（2）角落和隐蔽处无灰尘；
（3）花盆内无杂物，花叶无灰尘，花卉有养护须知；
（4）电源开关无污渍，明确控制区域；
（5）看板规范整洁并及时更新，无过期张贴物；
（6）抽屉保持整齐、清洁，分层分类摆放，整齐洁净；
（7）清洁用具归位摆放整齐，保持完好可用，使用后及时清理；
（8）饮水机摆放合理，标识责任人，机体无灰尘，积水盒无锈渍；
（9）桌面及办公设备干净整洁，无卫生死角，定位标识无损坏。

（三）库房区域清扫

库房整体清洁卫生，消防设施齐全，性能良好，库内货架整齐、标志清晰完整，如图2-53和图2-54所示。

图2-53　清扫后的库房

图2-54　库房整体效果图

库房清扫的具体内容应包括以下方面：

（1）制定库房清扫责任表（见表2-20）、库房定置图、库房管理制度；
（2）库内货架标志完整清晰，无积灰，无杂物；
（3）通道无物品、杂物，保持畅通，地面无灰尘、油渍；
（4）标识无积灰，无破损，保持完整；
（5）消防器材无积灰，标识完整；
（6）物品待检区有明确区域及标识；
（7）备品备件入库前，应将油污或生锈清理干净。

（四）工具间清扫

工具间整体保持清洁卫生，货架整齐，明亮美观，制定责任规范和管理制度，确保物品和工具数量准确、完好整洁、取用方便，如图2-55所示。

图2-55　清扫后的工具间

表2-20 库房清扫责任表

区域	清扫部位	清扫周期	要点及目标	责任人	现场7S实施确认（　　月）
					1 2 3 4 5 6 7 8 9 10 11 12 13 14 15 16 17 18 19 20 21 22 23 24 25 26 27 28 29 30 31
电气设备库	货架	每天	眼观干净，无污垢，手摸无灰尘，无故障，各标识牌干净整洁无剥落		
	地面	每天	地面干净，无随意堆放的物品，无包装物，无垃圾		
	门窗	每天	干净，无积灰、污垢		
	物资摆放	每天	定位，无杂物，摆放整齐无压线，账卡物相符		
	通道	每天	区域划线清晰，无堆放物，保持通畅		
	清洁用具	每天	归位摆放整齐，保持完好可用，垃圾及时清理		
	验收区	每天	物品验收合格后及时上架，保持验收区整洁		
	通风设备	每天	运转正常，不用时关闭电源		
	开关、照明	每天	干净无积尘，下班时关闭电源		
恒温库	货架	每天	眼观干净，无污垢，手摸无灰尘，无故障，各标识牌干净整洁无剥落		

续表

区域/库房	清扫部位	清扫周期	要点及目标	责任人	现场7S实施确认（ 月）																											
					1	2	3	4	5	6	7	8	9	10	11	12	13	14	15	16	17	18	19	20	21	22	23	24	25	26	27	28	29	30	31
恒温库	地面	每天	地面干净，无随意堆放的物品，无包装物，无垃圾																																
	门窗	每天	干净，无积灰、污垢																																
	物资摆放	每天	定位，无杂物，摆放整齐无压线，账卡物相符																																
	验收区	每天	物品验收合格后及时上架，保持验收区整洁																																
	空调	每天	记录库房温、湿度，控制温、湿度在规定范围内，合理使用空调及抽湿机																																
	开关、照明	每天	干净无积尘，下班时关闭电源																																
	天花板	每天	保持清洁，无蜘蛛网，无剥落																																
	货架	每天	眼观干净，无污垢，手摸无灰尘，无故障，各标识牌干净整洁无剥落																																
备品备件库	地面	每天	地面干净，无随意堆放的物品，无包装物，无垃圾																																
	门窗	每天	干净，无积灰、污垢																																

续表

区域/库房	清扫部位	清扫周期	要点及目标	责任人	现场7S实施确认（　月）																											
					1	2	3	4	5	6	7	8	9	10	11	12	13	14	15	16	17	18	19	20	21	22	23	24	25	26	27	28	29	30	31
备品备件库	物资摆放	每天	定位，无杂物，摆放整齐无压线，账卡物相符																																
	通道	每天	区域划线清晰，无堆放杂物，保持通畅																																
	验收区	每天	物品验收合格后及时上架，保持验收区整洁																																
	清洁用具	每天	归位摆放整齐，保持用品本身干净完好，垃圾及时清理																																
	通风设备	每天	运转正常																																
	开关、照明	每天	干净无积尘，下班时关闭电源																																
随机备件库	货架	每天	眼观干净，手摸无灰尘，各标识牌干净整洁无剥落																																
	地面	每天	地面干净，无随意堆放的物品，无包装物，无垃圾																																
	门窗	每天	干净，无积灰、污垢																																
	物资摆放	每天	定位，无杂物，摆放整齐无压线，账卡物相符																																

续表

区域	清扫部位	清扫周期	要点及目标	责任人	1	2	3	4	5	6	7	8	9	10	11	12	13	14	15	16	17	18	19	20	21	22	23	24	25	26	27	28	29	30	31
随机备件库	通道	每天	区域划线清晰，无堆放物，保持通畅																																	
	验收区	每天	物品验收合格后及时上架，保持验收区整洁																																	
	通风设备	每天	运转正常																																	
	开关、照明	每天	干净无积尘，下班时关闭电源																																	
	货架	每天	眼观干净，无污垢，手摸无灰尘，无故障，各标识牌干净整洁无剥落																																	
	地面	每天	地面干净，无随意堆放的物品，无包装物，无垃圾																																	
劳保库	门窗	每天	干净、无积灰、污垢																																	
	物资摆放	每天	定位、无杂物，摆放整齐无压线，账卡物相符																																	
	通道	每天	区域划线清晰，无堆放物，保持通畅																																	
	验收区	每天	物品验收合格后及时上架，保持验收区整洁																																	

续表

区域/库房	清扫部位	清扫周期	要点及目标	责任人	现场7S实施确认（ 月） 1-31
劳保库	通风设备	每天	运转正常		
	开关、照明	每天	干净无积尘、下班时关闭电源		
	货架	每天	眼观干净，无污垢，手摸无灰尘，无故障，各标识牌干净整洁无剥落		
	地面	每天	地面干净，无随意堆放的物品，无包装物，无垃圾		
气体库	门窗	每天	干净、无积灰、污垢		
	物资摆放	每天	定位、稳固，无积尘，无杂物，无过期物资，摆放整齐无压线，账卡物相符		
	开关、照明	每天	干净无积尘，无故障，下班时关闭电源		
	排气扇	每天	运转正常，及时关闭		

◎此栏由组长签字确认：

注 1. 每天上午9:00由责任人确认，合格在相应栏内打"○"，不合格应立即整改；不能立即整改的，先划"△"，待整改后划"⊘"。
2. 每天上午9:00以后，由组长到各责任区检查确认，并在确认栏签字。

工具间清扫的具体内容应包括以下方面：

（1）制定工具间清扫责任表（见表2-21）、定置管理图、工具间管理制度；

（2）通道上无物品、杂物，保持畅通，地面无灰尘、油渍；

（3）工具间内货架标志清晰，无积灰，无杂物；

（4）备品备件入库前，应将油污或生锈清理干净；

（5）设置破损工具回收箱，保持环境规范。

（五）后勤区域清扫

建立后勤区域清扫责任表（见表2-22），划分责任区，设置管理规范、制定管理标准，确保后勤区域洁净卫生。

后勤区域清扫的具体内容包括以下方面：

（1）道路清洁无杂物，黄黑相间的标识线清晰、无剥落，道路指向标识清晰明了；

（2）停车位干净整洁，标识线清晰、无损坏；

（3）餐厅环境温馨、整洁（如图2-56所示），无垃圾、无杂物，无蜘蛛网和积尘；

图 2-56　餐厅

（4）厨房操作台、货架层干净整洁，无积尘、无杂物；

（5）切菜板、刀具、备餐台生、熟食区分类明确，标识清晰；

（6）仓库货品不与地面直接接触，放在储存柜内，无积灰。

五、清扫推进的注意事项

1. 责任化

清扫过程要做到责任化，就要明确以下内容：

（1）明确清扫责任人和清扫周期；

（2）明确清扫区域和清扫部位；

（3）明确清扫标准和工作要求。

表 2-21　　　　　　　　　　　　　工 具 间 清 扫 责 任 表

区域/设备	清扫部位	清扫周期	要点及目标	责任人	现场7S实施确认（月）
					1 2 3 4 5 6 7 8 9 10 11 12 13 14 15 16 17 18 19 20 21 22 23 24 25 26 27 28 29 30 31
办公设备	内外部污垢、周边环境	周一、周三	眼观干净、手摸无水尘，无故障		
地面	表面	每天	保持清洁，无污垢、碎屑、积水等		
	通道		地面无破损、划线、标识清晰无剥落		
	摆放物品		区划线清晰，无堆放物，保持通畅		
	清洁用具	每天	定位、无杂物，摆放整齐无压泵		
墙天花板	墙面		归位摆放整齐，保持用品本身干净完好，及时清理		
	开关、照明		保持干净，无不要物，贴挂墙身物品整齐合理		
	门窗	周五	干净无积尘，下班时关闭电源		
	公告栏		玻璃干净，无破损，框架无灰尘，窗帘整齐清洁		
			干净并及时更新，无过期张贴物		

续表

区域/设备	清扫部位	清扫周期	要点及目标	责任人	现场7S实施确认（月）																													
					1	2	3	4	5	6	7	8	9	10	11	12	13	14	15	16	17	18	19	20	21	22	23	24	25	26	27	28	29	30	31
墙/天花板	天花板	周五	保持清洁，无蜘蛛网，无剥落																																
工作台办公桌	桌面		物件定位，摆放整齐、干净，无多余垫压物																																
	抽屉		物品分类存放，整齐清洁，公私物品分开放置																																
	坐椅		归位，地面无堆放物																																
箱柜	表面	每天	眼观干净，手摸无尘，无不要物																																
	内部		分类摆放整齐、清洁																																
台架/货架	摆放物品		叠放整齐、稳固，无积尘、无杂物																																
	通道		1. 保持通畅，无堵塞 2. 无不明物，地面摆放物有明确区域及标识																																

◎此栏由组长签字确认：

注：1. 每天上午9:00由责任人确认，合格在相应栏内打"○"，不合格应立即整改；不能立即整改的，先划"△"，待整改后划"⊘"。
2. 每天上午9:00以后，由组长到各责任区检查确认，并在确认栏签字。

表 2-22 后勤区域清扫责任表

区域设备	清扫部位	清扫周期	要点及目标	现场7S实施确认（　　月）																															
				1	2	3	4	5	6	7	8	9	10	11	12	13	14	15	16	17	18	19	20	21	22	23	24	25	26	27	28	29	30	31
取暖器	外观、过滤网	周五	眼观干净,手摸无灰尘																																
油烟罩	内外部污垢	周一、周三	眼观干净,无油渍,不粘手																																
地面	表面		保持清洁,无污垢、碎屑、积水等																																
	通道	每天	无随意放置的工具及炊具																																
	摆放物品		区域划线清晰,无堆放物,保持通畅																																
	清洁用具		定位,无杂物,摆放整齐无压线																																
			归位摆放整齐,保持用品本身干净完好,及时清理																																
墙面花板	墙面	每天	保持干净,无不要物,贴挂墙身物品整齐合理																																
	开关、照明		干净无积尘,下班时关闭电源																																
	门窗	周五	玻璃干净,无破损,框架无灰尘,窗帘整齐清洁																																

第二章 7S推进内容

续表

区域/设备	清扫部位	清扫周期	要点及目标	现场7S实施确认（ 月）
				1 2 3 4 5 6 7 8 9 10 11 12 13 14 15 16 17 18 19 20 21 22 23 24 25 26 27 28 29 30 31
墙/天花板	公告栏		干净并及时更新，无过期张贴物	
	天花板		保持清洁，无蜘蛛网、无剥落	
餐桌	桌面		桌面保持清洁，无杂物，无油腻	
	座椅	每天	座椅干净整洁无堆放物，餐后归位	
冰箱/冰柜	表面		柜面眼观干净，手摸无尘，无不要物	
	内部		柜内物品分类摆放整齐、清洁	
台架/货架	案台、灶台		物品干净清洁，规范整齐、不杂乱	
	通道		保持通畅，无堵塞	
			无不明物，地面摆放明物有明确区域及标识	

◎此栏由组长签字确认：

注 1. 每天上午9:00由责任人确认，合格在相应栏内打"〇"，不合格应立即整改；不能立即整改的，先划"△"，待整改后划"◎"。
2. 每天上午9:00以后，由组长到各责任区检查确认，并在确认栏签字。

2. 标准化

开展清扫活动时，应建立清扫基准，及时发现不合格项，提高工作效率。清扫基准是针对清扫对象建立的清扫标准，要做到：

（1）规范易懂，不因为人员的变化而改变；
（2）科学易行，内容工序设置科学合理，简单易行；
（3）全面覆盖，不留盲区和死角。

3. 常态化

清扫是一项基础工作，也是一项长期工作，要做到：

（1）有检查，有督促，有考核，制定完善的清扫标准和考核机制；
（2）将清扫工作纳入企业日常管理，形成员工的日常行为习惯；
（3）与点检工作密切结合，实现清扫常态化。

第四节 清 洁

一、清洁的含义

清洁是指维护整理、整顿和清扫的工作成果，将其习惯化、标准化、持久化和制度化的过程。通过清洁，对前3S的执行效果进行检查，形成制度化要求，使员工在进行3S时有样板可循、有制度可依，规范员工工作习惯，并融于日常管理，最终提升员工素养。

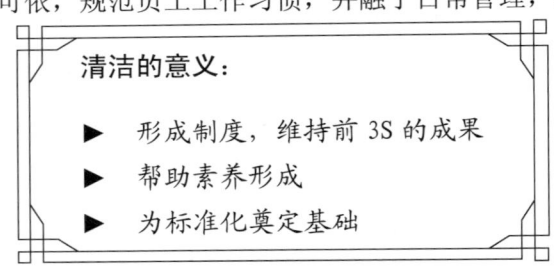

> 清洁的意义：
> ▶ 形成制度，维持前3S的成果
> ▶ 帮助素养形成
> ▶ 为标准化奠定基础

有许多发电企业轰轰烈烈开展7S活动，从整理、整顿到清扫，基础工作做得十分扎实，取得了阶段性成果，但是因为没有认真开展清洁工作，没有将管理要求固化为制度并持续执行，没有使员工养成工作习惯，导致重复劳动。因此，必须用清洁活动来持续巩固前3S的成果，使之成为员工的良好习惯与素养。

二、清洁的作用

1. 规范实施过程

由于客观条件不同、人员主观能动性不同，实施前3S的方式方法也多种多样，企业可根据现场实际，制定前3S活动过程中的规章制度，使得7S改善过程规范，改善要求明确，提升治理效果，提高治理效率。规章制度包括规范行为、治理依据、治理效果、注意事项等。

2. 巩固治理成果

维持整理、整顿和清扫后取得的良好效果,需要制定相关的维持制度来规范员工行为,一般包括 7S 保持规定、库房物品管理规范、点检制度等。可以选取已经形成规范的优秀现场,制定相应的标准,规范其他现场的治理成果,如办公室定置管理规定等。

3. 促进素养形成

根据已制定的规范及工作要求,对达不到标准的区域进行改善,形成更加安全、统一、规范、明朗、整洁的生产现场,提炼完善的制度,统一思想、规范行为和工作程序,最终形成不用制度约束的习惯。

开展清洁前后的效果可从表 2-23 看出。

表 2-23　　　　　　　　　　　清洁前后效果对比

状态 \ 3S	整理	整顿	清扫
没有进行 3S	必需品和非必需品混放	找不到必需品	工作现场有脏污
开展 3S	没有非必需品	取放快捷	工作现场明朗、整洁
将 3S 制度化（清洁）	不产生非必需品的机制	取放方便的机制	不会脏污的机制

三、清洁的步骤

清洁的步骤如图 2-57 所示。

1. 制定制度

发电企业应依据生产现场的不同情况制定相应的规章制度,并结合实际不断完善,以便规范、巩固前 3S 的实施效果,并通过看板、宣传画等形式服务于生产,如图 2-58 所示。

2. 宣传培训

为了有效实施规章制度,首先应当对员工进行宣传教育,让员工熟练掌握其内容。可通过以下方法增强培训效果:

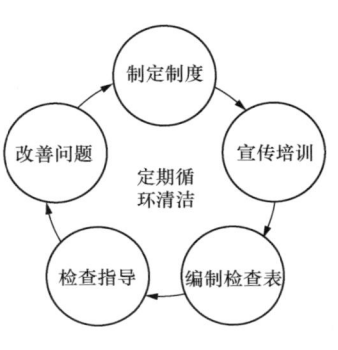

图 2-57　清洁的步骤

图 2-58 管理制度上墙

（1）从上到下的教育宣贯，使员工熟练掌握方法和要求；

（2）组织知识竞赛、知识考试，让理论深入人心；

（3）制作形象生动的宣传画，使制度、程序流程目视化；

（4）结合实际制作幻灯片或微电影，让员工增强感性认识；

（5）召开讲课座谈会、经验交流会，分享经验共同进步。

3. 编制检查表

根据各现场整理、整顿和清扫情况，根据相关制度制定检查表（如表 2-24 所示），确保治理过程符合标准，治理成果统一并且达标。

表 2-24　　　　　　　　3S 检 查 表 示 例

检查人				日期	
总计得分					
项目	项次	检查项目	得分	检 查 状 况	
整理	1	工作场所的设备材料	0	长期不用的物品随意摆放；设备落地摆放，不符合规定	
			1	角落放置非必需品；影响环境、安全的材料无人管理	
			2	物品使用频率不高，且摆放杂乱	
			3	物品为一周内要用的，整理较好	
			4	物品为 3 日内要用的，整理很好，采用目视化管理	
	2	办公桌及抽屉	0	不使用的办公物品、杂物无序堆放	
			1	办公物品、私人物品混杂摆放	
			2	办公、私人物品分开，但杂乱	
			3	物品摆放整齐，但过量	
			4	桌面及抽屉内物品数量均在最低限度，且摆放整齐	

续表

项目	项次	检查项目	得分	检查状况
整理	3	通道状况	0	物品占用通道或脏乱，无法正常通行
			1	虽能通行，但要避开，液压车或叉车不能通行
			2	摆放的东西超出通道
			3	超出通道但有警示牌、围栏
			4	通畅整洁
整顿	1	零件及工具	0	破损不堪，不能使用，杂乱放置
			1	不能使用的工具集中放置在一起
			2	能使用但脏乱无保养、无合格证
			3	能使用，有保养，有定位放置，但不整齐
			4	摆放整齐、干净，最佳状态，工具采用目视化管理
	2	仓库及货架	0	塞满东西，人不易行走
			1	东西杂乱摆放
			2	有定位规定，但没有被严格遵守
			3	有定位且在管理状态，但进出不便
			4	任何人均易于了解仓库库存状况，目视化管理，账物一致
清扫	1	工作场所及通道	0	有纸屑、铁屑、其他杂物
			1	有较大灰尘、油渍、水渍
			2	有轻微灰尘、油渍、水渍
			3	卫生存在死角
			4	地面干净，无死角
	2	设备、工具、办公桌、文件等	0	设备、仪器、工具生锈，桌面物件文件凌乱
			1	设备等无生锈但有较多灰尘，工作台灰尘、水渍较多
			2	设备等有轻微灰尘，工作台虽干净但有破损
			3	设备、桌面等有轻微灰尘
			4	设备整洁，桌面文件等整洁

4. 检查指导

推进阶段，7S 推进办公室应定期组织各部门 7S 负责人、督导师，按照检查表对区域 3S 推进情况进行检查，在检查过程中对发现的问题要根据制度提出整改建议，并及时下达整改单。

5. 改善问题

对于问题点，相关责任者应尽快整改，必要时请推进办公室予以指导。整改完成后申请推进办公室进行复查，确认改善状况，如果未达标，重新进行整改直至达标为止。对于检查过程中有制度与现场实际不适用的情况应及时对制度进行改善。

6. 循环改善

现场检查、问题改善的最终目的都是实现效果的维持和提升。在整个推进过程中，企业应当不断循环进行改善，完善规章制度，细化量化检查项目，提高标准要求，从而不断提升 7S 管理效果。

四、清洁的实施内容

将整理、整顿、清扫内容通过不断完善形成制度，常见的前 3S 制度见表 2-25。制度必须是与目标相对应的，即遵循制度总是能保持获得良好的改善效果，而且制度必须是可操作性强，与现场实际相符，同时不得违反已有的规章制度。制定的规章制度应根据现场实际、推进过程中遇到的问题、新的规章制度等因素及时进行修订。

表 2-25　　　　　　　　　　3S 相关制度

序号	3S	相关制度	相关要点
1	整理	7S 检查制度	规定进行检查的时间、方法、人物、内容以及奖惩措施等
2	整理	必需品和非必需品区分制度	规定什么是必需品、什么是非必需品、不能区分时应该如何处理等内容
3	整理	非必需品处理制度	规定非必需品的处理流程，一般根据物资管理制度进行制定
4	整理	定期整理循环制度	规定在日常生产过程中应当进行的整理工作，包含生产设备、办公区域、库房等
5	整顿	物品分类及定置制度	对必需品进行必要的分类，分类的根据
6	整顿	色彩标识管理制度	对整顿过程中需要用到的设备颜色、标识线颜色及种类等进行规范，确保根据相关规范做到统一
7	整顿	定期整顿循环制度	规定在日常生产过程中应当进行整顿工作，包含生产设备、办公区域、库房等
8	清扫	清扫管理制度	规定如何清扫，包括各个生产区域、库房、后勤的清扫方法、注意事项等
9	清扫	点检制度	包含对不同设备的清扫方法、工具，定人、定期、定点进行点检以及点检目视化进行规范，应与现有的点检制度、消缺制度相结合制定
10	清扫	定期清扫循环制度	对清扫活动定期、定人，确保各区域保持清洁的方法

五、清洁的注意事项

1. 明确责任

在推行清洁时，由 7S 推进办公室负责制订清洁活动的相关制度，并组织各部门 7S 负责人、督导师讨论，确保清洁工作高质量完成。清洁活动的相关制度应明确设备区域责任者、检查监督责任者等，落实责任。

2. 有效激励

对整理、整顿、清扫中的优秀典型，应及时给予正向激励，促使现场改善成果保持固化。7S 推进办公室应不定期对改善区域进行核查，并将发现的问题点拍成照片整理后公示，追踪问题点改善情况，对问题点数量、改善情况进行汇总统计，根据情况及时予以负向激励。

3. 持之以恒

在进行前 3S 活动后，不但要开展检查整改活动，还要将前 3S 的结果制度化、习惯化，确保前 3S 的治理效果不仅得到保持而且不断提升。

第五节　素　　养

一、素养的含义

素养是 7S 的精髓，通过整理、整顿、清扫、清洁前 4S 的改善活动，员工能主动遵守规章制度，自觉养成良好习惯，工作意识得到改善、品质素养得到提升，逐步形成具有鲜明特色的企业文化。

素养的意义：
- ▶ 员工严格遵守规章制度
- ▶ 铸造积极的团队精神
- ▶ 营造和谐高效的工作氛围

二、素养的作用

1. 改善工作意识

（1）强化安全意识，树立"不安全不工作"的理念；

(2) 增强成本意识，树立经济观念、效益观念；

(3) 提高效率意识，树立时间观念，讲求工作效率。

2. 养成良好的习惯

(1) 工作不拖延，做到今日事今日毕；

(2) 自觉按照规章制度办事；

(3) 保持工作环境的整洁有序；

(4) 守时，专注自身工作；

(5) 不找借口，敢于担当。

3. 提升人的品质

(1) 积极主动完成本职工作；

(2) 善于总结，勤于思考，不断简化、完善工作流程；

(3) 具有大局意识，为企业着想，为他人着想；

(4) 积极参与企业管理，为企业献计献策。

三、推进素养的步骤

素养的形成不是一蹴而就而是循序渐进的，因此推进素养的重点在于全面地、全方位地开展教育培训活动，推进步骤见图 2-59。

图 2-59　推进素养的步骤

（一）制定规范

1. 让员工参与规范的制定

除政策性规定外，一般性的规定、规范，应尽量让员工参与讨论、协商制定，保证员工达到修养的最低限度，并力求提高，如《语言规范》《形象规范》《日常工作行为规范》《会议规范》等，具体内容见表 2-26。

表 2-26　相 关 规 范

规范项目	规范内容
语言规范	1. 礼貌用语："请""对不起""谢谢""您好""麻烦您"等。 2. 电话应答 (1) 接听： 1) 电话铃响三声以内，必须接听电话。如本人不在，其他员工有义务帮其接听电话并记下留言。 2) 接听电话的应答程序为："您好！××！我是××，有什么可以帮助您的吗？"，注意语音语调及连贯性。 3) 对方打错电话时说："对不起！您打错电话了。" 4) 受话人是旁边的同事时说："请稍等，我马上去叫他"。 5) 受话人不在时说："对不起，他走开了，请问有什么可以转告的吗？"并书面记录其口信并转交给受话人。 6) 声音温和亲切，不要显得不耐烦。 7) 待对方挂电话后再轻轻放下电话。 (2) 打出： 1) 第一句为："您好！我是××企业××，请找××先生/女士"，也可称呼职位，但不可直呼其名。

续表

规范项目	规范内容
语言规范	2）打错电话时说"对不起，打错了"，不要一声不吭挂上电话。 3）打完后用"拜托""谢谢"等寒暄语结束，轻轻地先挂上电话
形象规范	1．工作证、胸牌：工作期间，员工必须随时携带工作证或佩戴胸牌。 2．着装要求：员工衣着应清洁清爽、大方得体；上班统一穿工作服；不得穿拖鞋上下班
日常工作行为规范	1．上班 （1）明朗、甜美、愉快地打招呼。 （2）提前进入工作现场或办公室，准备好投入工作。 （3）晨会大家说："早上好！" 2．下班 （1）整理清扫工作台面及周边场地。 （2）班后会大家说："辛苦了！再见。"（以办公室或班组为单位） （3）其他人还在工作时，问一下"是否需要帮忙？"对方答否时，不要默不做声走开，要认真说："辛苦了，我先走了。" 3．同事关系 （1）同事间有意见，可报告上级协调，不可争吵。 （2）上级前来洽事，要从座位中起立，以示尊敬。 （3）要主动帮助资历较浅的同事。 4．会面 （1）早上进厂，要互问"早""早上好"。 （2）下午和晚上进厂，要互道"您好"。 （3）下班回家时，要互道"再见"。 5．接洽公务 （1）接听公务电话要先说明自己的单位。 （2）进入其他部门办公室应先敲门。 （3）不可随意翻阅别人的公文。 （4）接洽公务要和对方说"请"和"谢谢"。 （5）借用公物，用完后立刻归还。 （6）须称呼上级时，要加头衔，如"×主任""×处长"，须称呼别人姓名时，要加"先生"或"女士"，以示礼貌

2．规范目视化

将制定的规范目视化，让员工一目了然，不必伤脑筋去判断，利用漫画的方式汇总成管理手册；制成图表、标语、看板、卡片；目视化应选在明显并容易被看到的地方。图 2-60 所示为某发电企业员工手册。

图 2-60　某发电企业员工手册

3. 规范化的保持

自觉开展 5 分钟 7S 活动：

（1）整理工作台面，将材料、工具、文件等放回规定位置；

（2）确保读取所有电子邮件及 OA 系统文件；

（3）理顺电话线，离开办公室要关闭电源、水源；

（4）清倒工作垃圾；

（5）对齐工作台椅并擦拭干净，人离开之前将椅子归位。

（二）开展教育培训

"人造环境，环境育人"，一个充满正能量的工作场所对员工有着潜移默化的影响。尤其是新员工，如同一张白纸，近朱则赤，近墨则黑，及时给予强化教育是非常必要的。让每名员工都知道什么可以做，什么不可以做，明白企业倡导什么，反对什么，将对员工日后的工作产生深远的影响。通过强化教育培训，彻底摒除"各人自扫门前雪，莫管他人瓦上霜"的利己思想，培养员工对企业、对部门及工作的热情和责任感。

培训分岗前培训和在岗培训。

1. 岗前培训

岗前培训就是上岗之前的培训，是形成素养的重要阶段。从员工入职的那一天起，不论是技术人员、管理人员还是作业人员都必须接受以下培训：

（1）学习该岗位所必需的安全及专项技能；

（2）学习企业的各项规章制度；

（3）学习待人接物的基本礼仪；

（4）熟悉企业环境、作息时间等。

2. 在岗培训

在岗培训是指为了提高员工工作技能，员工在完成本职工作的同时，接受各种有针对性的培训活动。在岗培训是将员工素养提高到更高层次的重要手段，不能仅限于操作技能的提升训练，也应重视日常行为规范的培养。对于出现的不文明行为应及时纠正。

不同岗位的在岗培训侧重点不同，常见的在岗培训内容包括以下四个方面：

（1）相同岗位间的信息横向交流、参观、评比，树立先进典型，形成"灯塔效应"，如发电企业可以举行技术比武大赛（见图 2-61）、识图竞赛等活动，营造比、学、赶、超的积极氛围；

（2）同一人员在不同工作岗位轮训，培养出一批"一专多能"的综合型人才；

（3）组织外出参观、研修，获取新知识、新观点、新方法，开阔视野，提炼总结出适合本企业发展的经验；

（4）利用企业文化建设平台，开展主题活动，如举办主题篮球比赛，开办青年员工论坛（见图 2-62）等。

图 2-61　技术比武大赛　　　　　　　图 2-62　青年员工论坛

（三）检查素养效果

开展素养活动后，要对活动效果进行检查，主要内容包括：

1. 日常活动

（1）是否已经成立了 7S 小组；

（2）是否经常开展 7S 方面的交流培训；

（3）员工是否理解 7S 对企业和个人的益处，是否有参与 7S 活动的热情。

2. 员工行为规范

（1）是否做到举止文明；

（2）是否自觉遵守企业的各项规章制度；

（3）是否做到团结协作、齐心协力；

（4）是否遵守工作时间；

（5）是否能友好相处、有效沟通。

3. 服装礼仪

（1）是否按规定穿着工装上岗，服装是否整洁；

（2）是否按规定佩戴胸卡；

（3）头发、指甲、鞋子是否干净；

（4）面部是否清洁并充满朝气。

四、素养的实施内容

1. 职业规范

职业规范包括企业对员工的基本工作要求和素质要求，包括仪表形象规范、人际交往礼仪规范、沟通与协调行为规范等，明确的职业规范可以使每位员工以最好的精神面貌投入到工作中，提升工作效果，提升企业形象。

2. 征文大赛

开展 7S 征文比赛，可加深员工对 7S 活动的进一步理解和认识，让员工分享 7S 活动带来的改变和成就感，从而促进 7S 活动持续、有效开展。

3. 知识竞赛

开展 7S 知识竞赛（如图 2-63 所示），进一步强化员工对 7S 管理的认识，增强各部门之前的沟通交流、分享经验，取长补短，促进 7S 活动的推行。

4. 看板评比

7S 管理看板的作用是将公司、部门、班组的管理要求、管理过程、管理效果等目视化，使员工了解和参与到企业管理活动当中，从而提升管理效果。企业定期组织开展 7S 管理看板评比，能够充分激发员工的 7S 改善热情，调动员工参与企业管理的积极性。图 2-64 为发电企业员工自己动手设计的内容丰富的看板。

图 2-63　知识竞赛现场　　　　　　　　图 2-64　看板展示

五、素养推进的注意事项

1. 推进过程中的共性问题

（1）只注重技能培训，忽视道德培训。对规章制度只是简单地挂在墙上而不加任何说明，员工对制度要求不理解。

（2）急于求成，认为三两天的教育培训就能改变员工的思想意识和行为习惯。

（3）没有有效的奖惩制度，或奖惩制度执行不力。

（4）持续性差，不能长期坚持，时间一长就放松要求。

2. 提升职工素养的三项注意点

（1）形似且神似。所谓"形似且神似"，是指员工在理解的基础上执行企业的规章制度才能做到位。对于企业所制定的制度、规则，员工一定要理解透彻，这样执行力才会不打折扣，不仅要知道该怎么做，而且要知道为什么这样做。

（2）领导带头。榜样的力量是无穷的，在素养推行过程中，领导层的表率作用至关重要。企业高层管理者主动捡起地上的垃圾，能够起到"此时无声胜有声"的效果，感染和带动员工效仿。

（3）长期坚持。在进行了整理、整顿、清扫、清洁等一系列活动后，员工已经对 7S 管理形成了一定的理解和认识，要想使 7S 管理活动能够起到其应有效果，就需要长期坚持素养活动，持之以恒、不断检查，促使员工养成良好习惯。

六、晨会制度

晨会是指在上班前 10 分钟,员工进行交流信息、安排工作的会议。

(1) 晨会的意义:

1) 让全体员工养成主动遵守规章制度的习惯。

2) 传达工作计划、总结等,促进员工对工作的理解。

3) 员工明确工作目标,工作充满激情与活力。

4) 锻炼员工的表达、沟通能力,提升团队合作精神。

5) 形成具有特色的企业文化,提升企业凝聚力。

(2) 晨会的方式见表 2-27。

表 2-27 晨 会 方 式

方式	含 义
横向式	指企业内部同级之间(如部门与部门、班组与班组)或企业横向间进行沟通、交流的晨会
纵向式	指按照企业管理结构层次安排的晨会,具体包括企业月晨会、部门周晨会和各班组日晨会
混合式	指不同部门、班组及不同工种人员间进行沟通、交流的晨会

(3) 晨会记录表示例见表 2-28。

表 2-28 晨 会 记 录 表

部门(班组)		应到人数		实到人数	
主持人		记录人		记录日期	
7S 晨会纪要					
1. 起立、整理仪容; 2. 会议主持人向参加晨会人员问"早上好",大家回应:"好,非常好!" 3. 主持人引导:"我们的口号是——",参会人员齐呼公司方针:"××××××!" 4. 总结昨日工作及存在问题; 5. 安排当天工作计划及说明要求; 6. 各样板区需要协调和解决的问题; 7. 每天晨会照常进行,下次晨会时间:××月××日 8:30,请遵守晨会纪律,无故缺席人员列入月度绩效考核					
参加人员					
缺席人员					

第六节 安 全

一、安全的含义

安全是指清除隐患,排除险情,预防事故的发生,保障员工人身安全,保证生产连续稳定。

> **安全的意义：**
> ▶ 保障设备稳定运行
> ▶ 保障员工生命安全
> ▶ 保障企业生产经营

安全是发电企业正常生产的前提，是整理、整顿、清扫、清洁、素养的延续和提升，是推行 7S 活动最主要的目的。

在 7S 活动中，安全的重点关注对象分为三个方面：一是现场环境的安全，二是设备的安全，三是人的安全。即通过采取安全管理目视化、安全环境目视化的方法，保障作业环境安全；通过安全点检制，保证设备安全；通过采取风险预控票、危险预知训练（KYT），训练、提高人的风险预知和防范能力，提升人的安全素养，保障作业人员安全。

二、7S 安全的作用

1. 提供安全环境，让员工更放心

通过 7S 安全目视化，建立一个安全、可靠、整洁、有序的工作环境，让员工放心工作。

2. 消除安全隐患，杜绝事故发生

通过安全点检制，及时发现和消除不安全因素，避免事故发生，降低事故损失。

3. 做好风险预控，保证作业安全

通过风险预控票，对作业潜在的危险点进行因素分析，制定、落实风险预控措施，保障作业安全。

4. 提升安全素养，保障安全生产

通过 KYT 活动，提高员工安全意识、技能、危险预知和防范能力，保障安全生产。

三、安全的要点

电力企业在长期发展过程中已经形成了系统、完善的安全管理体系，7S 的安全只是对安全管理体系的有益补充，故本书仅列举了 7S 活动促进安全管理的一些典型方法，以助于改善现场安全环境，提升人员安全素养，保证安全生产。

7S 安全贯穿于整理、整顿、清扫、清洁、素养的全过程，前 5S 的执行力度和深度决定了 7S 的推行质量，也决定了企业安全生产水平。因此，必须大力、深入开展整理、整顿、清扫、清洁、素养活动，加大设备设施隐患排查和治理力度，加强作业潜在危险的防范能力，提高员工安全意识和技能，使 7S 活动更好地服务于安全生产。

（一）安全目视化

在生产现场设置各种安全宣传看板、安全操作规程看板、作业看板、安全提示等 7S 安全目视化设施，可帮助员工在日常工作中提高安全意识、提升安全技能，尤其在紧急情况下能够指导员工安全操作、正确救护。安全目视化设施内容应正确无误、简洁明了、直观易懂、方便查看。

1. 环境安全目视化

（1）安全管理目视化。通过各种形式将组织机构、企业安全目标、承诺书、责任状等内容进行目视化，起到时刻强调的作用，如图 2-65 所示。

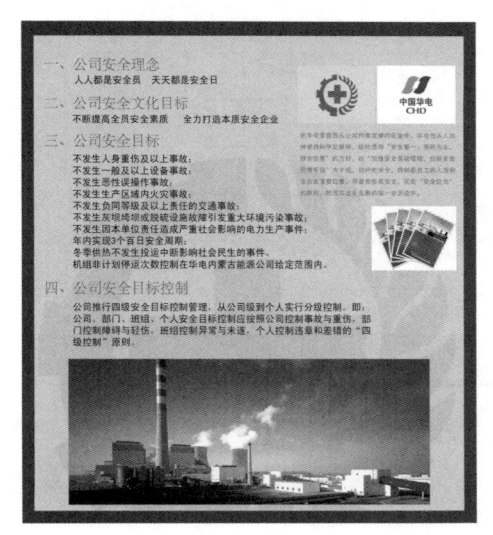

图 2-65 安全职责目视化

（2）安全教育目视化。通过安全宣传栏、漫画、事故警示牌、反违章宣传图、安规学习牌、安全提示牌和安全标语等形式加强安全教育，起到潜移默化的作用，如图 2-66 所示。

（3）进入生产现场安全提示。在进入生产区域通道处设置进入该区域的安全提示看板，对进入人员着装等安全要求进行提示，如图2-67所示。

图2-66　安全教育目视化图　　　　图2-67　进入生产现场安全提示

（4）紧急联络电话。在生产区域明显位置设置紧急联络电话看板，便于在紧急情况下拨打联络电话。将本单位已签订联防协议的派出所（公安局）、医院、消防队的联络电话以及公司相关部门、责任人的电话进行明示，如表2-29所示。

表2-29　　　　　　　　　紧 急 联 络 电 话 示 例

\multicolumn{3}{c}{××公司紧急联络电话}
序号	部门	电话号码
1	××公司值长	××××
2	××公司安监部	××××
3	××公司保安室	××××
4	××公司消防队	××××
5	××公司救护中心	××××
6	××公安局	××××
7	××消防队	××××
8	××医院	××××
…	…	…

（5）紧急救护图。在生产现场醒目位置设置紧急救护图，当发生人身伤害事故时，提示抢救人员进行正确救助。在控制室及重要生产场所应设置紧急救护箱，方便进行紧急救护，如图2-68所示。

（6）作业安全提示看板。在作业地点设置操作流程看板、作业安全注意事项等看板，规范员工操作行为，提示安全注意事项。例如在配电室内设置操作流程看板；在设备旁设置点检指导书看板；在工器具、防护用品存放处设置使用方法提示牌，如图2-69所示。

（7）危险源与职业健康提示。在危险源附近应设置提示牌、检测牌，使员工时刻保持警惕，并对噪声、有害气体等定期进行检测，做好职业病危害的预防工作，如图2-70所示。

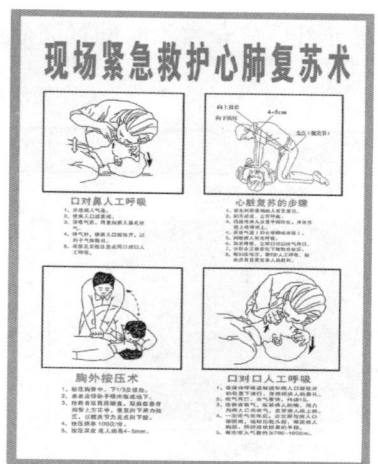

图 2-68　紧急救护图

图 2-69　正压式空气呼吸器使用方法提示牌

（8）安全通道、紧急疏散指示。生产区域应明确安全通道并设置"安全出口"标志，人行通道上应设置"去向指示"和"安全出口"指示。在各生产区域明显位置及控制室、办公室、员工宿舍门背后设置"紧急疏散"标志，如图 2-71 所示。

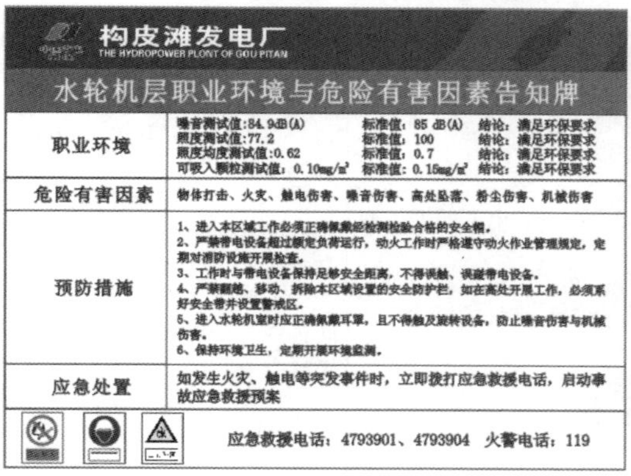

图 2-70　危险源及职业健康提示牌 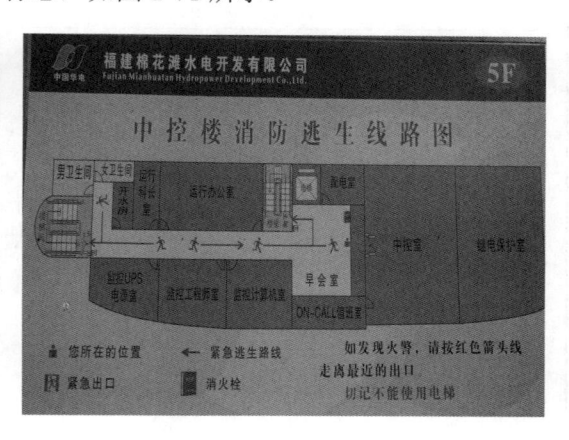　　　图 2-71　安全通道、安全出口、紧急疏散图

（9）安全警示线。安全警示线配置规范及要求见表2-30。

表 2-30　　　　　　　　　　安全警示线配置规范

序号	种类	配置规范	警示线规范
1	禁止阻塞线	（1）标注在地下设施入口盖板上； （2）标注在灭火器存放处、消火栓井盖上； （3）标注在生产区域配电室、继电保护室、仓库等门口地面上； （4）标注在电缆沟盖板上； （5）标注在井坑孔洞盖板上	（1）黄色45°斜线； （2）黄色条宽100mm，间隔100mm； （3）禁止阻塞线长与标注物等长或根据现场实际适当延长，宽为标注物前800mm； （4）黄色条向左下方倾斜
2	安全警戒线	（1）发电机组周围； （2）落地安装的转动机械周围； （3）控制盘（台）前； （4）配电盘（柜）前	（1）黄色实线； （2）黄色条宽100~150mm； （3）安全警戒线距发电机组周围1000mm； （4）安全警戒线距落地安装的转动机械、控制盘（台）前、配电盘（屏）前周围800mm（可结合现场实际对距离进行适当调整）
3	防止踏空线	（1）标注在楼梯第一级和最末级台阶边缘处； （2）标注在人行通道高差300mm以上的台阶边缘处	（1）黄色条长与标注物等长； （2）黄色条宽150mm
4	防撞线	（1）标注在车辆出入的通道两侧立柱、支架上； （2）标注在厂内路缘石上； （3）标注在限高杆的横梁上	（1）立柱1.2m以上标注"三黄二黑"实线，线宽为100~200mm； （2）1.2m以下立柱角标注黄黑相间45°斜线，宽度为100~150mm； （3）路缘石上标注黄黑相间防撞线，长度为500mm或与路缘石等长； （4）限高杆上标注黄黑相间45°斜线

续表

序号	种类	配置规范	警示线规范
5	防止碰头线	标注在人行通道高度 1.5～1.8m 的障碍物上	(1) 黄黑相间 45°斜线； (2) 黄、黑色条宽各 100mm
6	防绊线	(1) 标注在人行横道地面上高差 50mm 以上的管线或其他障碍物上； (2) 标注在防小动物挡板上部	(1) 黄黑相间 45°斜线； (2) 黄、黑色条宽各 100mm； (3) 防小动物挡板上部防绊线宽度为 100mm

2. 设备设施安全目视化

(1) 验电点标识。用于表示验电的具体部位，设置在 6kV 开关柜内等验电部位，如图 2-72 所示。

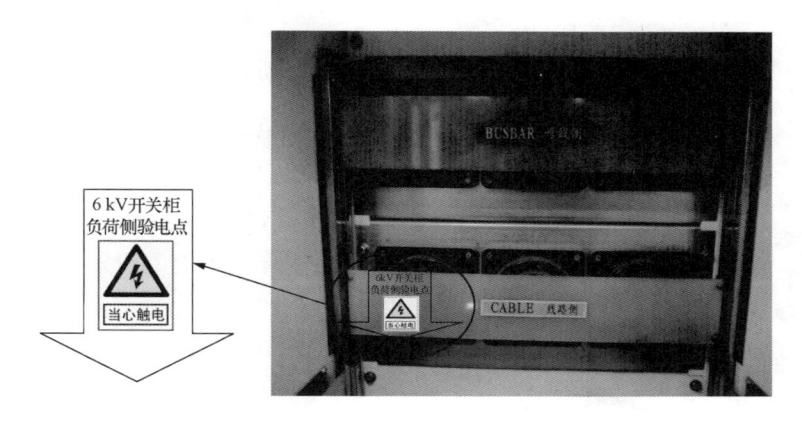

图 2-72 验电点标识

(2) 辅助可移动设施。配电室内辅助设施和工具分类摆放整齐并标识清晰，见图 2-73。

(3) 安全工器具。工器具、安全标识牌、安全防护用品需定置摆放或采用形迹化管理，定置点对应有名称、编号，如图 2-74 所示。

(4) 钥匙。钥匙需分类定置存放，钥匙牌与对应存放位置有相同的名称编号标识，如图 2-75 所示。

图 2-73　辅助可移动设施　　　　　图 2-74　安全工器具管理

（5）消防器材。在灭火器箱、灭火器、沙箱底部用红色标识进行定位，并用黑色字对品种和型号进行标注，如图 2-76 所示。易晒易冻地点的灭火器，应配置灭火器箱。在某些区域为防止灭火器浸泡、腐蚀，应配置灭火器存放支架。灭火器瓶体上或附近应设置该灭火器的使用方法。生产现场明显处悬挂"消防器材布置图"。

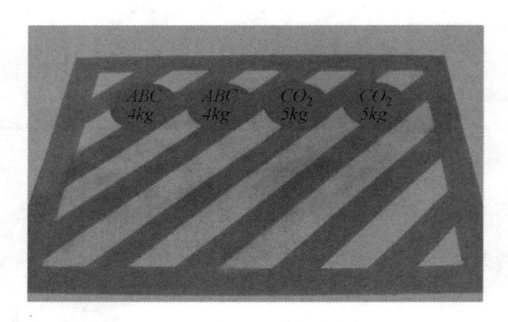

图 2-75　钥匙管理　　　　　图 2-76　消防器材定位标识

（6）电梯。在电梯门口悬挂各种安全提示牌，防止电梯发生人身事故。应设置"电梯安全使用须知""严禁超载""防止坠落""严禁拍打""请勿在厅门处停留""火警地震时请勿乘坐电梯"等提示牌，如图 2-77 所示。

（二）安全点检制

1. 定义

安全点检制是指安全管理人员通过查找作业现场存在的人的不安全行为及物的不安全状态，及时落实整改，达到纠正不安全行为，消除不安全状态的目的。

2. 安全点检与设备点检的区别

安全点检的对象是作业人员的行为和作业环境，执行的标准是安全工作的相关法律、法规和

图 2-77　电梯安全提示标识

安全工作规程。安全点检对人的不安全行为和物的不安全状况负监督责任，是一种抽查性质的监督责任制。设备点检的对象是设备本身，执行的标准是点检定修的相关制度。点检员是设备的终身主人，设备点检是一种全方位、全过程、全时间的保证责任制。二者都意在落实责任制，安全点检是监督责任制，设备点检是保证责任制。

3. 内容

人的不安全行为检查内容主要包括检查特种作业人员资格，个体防护用品的穿戴情况，按章作业情况，特种设备及工器具的安全使用情况，安全措施的落实情况，安全教育培训及安全活动的开展情况等。

物的不安全状态检查内容主要包括设备设施的安全状况，工器具是否存在缺陷，作业现场是否符合安全要求等。

4. 方法

（1）定人。按照区域、设备、设施、人员素质要求明确责任人，并定期进行轮换检查，可有效排查出安全隐患的盲区、盲点。

（2）定时间。按照相关安全规章制度要求明确安全点检时间，安全点检时间可分为定期和不定期。对所辖区域、工艺、工序、建（构）筑物、安全措施的落实以及问题整改等情况进行定期点检；对节前检查、季节性检查、特种设备安全检查、安全重点要害部位检查等安全专项检查活动进行定期点检；对人的不安全行为的安全点检采取定期检查和不定期抽查。

（3）定点。科学地分析危险源、危险点、事故多发点、作业集中点、安全重点要害部位、检修施工现场、特种设备等易引发安全事故的部位，确定安全的点检点以及点检项目和内容。

（4）定路线。进行安全点检前，应先结合点检点制定最短的点检路线图，可避免走弯路，提高点检效率，有效防止漏检。

（5）定标准。按照安全设备设施相关规定，确定安全设备设施的点检标准，并设置在点检点处，便于点检人员按照点检标准进行点检。例如消防器材处设置点检指导书、点检记录等，内容包括消防器材名称、规格、数量、检查内容、使用方法等。

（6）定方法。根据不同设备设施和不同点检要求，明确安全点检的具体方法，如安全设备设施的试验方法、安全点检的检查方法、检测方法等。

5. 安全点检要求

（1）根据实际情况及相关制度，在充分考虑人、机、料、法、环等各种因素的前提下，制定相应的安全点检表。

（2）安全点检人员应根据点检表及点检标准进行点检，对点检情况进行汇总分析，并形成相应的点检记录。

（3）安全点检人员必须按照点检要求进行点检，避免谎检、漏检。

（4）对点检中发现的问题，要认真做好整改工作，整改要做到定人、定时间、定措施，并复查确认，闭环整改。

（5）对暂时整改不了的安全隐患，要及时逐级汇报，并及时采取有效的防范措施。

（三）风险预控票

两票三制伴随着电力系统的整个发展过程，是电力企业安全保障的基础手段。随着电力生产对安全管理要求的不断提高，增强安全风险的认知和控制能力，实现风险的超前预控，成为了电力企业安全生产的全新要求。风险预控管理自然成为电力企业安全管理的必然选择。风险预控票是"关口前移抓预防"的产物，是风险预控管理的有效方法，它与工作票、操作票、交接班制度、巡回检查制度、设备定期试验轮换制度一起，构成了"三票三制"。

1. 定义

风险预控票作为工作票附票，是作业人员对作业潜在的风险进行危险因素分析，制定、落实预控措施的书面依据，是保障作业人员安全的有效方法。

2. 种类

工作票风险预控票式样见表2-31；操作票风险预控票式样见表2-32。操作票风险预控票已和操作票合为一票，下面主要介绍工作票风险预控票的相关内容。

表 2-31　　　　　　　　　××公司工作票风险预控票

工作内容：
工作负责人：　　　　　　　　　　　工作票票号：

序号	危险点	控　制　措　施	执行情况
1	×××	1. ××××××× 2. ××××××× 3. ×××××××	
2	×××	1. ××××××× 2. ×××××××	
3	×××	1. ××××××× 2. ××××××× 3. ×××××××	
工作票签发人意见			工作票签发人：
工作许可人补充的危险点分析			
序号	危险点	控　制　措　施	执行情况
工作班成员声明：我已经学习上述危险点分析与控制措施，没有补充意见，在作业中遵照执行。 工作人员签名：　　　　　　　　　　　　　　　　　　　　　　　　　年　月　日			

表 2-32　　　　　　　　　　　××公司操作票

编号：

操作开始时间：　年　月　日　时　分，操作结束时间：　年　月　日　时　分				
操作任务：				
操作危险点、安全措施和注意事项（按工作顺序填写并执行）				
序号	危险点	控制措施		执行情况
1	×××	1. ××××××××		
^	^	2. ××××××××		
2	×××	1. ××××××××		
^	^	2. ××××××××		
^	^	3. ××××××××		
3	×××	1. ××××××××		
^	^	2. ××××××××		
序号	操　作　项　目		执行情况	操作时间
操作人：_____　第一监护人：_____　第二监护人：_____　值班负责人：_____ 值长：_____　发令时间　年　月　日　时　分				
操作票评价： 1. 2.			评价人：___　年　月　日　时　分 评价人：___　年　月　日　时　分	
备注：				

3. 工作票风险预控票内容

内容包括工作内容、工作负责人、工作票编号、危险点、控制措施、补充的危险点分析、工作票签发人、工作班成员等。

4. 工作票风险预控票执行程序

危险点分析由工作票签发人或者工作负责人组织，全体工作班成员参加。

（1）危险点的分析、辨识应从防止人身伤害、设备损坏、环境污染等方面考虑，涵盖工作任务的全过程。

（2）对辨识出来的危险点，制定有针对性的控制措施（可根据本单位编制的危险点预控措施，并结合实际作业环境制定）。

（3）将风险预控票与工作票一同提交工作票签发人审核。

（4）工作票签发人审核风险预控票并签署意见。

（5）工作负责人组织落实危险点控制措施。

（6）工作许可人会同工作负责人到现场办理许可开工手续时，可对危险点和控制措施存在的不完善之处进行补充。

（7）作业前，工作负责人组织工作班成员列队，清点人数后，由工作负责人宣读工作票和风险预控票，并逐条检查危险点控制措施的执行情况，每完成一条打"√"进行确认。

（8）工作班每个成员认真听取并确实了解清楚危险点及控制措施后，签名确认。

（9）工作负责人在作业过程中要始终在现场，必须做到不间断地监护，督促全班人员认真执行风险预控票上的各项控制措施，保证作业安全。

（10）工作票终结后，风险预控票也随之终结，并和工作票一起留存。

四、危险预知训练（KYT）

（一）定义

KYT：K—危险（Kiken），Y—预知（Yochi），T—训练（Training）。KYT全称为危险预知训练，是针对生产特点和作业全过程，以危险因素为对象，以作业班组为团队开展的一项安全教育和训练活动，它是一种群众性的"自主管理"活动。

（二）作用

通过全员参与全面分析作业中的危险因素，提高员工危险预知和防范能力，控制作业过程中的危险，预测和预防可能出现的事故。

KYT活动最大的特点就是通过一个具体的作业实例，从作业人员、作业工具、作业环境、作业步骤等方面展开，全面分析作业过程中存在的危险因素。它依靠全体作业人员共同进行危险点辨识及制订防范措施来保证作业安全。它是作业人员对作业现场的重新认识，是对安全认知能力再提高的过程，它能让员工真正领会"追求安全是人的本能，创造安全更需要人的技能"的深刻含义。

KYT活动是一种全新的安全培训形式，是对原有危险辨识的有益补充，是提升员工安全素养，从"要我安全"转变为"我要安全"，进而发展到"我会安全"的有效途径，是创造"不安全不工作"的安全环境，以及创建本质安全型企业的有效手段。

（三）基本方法

以班组或作业小组为团队，选定某个作业图片或工作中的某个作业情景，主持人介绍内容，大家一起分析，找出最危险的潜在危险行为或危险因素，制定最可行的对策措施，并进行整改、落实。

（四）实施步骤

KYT 活动实施分为试点期、展开期、自主管理期三个阶段，从基础训练开始，逐步深入展开，具体步骤见表2-33。

表 2-33　　　　　　　　　　　KYT 活动实施阶段

阶段	活动	目的	方式	内容
试点期	KYT 基础训练	掌握 KY 基本方法，培养危险识别能力	危险点照片的情景分析	1. 制订活动计划； 2. 试点班组培训； 3. 4R 练习展开； 4. 试点班组改善； 5. 试点班组总结
展开期	KYT 定期训练	掌握 KY 基本方法，挖掘作业场所危险	自己作业场所的分析	1. 种子队员培训； 2. 班组内部培训； 3. 危险预知挖掘； 4. 危险信息共享
自主管理期	作业前 KY	掌握 KY 基本方法，作业分析/确认	设备保全/危险作业前的分析	1. 安全巡视； 2. 危险预知活动； 3. 手指口述活动； 4. 危险预知诊断

1. KYT 试点期

以 4R 基础练习为重点，培养具有展示力、影响力的标杆班组，起到示范作用。

（1）实施步骤：

1）制订活动计划。公司要从筹备、培训、实施、跟踪、指导、总结、交流等方面制订活动计划。班组要先进行典型作业文件的清点、劳动保护用品的清点、危险源的清点，然后针对典型的危险作业制订具体的实施计划。

2）试点班组培训。每个部门选定 1~2 个安全基础素质（组员安全生理、心理、品德、知识与技能）较好的班组进行培训。

3）4R 练习展开。利用 4R 训练法开展危险预知训练，从最基础的做起，逐步深入作业岗位。

4）试点班组改善。重点进行现场安全隐患的改善，作业标准化的建立，班组安全文化建设的开展。

5）试点班组总结。试点班组总结经验，召开试点班组安全活动发表会，将可展现的成果看板化，便于员工学习及推广。

（2）KYT 试点期注意事项：

1）活动计划要全面具体，具有可操作性。

2）试点班组的选择非常关键，对示范效果影响很大，要选择安全基础好、团结协作、积极进步的班组。

3）重点要熟练掌握 4R 训练的方法。

4）注意做好改善前后的影像资料的收集工作，便于改善成果的展示及推广。

2. KYT 展开期——由点至面的展开与深入

（1）实施步骤：

1）种子队员培训。对班组长进行 KYT 培训。

2）班组内部培训。班组内部培训和训练重点由典型作业转向常规作业，找出常规作业存在的潜在危险，由全员一起确认，提高每一个人的感受度。

3）危险预知挖掘。从虚惊事件中寻找危险因素，从安全经验中寻找危险因素，从事故通报中寻找危险因素，从生产现场中寻找危险因素。

4）危险信息共享。对具有代表性和普遍性的危险，要在一定范围内达到信息共享，吸取经验教训，避免类似事件重复发生。主要包括其他企业的重要安全文件学习、本企业的事故通报、班组的虚惊安全事件记录等内容。

（2）KYT 展开期的注意事项：

1）重点在于危险预知的深入训练和危险因素的深层挖掘。

2）危险预知事项应举一反三，杜绝同类的危险重复出现。KYT 活动深度与广度不断加强。

3）班组覆盖率、班组典型作业完成率、员工参与率达到 100%。

4）危险因素对策措施定期汇总，作为企业危险点预控措施的补充。

3. KYT 自主管理期

实施以 KY 为基点，以班长为核心，全员共同参加的安全自主管理活动。

（1）实施步骤：

1）安全巡视。班组长在工作时间内对作业中的班组成员的健康状况、设备设施及工器具的安全使用状况、作业行为、作业环境、劳保用品穿戴等安全工作状况进行定期巡视和确认，并及时指出、消除安全隐患，预防事故发生。

2）危险预知活动。经过危险预知的深入训练，在训练活动对作业文件全部覆盖及员工对 4R 训练方法熟练掌握后，可将 KYT 内容补充进风险预控票，在作业前进行 KY。对经常重复的典型作业、虚惊事件、重大安全通报涉及的作业要反复进行危险预知训练。

3）手指口述活动。这是一种通过心想、眼看、手指、口述需确认的安全关键部位，达到集中注意力、正确操作的安全确认方法。

4）危险预知诊断。以明确和统一的尺度，衡量和评价班组 KYT 等安全改善活动所处的进程，挖掘可以改进的潜力，树立安全标杆班组，引导和推动班组安全自主管理能力的提升。

(2) KYT 自主管理期的注意事项：

1) 安全巡视由班组长亲自进行，防止活动流于形式。

2) KYT 活动要与风险预控票有机结合起来进行作业前 KY。

3) 手指口述活动要与 KYT 活动、风险预控票、运行操作票结合起来进行，以这些活动作为载体，才能落地生根。

(五) 实施要点

1. 4R 训练法

4R 是 KYT 过程中的 4 个环节，4R 训练法是 KYT 活动的一项基本训练方法，是 KYT 活动的基础表现手段。

(1) 实施内容见表 2-34。

表 2-34　　　　　　　　　　4R 训练法实施内容

4R 含义		分析点	实施点	活动内容
1R	把握现状	存在什么潜在危险	基本是现场的现物	1. 从清点出来的典型作业文件中选定训练内容，召集班组人员实地检查（或看情景照片），介绍训练内容； 2. 结合具体作业步骤，每人发言； 3. 把可能出现的危险因素及危险后果列出 5～7 个项目； 4. 小组一般 5～7 人，每人至少提一条
2R	追求根本	哪种危险是最主要的	不遗漏任何危险部位	1. 每人指出 1～2 条最危险因素，并画一个"○"； 2. 问题集中、重点化，最后形成大家公认的最危险因素（合并为 1～2 个项目），并画"◎"； 3. 写出集中化的 1～2 项最危险因素，表述为："由于…原因，导致发生…的危险"
3R	树立对策	如果是你怎么做	可实施的具体的对策	1. 想对策，每人提出对策措施； 2. 根据最危险因素，每人提出 1～2 条具体可行的对策措施； 3. 把同类对策合并为最可行的 1～2 项措施
4R	设定目标	我们应当这么做	共同确认	1. 想出对策，每人设一行动目标：要是我怎么做； 2. 合并为 1～2 项（带"◎"标记的项目是重点实施项目）； 3. 设定团队行动目标； 4. 将目标编成朗朗上口的作业口诀； 5. 主持人带领大家口述口诀两遍，共同确认，加深记忆
总结/评价				主持人就本次 KYT 活动情况进行讲评，提出改进意见

(2) 4R 作业书见表 2-35。

(3) 注意事项：

1) 同样的事，不同的人会有不同的看法，4R 需要依靠集体的力量，互相启发才能共同提高，所以主持人要充分发挥组织和引导作用，充分调动每一个人发言的积极性，防止活动变成主持人的"独角戏"。

2) 每个人要多发言、讲真话，不能放过任何一个，哪怕是微不足道的危险因素，不能有怕说错了被嘲笑的想法。

3) 要多采用与作业内容相关的图画以加深员工印象。

4) 同一作业，识别结果不求一致，重点在 1R。

表 2-35 危险预知训练（KYT）记录（4R 作业书）

日期		部门		班组		作业项目名称		部门主任		部门安全员	

参加人员（签名）：

<危险类型>
1. 高空坠落；　2. 物体打击；　3. 机械伤害；　4. 触电；
5. 火灾爆炸；　6. 坍塌挤压；　7. 起重伤害；　8. 灼烫；
9. 车辆伤害；　10. 中毒和窒息；　11. 异物入眼；　12. 淹溺；
13. 作业失误；　14. 设备损坏；　15. 环境污染；　16. 其他危险

发现人	序号	1R——可能潜在的危险因素（由于…，导致…）	危险类型	2R——主要危险因素	3R——防范措施	该作业训练次数	次
	1					实施方式	自主实施（ ） 委托实施（ ）
	2						
	3					共同确认：（目标口诀） 目标笔出、 口述简通、共同确认	
	4						
	5						
	6					确认人：	

4R行动目标	3R 基础上筛选主要防范措施（为了防止…，我们应该…）：
效果评价	较好（ ）　一般（ ）　较差（ ） 打"√"；评价内容之含，例如表达的成功与不足之处，例如规范等，是否规范等，改进方式：

注　KYT 活动以班组或小组为单位，每月至少一次，班组长负责组织或班组成员轮流担当组织者。

86

5）对出现的危险要多问几个为什么，挖掘最根本的危险要素。

6）流程正确（必须严格按照 4R 要求进行训练）；过程清楚（每个步骤必须要达到所要求的目的，要抓住重点）；表格填写规范、正确。

7）危险因素要做具体的、肯定的描述；对策措施要有针对性、可操作性。

8）行动目标要重点突出、简练，要结合本岗位性质、作业特点进行设定，不能千篇一律；口诀要朗朗上口。

9）对策措施必须落实，防止活动流于形式。

2. 作业标准化

作业标准化是创造良好的生产环境，确保安全、质量、效率的最佳作业方法，目的是杜绝事故灾害发生。作业标准化是安全作业的基础，主要包括作业文件的标准化、劳保用品的配戴标准化、工器具的安全操作标准化三方面内容。

（1）实施要点见表 2-36。

表 2-36　　　　　　　　标准化作业实施要点

步骤	内容	原则
清理	清理非标准化的作业	把握"三个清理原则"： 1. 已制定了标准化但未按标准实施的作业； 2. 尚未建立标准化但仍在进行的作业； 3. 既没建立标准化又没有进行的作业
建立标准	将非标准化的作业进行标准化	把握"4M 原则"： 1. 人； 2. 物； 3. 设备； 4. 方法
标准作业	按照标准实施作业： 1. 不允许做标准以外的事； 2. 不允许进行模糊不清的作业	把握"三不原则"： 1. 不干不该干的事； 2. 不去不该去的地方； 3. 不做不能胜任的工作
推进/改善	P（准备）：将现有作业全部标准化； D（实施）：标准化作业培训，坚决执行； C（检查）：观察是否按标准执行，有无不完善之处； A（评估）：修订标准，使之不断完善	异常出现时，要把握"异常处理三原则"： 1. "停"——停下设备； 2. "报"——报告上级； 3. "做"——按上级指令执行

（2）作业文件的标准化。作业文件的标准化是按照国家、行业、企业相关制度要求，对作业的全过程活动进行细化、量化、优化，依据工作流程编制统一格式的执行文件。标准化作业文件主要包括检修文件包、标准工作票、标准操作票等内容。

（3）劳保用品的配戴标准化。劳保用品的配戴标准化是保障人身安全的第一步，是人进行生产活动的基本安全保障。

1）根据有关标准和危险预知，建立以岗位为主的发放标准并配备到位。

2）培训全体作业者正确使用和维护劳保用品的方法。

3）按照作业类型，使作业者正确使用必要的劳保用品（如图2-78所示）。

图2-78 安全防护到位（正确、完整、始终穿戴）

（4）工器具的安全操作标准化。编制各种工器具的安全操作规程，并在工器具存放处张贴，便于操作人员学习、掌握工器具的正确操作方法，保证工器具的使用安全。需编制的工器具安全操作规程见表2-37。

表2-37 工器具安全操作规程明细表

序号	工器具安全操作规程明细	序号	工器具安全操作规程明细
1	手持电动工具安全操作规程	9	卷扬机安全操作规程
2	移动式电动机具安全操作规程	10	吊车安全操作规程
3	砂轮机使用安全操作规程	11	千斤顶安全操作规程
4	钻床使用安全操作规程	12	钢丝绳使用安全规程
5	电动葫芦安全操作规程	13	梯子使用安全规程
6	手拉葫芦安全操作规程	14	安全带使用安全规程
7	切割机安全操作规程	15	防毒面具使用安全规程
8	电焊机安全操作规程	16	正压式空气呼吸器使用安全规程

（5）注意事项：

1）标准作业的前提条件发生变化或标准作业方式、方法改善的时候，要随时修改标准文件，即使没有发生变更也要定期检查标准文件的适用性。

2）制定标准文件，首先要考虑安全方面事项。

3）现场作业行为观察参照标准作业书、操作规程、管理规定评价；新员工培训以标准作业书、操作规程、管理规定为基础。

4）班组长要逐步完成各作业的标准作业书。

3. 虚惊安全事件记录

虚惊安全事件是指自身作业中曾经发生的或预感可能会发生的虚惊安全事件，即没有造成人员伤害、设备设施损坏的未遂事件，又称"吓一跳、冒冷汗"事件，分为体感型（亲身遇到）和预测型（预感想到）。通过深入挖掘现场的安全隐患，以报告书的形式将"虚惊一场"的安全事件记录下来，形成虚惊安全事件记录。虚惊安全事件记录是 KYT 活动的一项基本训练方法，如表 2-38 所示。

表 2-38   虚 惊 安 全 事 件 记 录

班组		姓名		岗位		年 月	
事件简况：							
序号	当事人的对策			完成时间	责任人		确认人
序号	班组长组织讨论后形成的措施			完成时间	责任人		确认人
涉及装置性违章需生产技术部制定措施：							
生产技术部确认人：							
发生频率：1. 日常频繁发生　　2. 一个月中发生几次，频率少　　3. 频率特别少							
等级：　A. 需公司内开展　　B. 需部门内开展　　C. 仅需班组内开展							
参加人员签名：							
安健环部审核		部门领导审核		部门安全员审核		班组长	

注　1. 虚惊安全事件班组每月至少开展一次，空白处全部手填，完成后班组妥善存档。
　　2. 事件简况：当事人由于该事件导致吓一跳或冒冷汗的内容（对事件的描述应遵循"5W2H"原则，即"谁""何时""在哪里""什么""为什么""如何""多少"，将主要语言填写进去）。
　　3. 如需在部门内或公司内部开展，则同时需逐级上报至部门或安健环部审核签字。

（1）作用：班组共享信息，共同制定对策，防止虚惊事件重复发生或演变成事故。

（2）实施方法：

1）遇到或想到"吓一跳、冒冷汗"事件，由当事者本人填写虚惊安全事件记录，提出对策并落实。

2）班组长组织班组成员学习讨论，共同制定对策并落实，学习人员进行签名。

3）班组长进行事件等级的划分，仅需班组内开展为 C 级，需在部门内开展为 B 级，需在公司内开展为 A 级。

4）涉及装置性违章需生产技术部制定对策。

5）B 级虚惊安全事件需上报至部门审核签字，由部门筛选、整理、汇总后再统一下发到各班组进行学习；A 级虚惊安全事件需上报至安健环部审核签字，由安健环部筛选、整理、汇总后再统一下发到各部门、各班组进行学习。

（3）注意事项

1）不仅要记录所发生的未遂事件（不受时间的限制，可以是过去几年前的），还要记录现在认为是危险的事件，或者预测将来是危险的事件。

2）不允许对提出虚惊事件记录的员工进行处罚，反而应该进行鼓励。

3）应对班组内发生的每一起虚惊事件进行挖掘，及时记录，制定对策。

4）对事件的描述应遵循"5W2H"原则。

5）对策措施必须落实，防止流于形式。

6）利用班前会、班中会、班后会、安全日活动传达信息，班组内共享并积累信息。

7）虚惊安全事件可与危险预知训练及提案改善活动结合起来，作为危险预知训练及改善的内容。

4. 危险信息共享

危险信息共享是将其他企业的事故通报、本企业的事故通报及班组的虚惊安全事件等危险信息在全公司范围内公布，组织班组进行学习，吸取经验教训，制定并落实防范措施，避免类似事件重复发生。主要表现形式为"重要安全文件学习"，记录格式见表 2-39，也是 KYT 活动的一项基本训练方法，可与安全日活动结合起来开展。

表 2-39　　　　　　　　　重要安全文件学习记录

班组：　　　　　　　　　　　　　　　　　　　　　　　　　　年　月　日

文件名称：				
事件简况：				
参加人员发言：				
序号	防范措施	完成时间	责任人	验收确认

注　1. 对上级发的事故通报进行针对性的学习。空白处全部手填，完成后班组妥善存档。
　　2. 事件简况：某年某月某日，某公司由于什么原因导致什么后果的事故。
　　3. 参加人员发言：先写姓名（发言人亲自签名），再写感悟，感悟在姓名后对齐。

实施要点:
（1）要活学活用，换做自己作业场所，进行危险预知训练。
（2）学习人员先亲自签名，再写感悟，感悟写在签名后。
（3）举一反三，要结合专业性质、班组特点，制定有针对性的防范措施。
（4）防范措施需要上级部门组织整改的，报上级部门落实整改。
（5）最后由安健环部汇总，制定企业的事故防范措施，并监督落实。

5. 安全巡视

安全巡视是指班组负责人在日常工作中，对班组重点作业现场进行的安全检查，目的是及时发现、纠正作业现场存在的不安全问题，提出对策，进行改善，保证作业安全。

（1）实施要点见表 2-40。

表 2-40　　　　　　　　安 全 巡 视 实 施 要 点

步骤	内　　容
制订计划	1. 规定巡视时间、巡视人、巡视项目； 2. 制定巡视内容：作业人员的健康状况、劳保用品使用情况、工器具的使用情况、安全措施的落实状况、作业行为的安全状况、作业环境的安全状况、作业记录的填写状况等； 3. 制定巡视路线：巡视起点与终点之间不遗漏巡查部位和项目，以最有效方式确定路线 4. 按巡视计划和路线定期进行巡视； 5. 指出存在的问题； 6. 做好问题记录
对策/改善	1. 分析问题产生的原因，制定对策； 2. 重复发生的问题要进行根源对策； 3. 班组能解决的，指定责任人； 4. 需要委托其他部门解决的，共同制订委托对策/改善

（2）注意事项：

1）安全巡视卡（见表 2-41）要结合班组实际作业内容制订，不可千篇一律。

2）存在的问题及时指出，一定要把内容及时传达到班组成员，便于立即改善。

3）对于重大的安全隐患，要确定对策和改善的进度、负责人。

4）对于存在的系统问题，要确定是否对标准作业书、操作规程、管理标准进行修改。

5）对于需要较长时间整改的项目，要制定临时对策和永久对策，对永久对策要跟踪到完成为止。

表 2-41　　　　　　　　安 全 巡 视 卡

巡视项目：_____　巡视人：_____　巡视时间：___年___月___日

巡视路线：_____

一	作业环境	执行情况	整改人	整改时间	确认人
1	工作场所照明良好				

续表

一	作业环境	执行情况	整改人	整改时间	确认人
2	工作场所无易燃易爆、有毒物质，或浓度检测合格				
3	工作场所高温管道、容器等设备保温完好，无灼烫危险				
4	工作场所电气设备安全防护、绝缘良好，无触电危险				
5	工作场所转动机械防护罩完整牢固，无绞伤危险				
6	地面无积油、积水、积冰等易滑物，安全通道畅通				
7	工作场所堆积物重心及边坡稳定				
8	交叉作业层间隔离措施完善，无高处落物危险				
9	脚手架搭设、验收合格（架板端部绑扎牢固，动火作业点下方铺设铁质架板，栏杆、爬梯规范）				
10	工作场所楼梯、平台、栏杆完整牢固，安全警告标志齐全				
11	所拆开的孔洞搭设完整牢固的硬性护拦，安全警告标志齐全				
12	天车、电动葫芦等起吊设备检验合格，设施完善，载荷能力满足要求				
13	井、坑、沟道、容器等受限空间作业，通风充分、照明充足，外设专人监护				
14	炉膛、烟道内通风降温良好，上部无焦块掉落危险				
15	打开、焊接压力容器或与系统相连的管道时，泄压到零				
16	对与氢气、油、煤粉等可燃介质相关的容器、管道动火前，应充分置换、吹扫、清理				
17	动火作业场所灭火器充足，消防水压力正常，备有足够的防火毯				
18	在带电设备附近进行起吊作业时，保持足够的安全距离				
二	作业人员	执行情况	整改人	整改时间	确认人
1	无酒后状态、疲劳作业、职业禁忌症、精神状态不佳等				
2	无不安全作业行为				
3	特种作业持证上岗（焊工、电工、起重工、架子工等）				
4	具备安全作业技能				
三	工器具	执行情况	整改人	整改时间	确认人
1	使用合格的电动工具，其电源应有漏电保护器，不得将导线直接插入插座				
2	正确使用合格的电焊机（电焊机金属外壳可靠接地，电焊机应使用绝缘良好的软导线，电焊机的接地线必须在被焊接的设备上靠近焊接处，严禁将钢梁、管道等金属物品作为电焊机二次线）				
3	正确使用氧气、乙炔瓶（乙炔瓶应垂直放置并装回火器，氧气、乙炔瓶之间的距离不得小于 8m，并有防倾倒措施。氧气、乙炔表计完整，气带完好不漏气。各瓶与明火距离不得小于 10m。氧气、乙炔瓶应有防震圈）				

续表

三	工器具	执行情况	整改人	整改时间	确认人
4	照明行灯电压不得超过相关的规定（36V、24V、12V，所有线柱包绝缘胶布）				
5	电源盘、电焊机等超过36V的电气设备不得进入容器内				
6	正确使用检验合格的手拉葫芦、千斤顶、绳索、吊卡等起重工具（不得斜拉及超量程使用）				
7	正确使用检验合格的梯子（梯子端部应有防滑装置，人字梯有限制开度的拉线，梯顶不得低于作业人员腰部）				
四	个人防护用品、用具	执行情况	整改人	整改时间	确认人
1	安全帽合格并正确使用（安全帽带应系好）				
2	正确使用防护手套（操作带有旋转零部件的设备或使用大锤时禁止戴手套）				
3	穿合格的安全鞋（绝缘鞋、防砸鞋等）				
4	安全带合格，挂在上方牢固的构件上				
5	正确使用护目镜或面罩				
6	佩戴合格的防尘口罩等				
7	特殊防护服装穿戴正确（焊工服、防酸碱服、防烫服、防静电服等）				
8	按规定戴特殊防护手套（绝缘手套、焊工手套、防酸碱手套、防烫手套等）				
五	作业记录	执行情况	整改人	整改时间	确认人
1	填写及时				
2	填写准确				
3	填写规范				
六	其他（可根据实际巡视项目编制）	执行情况	整改人	整改时间	确认人

注 1. 安全巡视卡可根据上述表格进行具体编制。
    2. "执行情况"：检查合格者打"√"；不合格者打"×"，并写明问题描述。

6. 手指口述活动

在作业前，应先指明说出关键部位，进行确认，以防止判断及操作上的失误。

（1）方法：

1）日常可结合危险预知训练活动开展手指口述活动。

2）检修作业前由工作负责人结合风险预控票、检修文件包进行手指口述活动。

3）运行操作前由操作监护人、操作人结合操作票进行手指口述活动。

（2）内容：

1）手：用食指指向确认对象。

2）眼睛：注视确认对象。

3）嘴：大声说出确认对象。

4）耳朵：要听到自己的声音。

7．危险预知诊断

（1）诊断的阶段：

1）第一阶段，主要评价班组的培训效果。

2）第二阶段，主要评价是否已导入实施。

3）第三阶段，主要评价是否深入实施。

4）第四阶段，主要评价是否标准规范。

5）第五阶段，主要进行PDCA循环和维持管理。

（2）诊断内容：①4R训练；②作业前手指口述；③虚惊事件记录；④安全巡视。

（3）诊断周期：

1）部门每月组织一次诊断，诊断班组比例不少于1/3；

2）安健环部每季度组织一次诊断，诊断班组比例不少于1/4；

3）公司每年组织一次诊断，一般每部门抽查2个以上班组。

（4）诊断方式：

1）由1～2名诊断人员按照《诊断标准实施说明》，以看（相关凭证、记录）、问（班组人员）、查（现场作业和改善情况）的方式，对班组的改善活动进行诊断。

2）一般诊断一个班组的时间不超过半小时。

（5）诊断报告：

1）诊断工作结束时应当向被诊断的班组通报诊断结果，提出诊断意见；

2）部门应按月将班组诊断结果呈报给公司安健环部；

3）安健环部每季度完成诊断后，应当编制诊断报告书，对被诊断的班组活动实施情况进行分析、评价和通报。

班组KYT水平诊断表见表2-42。

（六）KYT活动的注意事项

（1）必须坚持反复做才会有成效。

员工危险感知度不是一蹴而就的，必须坚持反复的训练，坚持PDCA进行固化、改善和提高。

P（准备）：班组长根据作业动态、现场问题，确定每一次的训练内容。

D（实施）：组织全体人员按照四个步骤进行实施，制定共同行动对策。

C（检查）：班组长负责作业观察和现场安全检查，发现问题及时采取对策。

A（评估）：班组长定期进行总结评价，挖掘可以改善的空间。

表 2-42 班组 KYT 水平诊断表

班组					日期						
序号	评价内容	目的	第1阶段	评价	第2阶段	评价	第3阶段	评价	第4阶段	评价	第5阶段	评价	得分	问题记录
1	4R训练	控制作业过程中的危险，预测和预防可能出现的事故	诊断内容：班组长熟悉、班组成员了解KYT的含义、KYT活动的目的和4R基本方法。 诊断方法：现场抽查询问班组长和两名员工（班组长不熟悉或有一个员工不了解，皆判零分）		诊断内容： (1)对新员工开展KYT并有记录； (2)每月至少一次结合工作岗位或类似事件、虚惊事故开展了KYT活动 诊断方法： (1)查看诊断前6个月内加入班组的员工，包括新招、转岗和借调员工）的培训记录和4R训练记录； (2)现场询问求证		诊断内容： (1)4R每月全员参与率100%； (2)每人至少提出一条危险因素； (3)流程正确清楚； (4)自主实施对策得到落实 诊断方法： (1)查看4R记录，签名员工数与班组人数是否一致，10人以上大班组应分成若干小组开展； (2)查最近一次KYT记录，是否每人提出一条危险因素，流程是否清楚； (3)现场查证主要对策的落实情况； (4)现场询问求证（有一人不知道，即单项判零分）		诊断内容： (1)表格填写规范、正确； (2)危险因素描述准确，对策措施具体、可行； (3)行动目标重点突出，简练； (4)针对主要危险因素有安全改善事例 诊断方法： (1)查看近三个月内班组4R记录； (2)现场查看安全改善事例		诊断内容： (1)对所有涉及班组的作业活动场所进行4R训练； (2)委托实施对策得到落实； (3)KYT制度固化，形成PDCA循环 诊断方法： (1)查看记录，主要查看KYT范围是否扩大，危险因素挖掘深度是否加大； (2)现场查证对策实施的落实情况			

续表

序号	评价内容	目的	第1阶段	评价	第2阶段	评价	第3阶段	评价	第4阶段	评价	第5阶段	评价	得分	问题记录
2	作业前手指口述	通过作业前的安全确认，确保作业活动的安全	诊断内容：班组全员了解手指口述的方法、应用范围和意义 诊断方法：现场抽查询问班组长和两名班组员（有一人不清楚，即判零分）		诊断内容：是否结合4R训练展开手指口述活动 诊断方法：现场抽查询问班组长和两名班组员，即一人不清楚，即判零分		诊断内容：是否对运行操作票、检修工作票、风险预控票、检修文件包开展手指口述活动 诊断方法：现场询问两名员工手指口述使用情况，必要时可要求员工演示，有一人不清楚，即单项判零分		诊断内容：手指口述是否规范 诊断方法：现场询问两名运用情况，必要时可要求员工演示，有一人不清楚，即单项判零分		诊断内容：手指口述员工运用日常化 诊断方法：现场确认和观察询问员工（必要时要求员工演示）			
3	虚惊事件记录	消灭危险于萌芽状态，提高危险预知能力	诊断内容：班组成员了解虚惊事件的定义和类型 诊断方法：现场抽查询问班组长和两名班组员（有一人不清楚即判零分）		诊断内容：（1）挖掘虚惊事件并形成记录；（2）班组内及时进行传达 诊断方法：（1）查看虚惊事件记录，签名是否齐全；（2）询问两名班组成员虚惊事件传达情况（有一人不清楚即零分）		诊断内容：虚惊事件记录规范、对策具体，可行并落实，及时上报虚惊事件 诊断方法：（1）查看所有虚惊记录；（2）现场查证		诊断内容：（1）及时传达外部虚惊事件；（2）针对与本班组作业类似的外部虚惊事件制定对策并落实 诊断方法：（1）查看所有虚惊记录，签名是否齐全；（2）现场虚惊情况（有一人不清楚即判零分）；（3）现场查实情况		诊断内容：定期挖掘预测型虚惊事件 诊断方法：（1）每月至少挖掘一件虚惊事件；（2）查证对策并现场查实情况			

续表

序号	评价内容	目的	第1阶段	评价	第2阶段	评价	第3阶段	评价	第4阶段	评价	第5阶段	评价	得分	问题记录
4	安全巡视	检查班组是否执行日常安全巡视活动，指出班组内的不安全要素	诊断内容：班组长清楚巡视的内容和判断标准 诊断方法：（1）现场询问班组长；（2）班组有安全巡视的内容和判断标准		诊断内容：（1）制定了班组巡视计划、内容和路线；（2）对劳保用品进行管理，执行劳保用品劣化标准 诊断方法：（1）明确内容和判断基准，并形成安全基准书（巡视内容、巡视人、巡视频次、问题点的处理）；（2）现场查证劳保用品劣化标准执行情况		诊断内容：（1）每日至少进行一次巡视并及时记录；（2）对发现的问题点纠正 诊断方法：（1）查看巡视记载（巡视记载、问题记录、整改责任内容）。无问题点记载，而现场查证有问题的，单项不得分；（2）现场查证		诊断内容：（1）对班组能够自主解决而重复发生的问题制定了根源对策并落实；（2）作业现场无人的不安全行为 诊断方法：（1）查看巡视记录，记录中需应用"5Why"法分析危险因素；（2）现场查证		诊断内容：（1）对于班组不能自主解决的问题，及时反馈各相关部门，并制定临时对策，直到制定永久对策实施为止；（2）作业现场无实物的不安全状态 诊断方法：（1）查看巡视记录；（2）现场查证			
							总得分:							

注：
1. 每项评价内容每阶段满分为1分，五阶段累加满分为5分。
2. 每个阶段中每一项内容完全实施为1分（标记为○），实施一半以上（含）为0.5分（标记为△），实施一半以下为0分（标记为×）；在不合格内容的序号上标记×以示存在问题，具体问题记载在"问题记录"栏。
3. 各阶段检查合计分为每项评价内容最终得分。总得分为每项内容合计后平均得分。
4. 对于KYT活动开展效果好的班组，每有一条被公司认定的好的防范措施，加1分。

（2）一定要结合改善，才能避免流于形式。

KYT 不仅仅是一种安全教育活动，重要的是通过不断的训练，不断地发现不安全因素，不断地改善现场人、机、料、法、环五个方面的安全状况，才能逐步提升人的安全素养。

（3）一定要充分发挥标杆的作用才有推动力。

可通过举行试点班组成果发布会，将试点班组成果命名、看板化等形式进行宣传，便于企业员工学习及其他班组借鉴，逐步形成自主管理。自主管理的流程见图 2-79。

```
自我安全的员工 → 标杆班组 → 标杆部门 → 自主管理的工厂
```

图 2-79　自主管理流程

（4）安全管理者/监督者要真正树立"安全第一"的理念。

1）以人为本。人的生命必须得到尊重，人是企业最为宝贵的财富。

2）企业基石。安全生产是企业最重要的基础工作，是生产经营的保障。

3）社会责任。保障安全是企业义不容辞的责任和义务，是构建和谐社会的重要内容。

五、推进安全的注意事项

1. 全员参与

全员参与，是指全体员工参与安全管理。"人"是开展安全生产工作的主体：既包括领导，也包括一线生产员工；既包括行政管理人员，也包括后勤服务人员。

全员参与是推行安全的前提，"人人都是安全员"是推行安全的保证。只有全员参与安全管理，全员提升安全素质，才能凝聚全员的智慧和力量，真正发挥群策群力的作用，才能全面推进安全生产各项工作。

2. 全方位覆盖

全方位覆盖，是指"横向到边，纵向到底"全方位覆盖的安全管理体系，是横向到企业各单位、各部门，纵向上至企业一把手下至每个员工的安全管理体系，强调的是企业各部门、各层面、各岗位、各人员的安全职责。

随着国家对安全生产的重视程度不断提高，安全生产实行"党政同责""一岗双责"的新要求又赋予了全方位覆盖新的内涵。每个岗位、每个人在做好本职工作的同时，更要认真履行本岗位的安全职责，才能使安全生产工作真正做到全方位覆盖。

3. 全过程管控

全过程管控，是指对企业一系列生产活动的整个过程的安全管理，是对安全生产事前、事中、事后全过程中的每个工序、每个环节、每个阶段的安全管理，重点是"预防为主"，同时强调安全管理的过程方法和原则，从而实现全过程的安全管控。

第七节 节　　约

一、节约的含义

节约是对时间、空间、人力资源、作业流程、管理方法等进行合理利用，通过改善活动减少浪费、降低成本，提高工作效率，其最终目的是实现精益管理，即以最小的投入获取最大的价值。

> 节约的意义：
> ▶ 节约能源，优化指标，提高能源利用率
> ▶ 节约时间，优化流程，提高工作效率
> ▶ 节约费用，精打细算，努力降低成本
> ▶ 节约环境，循环利用，实现可持续发展

节约通过整理、整顿、清扫、清洁、素养几个环节的推行与巩固，进一步提升并利用前 5S 的成果，从而有效推行。

节约活动的实施原则：

（1）物尽其用原则。能用的东西尽可能利用，切勿随意丢弃，要充分考虑物品的剩余价值。

（2）精简的原则。按照整理、整顿工作要求配置资源，保留必需品，限制非必需品，清除不要物。

（3）修旧利废原则。对废旧物资进行筛选和分类，对于部分具有使用价值、改造加工

后恢复使用价值、改变用途仍具有使用价值的物资要充分利用。

二、浪费源分析

在发电企业推行节约活动，首先要弄清楚存在哪些浪费，即开展浪费源分析，找出浪费的发生源，然后有针对性地制定节约措施，并开展各种节约活动。

（一）浪费源定义

浪费源是指浪费的发生源，存在于发电企业生产经营的各个环节，主要来自于设备设施及工器具、操作、管理活动、人员意识和行为等几个方面。

（二）浪费在发电企业的表现形式（八大浪费）

1. 能源浪费

能源浪费是发电企业最主要的浪费形式，同时也是对企业生产经营结果影响最大的一种浪费。主要包括发电企业生产过程中所使用的煤、油、水、电、气等能源的浪费，是在管理和使用过程中，因管理不到位、措施不到位，造成的对能源的浪费。

2. 材料的浪费

主要是指发电企业生产过程中所使用的各种材料（如大宗水处理药剂、脱硫用石灰石、脱硝用液氨），以及检修维护过程中使用的各种材料（如氧气、乙炔、二氧化碳气体、钢材、焊条、线缆等）的浪费。

3. 设备及工器具浪费

主要是指因运行操作不当造成的系统设备损坏；因维护保养不当造成的设备、仪器、仪表、工器具等的损坏；因未结合生产实际需要采购，造成设备和备品备件的短期及长期闲置等。

4. 时间浪费

主要是指在生产过程当中，因组织不完善、方案不具体、方法不科学、步骤不合理、监督不到位等原因，造成的时间浪费，其中包括等待的浪费、窝工的浪费、返工的浪费等。

5. 空间浪费

主要包括厂区、生产现场、作业点、库房、工器具间、办公区域等场所内，因布局不合理、存放过多、摆放杂乱等原因，造成的空间资源的浪费。

6. 工序及流程浪费

主要是指在组织生产过程中，没有对作业工序、作业流程做出科学合理的安排和预见性规划，或在推进过程中没有加强管理、控制和反馈，造成作业成本增加、时间成本加大甚至工作失误而引起的浪费。

7. 人力浪费

人力浪费是指在企业生产经营过程中，由于人力数量或技能分配不合理、未充分调动人的积极性和主观能动性，导致工作效率降低、作业质量差，从而造成的直接或间接损失。

8. 环境资源的浪费

生态环境是一种资源，是诸多资源中最基本、最重要的资源。生态环境包括空气、水、土地等，由于它是人们身边最普通、最廉价的资源，所以对环境资源的浪费往往被人们忽视。而生态环境的严重破坏所造成的损失和浪费，有时是无法计算和弥补的，可以说是"浪费之最"。发电企业在生产过程中会产生废气、废水、废渣等，对环境造成一定程度的影响，因此应采取各种环保措施，尽可能降低污染物排放，从而最大程度减少对环境资源的浪费。

（三）浪费源分析的方法

对于浪费源的分析，一般采用浪费源分析表（见表2-43）进行记录，然后制定节约措施并落实，最后跟踪并反馈节约效果。

表2-43 浪费源分析表

浪费源发生区域	浪费源名称及描述	责任部门	应采取的消除措施及方法	消除期限	责任人

三、节约的推进步骤

在推行7S的过程中，通过整理、整顿、清扫、清洁、素养前5S的推行与改善，已经找到了发电企业的主要浪费源及其形态，为此需要对浪费源进行改善，通过改善活动实现节约。发电企业节约推进步骤一般如图2-80所示。

制定节约活动方案 → 下达通知 → 开展节约活动 → 总结活动成果 → 节约习惯化

图2-80 节约的推进步骤

（一）制定节约活动方案

开展活动前要制定节约活动方案，方案内容包括以下四部分：

（1）确定开展活动的部门和单位；

（2）确定活动开展的时间、地点和方式；

（3）制定活动评价的标准和要求；

（4）制定活动的奖惩措施。

（二）下达通知

在企业范围内下达开展节约活动的通知，使各部门和人员做好准备并开展工作。

（三）开展节约改善活动

在企业范围内开展节约改善活动，并由7S推进委员会定期组织有关人员检查，做好相关记录。

1. 7S 推进过程中的点滴改善

(1) 定置化法。整理、整顿、清扫等工作的推进，已经对各种物品进行了定置、定量配置，在开展节约改善活动的过程中，应该严格按照要求对生产和经营等各个环节的各类物品实行定置化管理，从而有效消除浪费。各类物品的定置化管理方法见表 2-44。

表 2-44　　　　　　　　各类物品的定置化管理方法

物　品	方　法
原材料、成品	1. 在生产现场按划分的区域整齐放置； 2. 在仓库中按分类标准摆放； 3. 在搬运过程中用指定的工具装载
机械设备	1. 合理规划机械设备的放置位置； 2. 将永久固定的机械设备固定； 3. 需要移动的机械设备合理划分放置范围
各类工具	1. 合理划分工具放置区域； 2. 生产现场的工具摆放在作业人员易于拿到的地方； 3. 使用完毕的工具放置到固定的位置
办公室文件资料	1. 将文件资料分类； 2. 将分类好的文件整齐放置到指定区域； 3. 定期整理文件资料
办公室日常用品	1. 规划好办公桌椅、电脑等的放置位置； 2. 整齐放置各类物品； 3. 定期整理办公室

(2) 检查表法。在推行节约改善的过程中，要制定节约检查表（如表 2-45 所示），定期检查各类浪费现象，然后对比相邻时间段的检查结果，根据结果中各类浪费现象的变化趋势及变化量，确定下一步节约工作的开展方向及开展深度。

表 2-45　　　　　　　　　　节　约　检　查　表

分类	项目	日　期						
		1	2	3	4	5	…
原材料和成品	按区放置						
	放置整齐						
机械设备	放置合理						
	定期保养						
各类工具	定位放置						
	定期修理						
办公室文件资料	按区放置						
	定位放置						

续表

分类	项目	日期					
		1	2	3	4	5	…
办公室日常用品	定位放置						
	定期整理						
…	…						
	…						

注　"是"用√表示，"否"用×表示。

2. 节约的专项推行与改善方式

（1）对标管理。

对标管理是节约改善的主要方法，它是针对生产经营过程中的各个环节确定人力、物力、时间、进度、质量等方面的配给标准，并形成标准值，在日常工作中以及进行节约改善活动的过程中，定期组织人员进行检查和确认，搜集实际完成的真实数据，并与标准值进行比较，形成对标分析表（见表2-46），找出低于标准值的差距或优于标准值的经验，加以纠正防范或继续保持优化，从而有效提高节约改善效果的一种管理方法。

表2-46　　　　　　　某发电企业节约改善对标分析表

工作项目名称	对标项目	标准配置	实际发生	偏差	偏差原因	改善意见及措施
1号循环水塔加药	杀菌灭藻剂加入量	夏季每周10桶（25kg装）	每周13桶	3桶/周	因补充水持续呈现COD指标偏高	消除补充水COD高因素，加强补充水水质调整及监测
…	…	…	…	…	…	…
…	…	…	…	…	…	…

（2）节约专题活动的推行。

在节约推行过程中，可以通过公司网站、展板、宣传栏等媒体，利用"节约讲堂""节约倡议书""节约明星""金牌节约改善案例""节约征文""节约知识竞赛"等形式大力推行，让员工感受到积极的推行氛围，进一步激发节约热情。

（四）活动总结与激励

开展节约活动成果总结大会，对在节约活动中表现优秀的单位和个人实施奖励，对表现差者采取一定的惩罚措施。

在节约推行过程中，应定期组织节约成果的发布。首先进行节约成果的征集，然后组织人员对节约成果进行确认，对于确认通过的成果进行评审，确定名次及奖项，最后组织召开节约成果发布会。一般以PPT的形式进行现场发布并由发布人进行讲解。发布会要有公司主要领导、节约领导小组成员及职工代表参加，在发布会上对获奖的集体或个人颁奖。

（五）节约常态管理

鼓励企业全体人员将活动中形成的各种节约行为，继续保持下去，并形成一种习惯，建立长效节约机制。

四、节约的实施内容

在发电企业推行 7S 的过程中，通过整理、整顿、清扫、清洁、素养前 5S 的开展，已经找到了一部分浪费源、非必需品、不合理的管理流程、不必要的管理环节、不科学的操作工艺、不规范的工作标准、不明确的工作目标等。针对这些问题，结合发电企业的日常生产经营工作，开展各种节约活动，达到消除浪费的目的。主要节约活动开展实例如下：

（一）技术节约

1. 运行方式及检修工艺优化

（1）内容：在保证安全的前提下，对现有生产运行方式和检修工艺进行分析，找出节能、节省时间、提高可靠性、降低费用等的优化空间，通过优化工作的实施和推进，达到节省原材料、备品备件等节约目标。

（2）示例：××公司冬季采用循环水泵两机三泵运行方式，夏季循环水泵根据负荷情况采用变频以及高、低速泵切换的运行方式，取得了良好的节能效果，降低了能耗，减少了设备运行时间，同时也降低了运行维护费用。

2. 优秀操作法评选

（1）内容：在员工中征集能提高设备安全可靠性、节省时间和费用的运行及检修操作方法，并以员工姓名命名，定期发布，激发员工改善热情。

（2）示例：××公司化学运行员工胡××在反渗透设备化学清洗过程中，通过长时间的摸索实践与不断优化，总结出独到的操作方法。优化后的操作法不改变现有系统的运行方式，不进行技术改造，只是利用现有的系统、阀门，改变阀门的作用及水流的方向，对系统的安全性没有影响，不影响其他系统的正常运行，同时具有操作简便、快捷、灵活的优点。不仅提高了反渗透设备的清洗效果，而且还减少了清洗时间，降低了清洗费用。公司组织相关专家进行效果评估，认可这种操作法，并将其命名为"胡××反渗透清洗操作法"。

3. 开展修旧利废活动

（1）内容：积极开展设备、备品备件、工器具等修旧利废，并定期征集优秀的修旧利废事例进行发布和表彰，鼓励员工修旧利废工作热情，既节约了企业成本，又提高了员工技术水平。

（2）示例：××公司设备维护部开展修旧利废活动，对基层员工修旧利废案例进行征集、评比和集中发布，运用正激励方式有效激发了员工的节约热情，提高了节约技能。2013年，该公司共评选出优秀的修旧利废成果 24 项，节约成本 38 万元。

4. 重视环境保护，实施清洁生产，促进节能减排

（1）内容：从发电企业的生产过程来看，要重视环境保护工作，就要节省能源的使用

量，通过各种先进技术和措施的实施减少能源消耗，减少污染物的排放，并通过清洁生产理念的导入和逐步实施，从资源的综合利用、短缺资源的代用、二次能源的利用等方面，节能、降耗，合理利用自然资源，减缓资源消耗，保护环境的目的。

（2）示例1：××公司重视环境保护工作，实施清洁生产，取得了可喜的成果。该公司生产用水源100%采用城市中水，并且对循环水排污水、工业废水、雨水等进行回收，通过叠片式过滤器、浸没式超滤、二级抗污染膜反渗透等设备进行深度处理后重复利用。通过系列措施的实施，该公司已经连续五年实现了废水"零排放"。

（3）示例2：××水电厂开发了厂内经济运行系统，该系统集合了负荷优化分配实时指导、生产报表自动生成等功能，能够实时显示机组发电出力、发电流量、耗水率、水能综合经济指标等关键数据，并结合水头及机组运行实际，实时给定电站耗水率最小对应的最优负荷、基于实际运行机组台数耗水率最小对应的机组负荷分配、停机指导、开机提醒等。系统的投入，对提升经济运行起到极大的促进作用。

5. 损耗改善成果征集及发布评比

（1）内容：在合理化建议的基础上进行升级，由"我的建议你改善"逐步转变为"我的提案我改善"，引导员工进行损耗识别和改善，定期组织发布。

（2）示例：××公司结合精益价值管理要求，通过对各种损耗源进行挖掘和分析，进一步深化和延伸，形成了"损耗改善"工作机制，定期对各种损耗改善提案进行征集，择优进行发布，评委当场进行打分、点评和颁奖，有效激发了员工的热情，损耗改善工作持续提升。截至2014年3月底，该公司已累计召开11期损耗改善成果发布，发布成果106项，获奖提案56项，累计节约金额达到1846万元。

6. 流程改善

（1）内容：针对各种管理及工作流程进行改善征集活动，优化管理及工作流程，定期组织发布。

（2）示例：××公司针对企业的管理标准，对照实际管理工作的开展，逐年安排管理标准的滚动修编，让管理工作更科学、更具体、更规范，更切合企业实际。同时根据管理标准，梳理出对应的管理流程，并对流程进行优化改善，让管理流程与管理标准相对应，更直观更清晰地表达各项管理工作的具体程序和要求。截至2014年3月底，该公司已完成58项管理制度的修编，67项管理流程的优化，有效降低了因管理而产生的各种损耗。

7. 开展节水、节电、节煤、节油等指标竞赛

（1）内容：开展值际指标竞赛活动，形成人人关注指标的良好氛围，每月对指标完成优秀的值和班组进行奖励，从而激发员工热情，不断优化生产指标。

（2）示例：××公司从安全生产和经济运行两方面入手，开展运行指标管理，调动运行人员的积极性，实行科学、动态、分层、分类的考核，确保年度任务的完成。积极落实年度节能规划的各项管理措施，积极开展节水、节电、节煤、节油攻关小组活动和节能技

术改造工作，逐步降低厂用电率。完善发电量竞赛考评办法、主要经济指标考评办法、运行指标竞赛办法、节能管理考评办法、生产调度管理办法及运行管理考评办法。按考评制度每月或季度进行考评兑现，提高了管理人员及一线工作人员的积极性。通过指标竞赛的切实开展，有效地激发了员工时时关注指标、优化指标的热情。

8. 开展生产指标对标

（1）内容：确定标杆机组及标杆值并进行对标，找出差距和不足，不断完善，按指标完成优劣对班组进行奖惩，不断改善生产指标，降低与标杆的差距。

（2）示例：××公司全面分析上年度的指标完成情况，参照国内同类先进机组的指标情况，确定年度各项指标的对标标杆。通过成立运行指标零偏差控制小组，制定指标零偏差控制措施，优化指标管理办法，同时加强对环保排放指标的对标考核。通过对主再热汽温度、排烟温度、减温水量、真空度等关键性小指标的细致对标管理及压红线运行等手段，以小指标促进大指标的完成。在日常对标工作中，将1、2号机组指标分别核算，责任分解到人，做到人人心里有指标，人人身上有责任，取得了很好的效果。

9. 开展耗差分析与改善

（1）内容：确定指标正负偏差造成机组煤耗增加或降低的标准，根据实际指标完成情况计算煤耗，评判指标调整的优劣，对耗差完成较好的班组进行奖励。

（2）示例：××公司认真开展耗差优化活动，按照华电集团公司生产营销与监控实施系统，并充分运用"管家婆"等耗差分析软件，对引起煤耗上升的指标及时进行调整，保证机组在最优状态下运行。优化指标竞赛管理办法，增加以机组耗差为主的小指标竞赛规则，提高运行人员调整积极性，对机组出现的耗差偏高的指标，组织专业人员及时分析原因，制定整改措施，以日保月，以月保年，加强节能监督和奖惩力度，取得了很好的效果。

（二）管理节约

1. 库房降低库存

（1）内容：在保证正常生产及事故备品的条件下，有效降低库存，减少库存物资对生产资金的占用。

（2）示例：××公司有效利用ERP系统，使物资采购、审批、领用流程信息化，系统根据流程中涉及的物资自动下达采购命令，包括采购数量、采购规格、采购时间等，并有效结合现有库存，使库存下降接近15%。

2. 库房及工具间提高空间使用率

（1）内容：在库房空间一定的条件下，运用仓位规划要素分析、立体空间的使用以及采用标准包装材料等科学管理方法，提高库房空间使用率。

（2）示例：××公司针对物资库房的管理，通过仓位规划要素分析、立体空间的使用以及标准包装材料等科学管理方法，有效提高了仓库空间利用率。改善后的仓库面貌焕然一新，提高了工作效率。

3. 库房及工具间科学保养存放

（1）内容：根据不同物资的性能特点，将库存物资分类，结合本地自然条件，对物资采取不同的保管和保养方法，降低物资损坏。

（2）示例：××公司在库存物资的保管保养工作贯彻"预防为主、防治结合"的方法，根据不同物资的性能特点，将库存物资分为 A（恒温库）、B（普通库）、C（棚库）、D（露天堆场）、E（危险品库）五个等级，结合本地自然条件，对物资采取不同的科学保存和保养方法，对物资进行妥善保管，起到了很好的效果。

4. 合理处置废旧物资

示例：××公司对废旧物资的处置实行分类分级审核、集中归口管理、统一财务结算的原则，降低资产流失，取得了很好的效果。

5. 开展办公消耗品以旧换新活动

示例：××公司实行耐用办公消耗品以旧换新制度，在领用新的耐用办公用品时以旧换新，将旧换新的办公用品交各部门办公用品管理员处汇总管理，在新领取时交办公用品管理部门统一处置。

6. 开展办公设备节电活动

示例：××公司开展办公室用电定额管理，按各科室性质、业务量和历史年度电耗状况，科学确定年度电耗总量、人均电耗、单位建筑面积电耗定额，各科室要在定额内用电。管理部门加强用电统计分析，定期监测，定量分析，形成用电消耗情况季度及年度统计汇总、分析报表，并落实奖惩。

7. 开展废旧办公用品再利用

示例：××公司形成了废旧办公用品再利用的良好氛围，大家将各种废弃文件、资料等进行分类整理，其中大多数都可以用其背面再次进行打印、复印或作为草稿纸。另外，对一些激光打印机硒鼓，当其墨粉用完后，可以交给专业人员对其加注墨粉，而不是直接废弃整个硒鼓，而且一般都可以加注多次，直到硒鼓打印效果不好作为废旧物资处置，成本节省空间非常大。

8. "光盘"行动

示例：××公司员工餐厅大力提倡"光盘"行动，每天根据餐厅就餐人流情况少量多次出餐，避免做饭过多；提倡大家根据需要少量多次取餐，避免剩饭剩菜；同时还取缔剩饭剩菜收纳桶，强制大家不要剩饭菜。久而久之，大家都养成了良好的习惯。

9. 开展节约征文、节约演讲等节约宣传活动

示例：××公司定期开展节约宣传活动，结合世界节水日、无车日、熄灯一小时等活动，利用节约专项展板、公司网站、班组看板等多种方式对员工进行节约宣传。进行节约征文活动，将优秀的节约文章上传到公司网站交流学习，组织节约演讲，既提高了全员的节约意识，又锻炼了员工的文字和语言表达能力。通过一系列活动，公司整体节约意识不断提高，节约氛围更加浓厚。

五、节约推进的注意事项

1. 全员参与，全面覆盖

为了保证节约工作的良好推进，企业主要领导要从思想上充分重视，保证全员参与，并从行动上统一。健全节约推行的组织机构，明确责任与分工，应保证覆盖到企业节能工作的各个区域和方面。日常工作由小组成员带领所负责区域的相关部门、专业、班组等具体开展节能工作。节约改善工作组织机构一般应与企业正常生产过程中的节能工作组织机构有机结合。

2. 完善标准，建立有效的激励机制

根据节约改善开展的方向、目标，建立健全节约工作相关的规章制度、工作方案、检查标准和奖惩机制，并由节约工作领导小组负责全面推进。

工作方案一般包括典型的节约工作推行方法为依托，对节约工作目标以年度为单位并分解到每季度、每月、每周进行具体细化，排好工作进度表。小组成员应按进度对每周、每月节约工作开展情况进行总结，制订节约工作计划，定期上报小组组长。

检查标准一般应以工作是否开展、是否按计划时间进行、工作成效等几个方面，以此制定检查表。工作检查应遵循务实的原则，通过现场检查、表单记录查询、询问了解等方式进行。

奖惩机制应包括工作计划完成情况、费用使用情况、推进效果的考核与奖惩，并应定期组织节约工作成果发布会，对推进工作优秀的个人、集体、区域、案例等进行表彰和奖励，并对推行不力的进行通报和处罚。

3. 保证合理的经费投入

为了保证节约改善工作的正常推进，专项资金费用的投入是非常重要的因素。为此，企业每年应在7S推行费用中拿出一定比例的费用作为节约推行的专项费用，费用应包括推进费用与激励费用等。根据年度节约推行的重点工作确定专项费用的额度，并实行费用包干制。定期对节约推行的费用使用情况进行盘点，确保费用在可控范围内合理使用。

4. 运用典型活动重点推进

在节约推行工作中，应充分运用典型活动进行重点推进，切忌推行工作重点不突出、方向不明确，并造成效果不明显的局面。例如，围绕"节约课题的专项合理化建议征集""损耗改善提案征集与成果发布""小改善、小创意征集与发布""值际指标竞赛""节约改善命名"等特色活动来具体推行，效果比较好。

7S 推进方法

第三章

推进是整个 7S 管理中具体实施和完善的主要阶段，但在这个过程中，企业常常会出现无处着力的情况，人员怎样组织，采用什么具体办法，按照什么步骤开展，总是困扰着推进者。本章就 7S 推进原理及阶段、组织机构及职责、主要工作、具体步骤进行详细阐述。

第一节　推进原理及阶段

一、基本原理

7S 管理作为一种管理方法，其推进应遵循 PDCA 循环的原理。一般应经过 P、D、C、A 四个阶段。

1. P（Planning）——准备阶段

该阶段的主要内容是 7S 理念的导入，对企业现状进行调研、诊断、分析和成立推进组织机构等，具体内容为：

（1）标杆学习，导入理念；

（2）现场诊断，了解情况；

（3）成立机构，开展培训；

（4）选定场所，准备物资。

2. D（Do）——实施阶段

该阶段的主要内容是制订计划、宣传培训、推进实施等，具体内容为：

（1）明确目标，制订计划；

（2）样板先行，渐进展开；

（3）宣传引导，培训跟进。

3. C（Check）——检查阶段

该阶段的主要内容是做好过程督导、检查评比和奖惩激励等，具体内容为：

（1）过程督导，随时跟进；

（2）检查评比，提升效果；

（3）有效激励，激发热情。

4. A（Action）——总结阶段

该阶段的主要内容是总结表彰、汇总资料和完善制度。具体内容为：

（1）评估验收，总结表彰；

（2）汇总资料，完善制度。

二、经历阶段

一般来说，成功的 7S 推进过程会由外到内、由物到人，对企业产生本质性的思维转变和管理提升。整个推进阶段，随着推进的逐步深入，会经历形式化、行事化、习惯化三个阶段。

1. 形式化

"形式化"是通过对外在环境的改善，使环境前后变化的巨大反差对人产生冲击，既有软的宣传造势，又有硬的激励考核，创造一个让员工置身其中的7S氛围，使员工在观念上接受、方法上掌握、行动上参与。

2. 行事化

"行事化"是在"形式化"创造的环境中产生的结果，是在督导、检查和考核下，员工自觉地按标准做事。在制度的要求下，员工在观念上主动、行动上积极、方法上改善。

3. 习惯化

"习惯化"是行为的自主化，员工养成了良好的习惯，不需要特别的意志和努力以及外力的推动，都能够自觉地按规则办事。在观念上自觉、行动上习惯、方法上创新。

第二节 推进组织及职责

7S的推进是一项系统工程，牵涉企业的方方面面，必须建立强有力的组织机构，明确机构的具体职责，负责方案、计划、措施的制订和落实，调动和整合各方面资源与力量，确保推进工作的深入有序。

一、组织机构

运转高效、行动有力的组织机构是成功推进7S的关键。企业决定推进7S后，应根据实际工作需要，成立7S推进委员会、推进办公室等组织机构。

1. 成立7S推进委员会

7S推进委员会主要由公司（厂）领导和各部门负责人组成，其中主任由总经理担任，副主任由公司其他领导班子成员担任，多于1人时，应明确常务副主任。委员由各部门负责人组成。7S推进委员会组织机构见图3-1。

2. 成立推进办公室

推进办公室主任一般由推进委员会常务副主任担任，下设推进办公室副主任，一般由主管部门负责人担任。推进办公室应设1~2名专职干事。成员可以由相关部门副主任及督导师组成。其中，督导师一般由本企业熟悉7S管理并精通相关业务知识的人员担任，督导师应接受7S管理知识培训并取得督导师证书，督导师证书一般由7S推进委员会或专业的管理咨询公司颁发。7S推进办公室成员、各部门7S推进人员应具有督导师资格。7S推进办公室组织机构见图3-2。

图 3-1　7S 推进委员会组织机构图

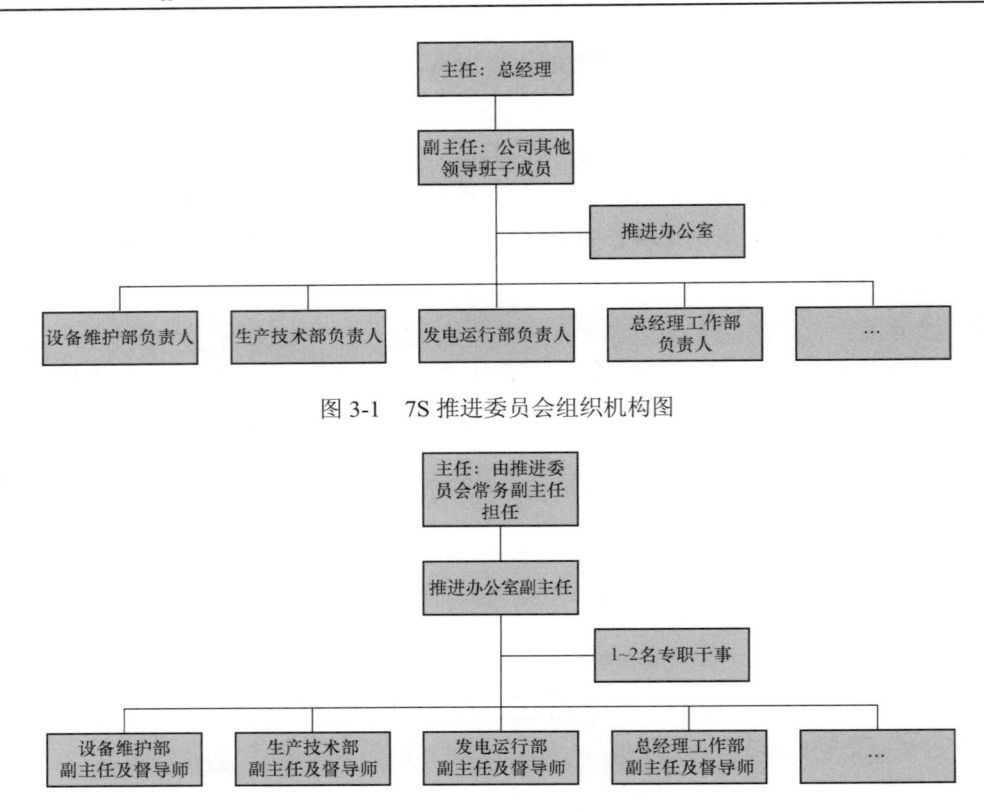

图 3-2　7S 推进办公室组织机构图

二、主要职责

成立科学、有效的推进组织机构，明确相关职责尤为重要，这是推进机构能否有效开展工作的前提。所以企业在机构确立后，应明确划分相关机构和人员职责。

1. **机构主要职责**

（1）推进委员会主要职责：

1）制订 7S 推进目标；

2）批准 7S 推进的方案、计划；

3）批准 7S 推进的相关制度；

4）批准 7S 考核评价标准；

5）为 7S 推进工作提供必要的资源；

6）协调解决推进过程中的重大问题。

（2）推进办公室主要职责：

1）制订 7S 推进计划、方案；

2）组织 7S 宣传教育培训；

3）编制工作制度、7S 考核评价标准；

4）组织召开 7S 推进过程中的相关会议；

5）7S 推进过程的监督检查和总结，根据 7S 检查监督情况提出奖惩建议；

6）组织 7S 评比考核及成果发布；

7）向推进委员会汇报 7S 工作开展情况；

8）负责督导师的管理。

2. 成员主要职责

（1）推进委员会人员主要职责：

1）推进委员会主任是 7S 推进第一责任人，负责指挥推进委员会的工作，任命相关人员。

2）推进委员会副主任负责整体推进活动的策划，组织委员、带领推进办公室开展具体的推进工作，定期向主任报告推进情况。

3）推进委员会委员负责推进工作的具体实施，参与制订 7S 活动方案和活动评比，对本部门的实施效果负责。

（2）7S 推进办公室人员主要职责：

1）推进办公室主任负责推进办公室工作的总体组织和领导，监督、检查和评价办公室工作开展情况。

2）推进办公室副主任负责组织日常工作的开展，定期向主任报告推进情况。

3）推进办公室专职干事负责本企业的 7S 推进督导、技术支持、基础培训，每日向推进办公室副主任汇报工作，同时负责做好宣传工作和物资管理工作。

4）推进办公室兼职成员负责组织开展本部门 7S 推进的具体工作及督导工作，定期向 7S 推进办公室主任、副主任汇报部门推进工作。

（3）7S 督导师主要职责：

1）负责对所辖 7S 区域推进过程及常态化管理的现场监督与指导工作。

2）按时参加 7S 推进办公室及相关管理部门组织的各种会议及相关活动。

3）及时向 7S 推进办公室主任反馈 7S 推行情况、区域改善情况，并对区域改善情况进行评价。

4）评估 7S 管理过程中需要的资源，汇总制订物资需求计划和预算，上报计划并跟踪落实。

5）负责协调解决区域改善出现的问题。

6）负责收集、整理、上报区域的改善创意。

7）对 7S 工作有突出贡献及违反 7S 管理要求的单位、个人提出考核建议。

三、推进的主要工作

7S 推进组织机构成立后，为确保组织机构的正常运作和各项工作的有序推进，应主要在工作例会、区域管理、现场督导、宣传工作、收集资料、评比表彰、制度完善等方面开展工作，保证 7S 工作的有效推进。

1．工作例会

7S 推进期召开的工作例会有推进委员会例会和推进办公室例会两种，推进委员会例会一般每月召开 1～2 次；推进办公室例会根据工作情况，可以每天召开或每周召开 2～3 次。××公司 7S 工作例会要求如表 3-1 所示。

表 3-1 ××公司 7S 工作例会要求

类别	主持	会议主要内容	周期	参加人员	时间
推进委员会例会	推进委员会主任或推进委员会常务副主任	（1）各部门汇报 7S 推进情况及需要协调解决的问题； （2）推进办公室汇报推进工作进展情况、下阶段工作安排及存在的问题； （3）推进委员会协调解决存在的问题，提出下阶段工作要求	1～2 次/月	7S 推进委员会成员、推进办公室、各部门负责人	60 分钟
推进办公室例会	推进办公室主任	（1）各部门汇报 7S 推进情况及工作计划； （2）督导师汇报督导过程发现的问题及闭环情况； （3）推进办公室主任对推进过程的有关问题进行协调、布置任务、提出整改意见	1 次/日或 2～3 次/周	推进办公室成员、督导师、各部门负责人	30 分钟

图 3-3 推进办公室例会

为了提升会议效果，7S 工作例会常以晨会的方式召开。会议一般先由 7S 推进办公室主任、推进委员会主任带领大家互相问好，共同高声朗诵企业的 7S 口号，以提振团队士气，增强 7S 推进团队的凝聚力和战斗力。××公司召开推进办公室例会如图 3-3 所示。

2．区域管理

企业应根据实际工作需要，合理划分 7S 改善区域，明确 7S 改善区域的责任人和督导师。7S 改善区域责任人对改善区域推进效果负责，督导师负责改善工作的监督和指导。

3．现场督导

开展现场督导的形式主要有督导师对改善区域进行一对一督导和集中办公等。

（1）各级督导师每日应不少于一次对所负责的区域进行现场督导，定期组织开展红牌作战（详见第四章第四节），对检查发现的问题及时跟踪整改，确保闭环。

（2）推进委员会领导、推进办公室成员及各部门督导师在区域改善过程中应不少于两次集中到 7S 改善区域进行现场办公。与员工直接沟通，给予正面的鼓励；直面问题，当即协调，及时消除各区域推进的障碍；对区域改善工作存在的差距提出要求，并给予相应的整改建议。

4. 宣传工作

宣传工作主要有编发 7S 活动简报、定期更新 7S 宣传栏、组织征文活动等，其主要内容包括：

（1）每周、每半月或每月编发一期 7S 活动简报。简报的主要板块和内容可包含 7S 进展情况、7S 知识窗、7S 先进事迹、7S 经验介绍、7S 改善成果展示等。

（2）每周、双周或每月更新一期 7S 宣传栏。其主要内容有 7S 动态、7S 成果展示、7S 验收表彰职工感言、验收表彰等。

（3）以征文等形式组织开展对外宣传活动。

（4）建立 7S 工作宣传奖惩机制，鼓励员工积极投稿，讲述改善故事和 7S 推进工作体会。

5. 收集资料

7S 推进过程中，为更好地回顾、总结改善过程，对比改善前后效果，推进办公室应注意及时收集、分类整理、妥善留存改善各阶段的照片资料。同时，注意收集有关方案、计划、记录、总结等资料，以便为形成企业的 7S 技术规范及管理制度等积累素材。

收集资料的主要内容应包括改善前后照片、亮点照片、改善过程记录、方案计划、会议记录、表彰总结等。

6. 评比表彰

（1）验收评比：7S 推进一般分批次进行，每批次 7S 区域推进任务完成后，应及时进行检查、验收和评比，提炼改善效果好的区域亮点。

（2）总结表彰：7S 区域改善验收评比后，应召开表彰大会，对优秀改善区域及先进个人进行表彰奖励。

7. 制度完善

在整个 7S 推进过程中，为统一思想、强化管理、引导和激励职工全员参与 7S 改善活动，为确保 7S 工作的有效推进，企业一般应建立健全《7S 推进管理办法》《7S 奖惩管理办法》《7S 督导师管理办法》《7S 晨会管理办法》《不要物处理管理办法》《7S 小改善、小创意、小提案奖励办法》等管理制度。7S 管理制度应经过推进委员会讨论后，由推进委员会主任签发，面向全公司公布。各部门应做好管理制度的宣贯工作，使职工树立起创先争优的意识，形成比学赶超的良好氛围。

第三节 推进具体步骤

一、前期准备

（一）标杆学习，导入理念

此阶段的主要工作是通过学习优秀企业的 7S 推进管理经验，来进行 7S 理念的导入，使企业中高层管理人员了解 7S 的含义、内容和作用。为开展 7S 活动打好基础。一般是公司高层领导及推进工作骨干前往先进企业学习 7S 管理，对 7S 有初步的了解和认识，然后组织誓师大会、召开 7S 恳谈会等。

1. 召开全员誓师大会

对于员工人数较少、改善范围和难度相对较小的企业，誓师大会可以在 7S 推进伊始召开。对于员工人数较多、改善难度较大的企业，全员誓师大会可以在首批样板区改善后召开，通过 7S 样板区改善效果的展示，打消员工疑虑，激发员工参与的热情。××公司全员誓师大会现场如图 3-4 所示。

誓师大会的主要内容：

（1）宣布 7S 活动开始：企业高层领导表明态度和立场，向全体员工传达推进 7S 活动的原因和意义，中层管理人员当众签订责任书。

（2）公布 7S 推进组织：公布 7S 推进委员会和推进办公室人员名单，各推进组织成员依次登台亮相，让全体员工认识了解，便于 7S 推进工作的开展。

（3）宣讲活动目标：7S 推进委员会主任宣讲 7S 推进活动目标，组织全体员工共同学习、提高认识。

（4）表态宣誓：部门负责人代表部门表态，全体员工宣誓，表达推进 7S 的决心和信心。

2. 组织恳谈会

7S 活动推进过程遇到阻碍时，7S 推进委员会及 7S 推进办公室人员应深入生产一线了解员工思想动态（如图 3-5 所示），收集相关资料，分析员工产生消极、抵触情绪的根源所在，适时召开恳谈会。避免员工产生 7S 推进没有实际作用、增加个人工作量、开展 7S 活动会触犯部分人的利益等的错误理解。推进办公室和各级管理人员应及时与员工进行诚恳的交流、沟通，了解对方的真实想法，消除疑虑，为 7S 推进扫清障碍。

图 3-4 誓师大会现场

图 3-5 推进委员会领导深入生产一线

（二）现场诊断，了解情况

此阶段的主要工作是对企业现状进行诊断，应用 7S 管理的方法找出企业现场及管理上存在的问题，分析问题产生的原因，为下一步制订推进方案、明确推进目标奠定基础。调研诊断可以借助外力，聘请专业的咨询公司或者邀请系统内经验丰富的 7S 督导专家到现场开展；也可以通过召集企业内部 7S 组织机构成员（对照表 3-2 及表 3-3）开展自我评估诊断工作，然后进行客观的统计分析，形成报告。

表 3-2　　　　　　　　　　　　　　7S 自我评估与诊断标准

序号	评估项目	评估与诊断标准
1	生产现场通道和室内区域线	（1）通道平整、畅通、干净、无占用。 （2）地面画线清楚，颜色、规格统一，分区明确
2	生产区域地面、门窗、墙壁	（1）地面平整、干净。 （2）作业现场空气清新、照明符合生产要求。 （3）标语、图片、图板的悬挂和张贴符合要求。 （4）各种不同使用功能的管线布置合理、标识规范
3	生产现场设备、工器具等	（1）定置管理，设备、仪器、工器具等分类合理、摆放有序。 （2）生产现场不存放无用或长久不用的物品。 （3）消除设备跑、冒、滴、漏，杜绝污染
4	库房（工具间）	（1）定置管理，摆放整齐。 （2）配置位置图，通道畅通。 （3）账、卡、物相符，标识清楚。 （4）安全防护措施到位。 （5）各类器具摆放整齐
5	办公室物品和文件资料	（1）办公物品摆放整齐、有序，各类导线应集束。 （2）办公设备设施完好、整洁。 （3）文件资料分类定置存放，标识清楚，便于检索。 （4）桌面及抽屉内物品保持正常办公的最低限量
6	办公区通道、门窗、墙壁、地面	（1）门厅和通道平整、干净。 （2）门窗、墙壁、天花板、照明设备完好、整洁。 （3）室内明亮、空气新鲜、温度适宜
7	文件	（1）文件是适用、有效的版本。 （2）各种记录完整、清楚。 （3）文件定置摆放
8	公共设施环境卫生	（1）浴室、卫生间、垃圾箱等公共设施完好。 （2）环境卫生有专人负责，随时清理，无卫生死角。 （3）厂区花草树木布局合理、养护良好
9	职工餐厅、厨房	（1）餐厅整体布局合理，环境清洁、舒适。 （2）环境温馨、整洁，无垃圾，无杂物，无蜘蛛网和灰尘。 （3）厨房工作台分类标识，干净整洁，无灰尘，无杂物。 （4）厨房用具定期消毒，用后归位，保持卫生。 （5）切菜板、刀具、备餐台干净整洁，生熟分开
10	厂区道路车辆	（1）道路平整、干净，交通标志齐全，画线清晰、规范、醒目。 （2）机动车、非机动车按要求停放在规定位置
11	宣传标志	（1）张贴、悬挂企业文化的宣传标语。 （2）宣传形式多样，内容丰富
12	安全生产	（1）建立安全管理组织网络，配备专职管理人员。 （2）建立安全生产责任制，层层落实。 （3）制定安全生产作业规程，人人自觉遵守。 （4）有计划地开展安全生产教育培训。 （5）开展危险点预知训练。 （6）严格执行"两票三制"。 （7）开展应急预案演练

续表

序号	评估项目	评估与诊断标准
13	节约	(1) 开展小指标竞赛活动。 (2) 燃料、物资库存合理。 (3) 合理处置废旧物资。 (4) 严格控制各项费用
14	行为规范与仪容	(1) 员工自觉遵守公司相关规定。 (2) 制定并遵守礼仪规则。 (3) 工作时间按规定统一穿戴工作服、安全帽。 (4) 上班时间，员工禁止流动吸烟

表 3-3   7S 管理自我诊断

序号		检 查 项 目	各区域检查结果（合格打√；不合格打×；*代表不作检查）						
			生产现场			库房工具间		办公		后勤
第一部分	1.1	现场是否有无用的设备、工具？				*	*	*	*	*
	1.2	现场角落是否有不需要的物品、文件、物料等？								
	1.3	抽屉、桌垫底下是否有无用的物品？								
	1.4	张贴物脏污、破损、过期有无及时去除？								
	1.5	工作区域是否有与工作无关的物品（如个人物品）？								
	1.6	物品摆放是否整齐有序、有固定区域存放和标识、拿取自如？								
	1.7	桌椅、架柜是否为必需使用数量的最低限度？								
	1.8	桌子、档架是否合理？								
	1.9	有无定期实施去除不要物？								
第二部分	2.1	桌面有无定位标识？								
	2.2	物品是否有标识，如有，是否明显？								
	2.3	员工作业时工器具是否摆放整齐？				*	*	*	*	*
	2.4	材料、备品是否摆放整齐？				*	*	*	*	*
	2.5	作业流程图悬挂是否整齐？是否与生产一一对应？	*	*	*	*	*	*	*	*
	2.6	悬挂的有关记录表是否整齐？								
	2.7	员工座椅是否摆放整齐？								
	2.8	是否有区域划分，各类物品是否有定位？								
	2.9	各类工作表单书写是否及时、整齐、美观？								
	2.10	生产区域通道是否畅通，区域线是否清晰？				*	*	*	*	*

续表

序号		检查项目	各区域检查结果（合格打√；不合格打×；*代表不作检查）							
			生产现场		库房工具间		办公		后勤	
第二部分	2.11	员工拿取、搬运物资是否按要求做?					*	*	*	*	*
	2.12	工器具等是否易于取用，不用寻找，放置方法是否正确，标识是否明确?					*	*	*	*	*
	2.13	文件能否迅速找到?（常用文件30秒找到）									
第三部分	3.1	门窗是否清洁?									
	3.2	工作台面、电脑打印机、设备仪器仪表是否清洁干净?									
	3.3	是否有定期清扫并点检设备、设施?									
	3.4	工作区域是否整洁，是否经常清扫，地面上是否有水或油?									
	3.5	使用的机器、仪器、工器具等是否清洁无油污?					*	*	*	*	*
	3.6	使用的容器是否清洁，标识、摆放是否整齐?					*	*	*		
	3.7	产生的污染及垃圾是否及时清除?									
	3.8	垃圾箱是否已满，清扫是否已成习惯?									
	3.9	垃圾筒是否清洁无异味，卫生间是否干净整洁无异味?									
第四部分	4.1	有无周末大扫除的规定或相关清洁清扫的规定?									
	4.2	有无7S责任区划分或相关规定?									
	4.3	工作场所是否保持清洁?									
	4.4	工作场所有无卫生死角?									
	4.5	花木是否定期养护，是否无枯叶现象?									
第五部分	5.1	员工是否知道7S的含义?									
	5.2	厂区内是否佩戴工作牌?									
	5.3	上班有无随意串岗、谈笑聊天的现象?									
	5.4	是否按要求戴好安全防护用具?					*	*	*	*	*
	5.5	员工操作是否规范，是否符合公司规定?					*	*	*	*	*
	5.6	是否穿着规定的服装，服装是否穿着整齐?									
	5.7	员工是否按照作业指导书操作，是否遵守工艺规程?					*	*	*	*	*
	5.8	考勤表是否及时、准确填写?									
	5.9	员工是否有随地吐痰及乱扔垃圾现象?									
	5.10	工作时间是否有做与工作无关的事情（如打游戏、看小说、网购等）?									

续表

序号		检查项目	各区域检查结果（合格打√；不合格打×；*代表不作检查）			
			生产现场	库房工具间	办公	后勤
第六部分	6.1	物品的摆放是否妨碍安全通道？				
	6.2	员工是否知道火灾时的逃生路线？				
	6.3	《消防器材点检卡》有无按时点检，有无如实填写？				
	6.4	安全工器具是否定期检验？				
	6.5	是否按照安全生产管理规定操作？				
	6.6	是否落实危险点预防预控措施？	* *	* *	* *	* *
	6.7	化学品的存放是否符合要求？		* *	* *	* *
	6.8	危险废弃物是否按规定放置？				
	6.9	安全标识是否完善、齐备？				
	6.10	安全目视化是否到位，有无遗漏点？				
第七部分	7.1	一般管理费管控手段是否有效？				
	7.2	对空间的利用是否合理？				
	7.3	对材料的使用是否存在浪费？				
	7.4	办公用品是否有浪费现象？				
	7.5	办公场所是否做到人走灯灭？空调是否按规定使用？				
	7.6	账卡物是否相符？是否执行先进先出？	* * *		* *	* *
	7.7	是否开展修旧利废活动？			* *	* *

图 3-6 互动式培训

（三）成立机构，开展培训

此阶段的主要工作是成立企业的 7S 推进委员会及推进办公室组织机构并明确职责。通过组织开展全员 7S 基础知识培训，让全体员工了解 7S 的含义、作用及企业推进 7S 的目的。7S 培训讲师可由管理咨询公司的专业顾问担任，也可由有 7S 推进实战经验的督导师担任，培训建议以互动的方式开展，便于充分调动全体员工的积极性。××公司开展互动式培训如图 3-6 所示。

（四）选定场所，准备物资

此阶段的主要工作是为 7S 推进办公室选定集中办公场所，准备 7S 改善常用物资和工具、设置宣传栏等。一般主要内容如下：

（1）7S 组织成立后，推进办公室应有集中办公的固定场所，配置相应的办公设施，便于工作的组织、联络和协调。

（2）7S 常用工具及物资准备工作十分重要，推进办公室应根据工作需要，列出常用工器具及物资清单，备齐常用工具和物资。7S 常用办公用品及常用物资清单可参照表 3-4 和表 3-5。

（3）在厂区或职工食堂等醒目位置，制作宣传栏（如图 3-7 所示），进行 7S 活动的宣传，也可使用现有宣传栏、橱窗等。宣传栏要便于维护更新，有防雨、防晒的保护措施。

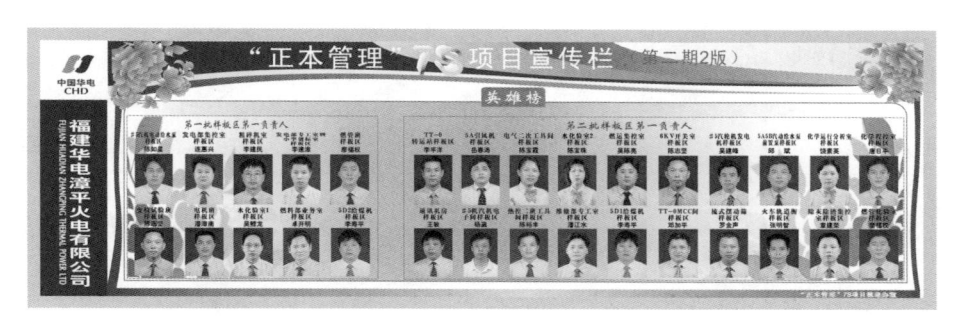

图 3-7 宣传栏展示

表 3-4 常用办公用品

名称	数量	要求	用途
彩色打印机	1 台	含打印驱动、备用油墨 2 套	频繁打印宣传图片
塑封机	1 台	可塑封 A3 规格	塑封标识、照片等
白板	1 块	带支架可移动	推进办公室开会讨论使用
数码相机	1 台	1000 万像素以上，8G 以上内存卡	现场拍照使用
彩色照片打印纸	50 张	A4	打印照片用
优盘	1 个	内存 8G 以上	资料传递使用
镭射笔	1 支	带翻页	培训、交流用

表 3-5 常用物资示例

名称	数量	要求	用途	图例
硬板文件夹	10 个	A4	推进办公室人员巡查、评委评分使用	

续表

名称	数量	要求	用途	图例
硬胶套	100 个	A3：10 个；A4：60 个；A6：30 个	样板区使用	
塑封胶套（塑封膜）	150 张	A3：50 张、A4：100 张	样板区使用	
磁性贴	25 张	A4：绿、蓝、黄、红、黑各 5 张	样板区使用	
木纹胶	200 卷	15～40mm	刷油漆定位用	
小不干胶带	20 卷	10mm	小物品定位	

续表

名称	数量	要求	用途	图例
地胶带	10 卷	黄黑斑马线 10 卷	水磨石、油漆、瓷砖等地面代替油漆使用	
双面胶	50 个	15～40mm	粘贴标识用	
泡沫胶	20 卷	20mm	粘贴标识使用	
红色打印纸	2 包	80g	红牌作战用	
尼龙扎带绳	500 条	100～150mm 规格	扎电源线用	
线缆定位贴	100	20mm×20mm	固定线缆用	
裁纸刀	4 把		标识制作使用	

续表

名称	数量	要求	用途	图例
剪刀	4 把		标识制作使用	
广告纸	各 5 卷	绿、红、黄、蓝、橙、白等（宽 0.6m、长 8m）		
去污膏	10 盒		顽固污渍使用	
地垫	50 张	纯色	工具形迹定位用	
标签打印机	1 台	普通黄色 10 个；红色、绿色、蓝色、白色各 5 个（宽度 12~24mm）	用于小标签的打印	
刻字机	1 台	最大可刻宽度 0.6m 的广告纸	现场有关目视化运用	

（4）设计标识样本。为使员工对 7S 标识有初步的认识，帮助员工尽快进入工作状态，7S 推进办公室可以先设计和制作文件柜、工具柜等标识样本（示例见图 3-8），打印后剪切塑封，再粘贴于文件柜或工具柜上。

图 3-8　标识样本示例

（5）制作样板区牌匾。设计制作 7S 活动样板区牌匾（见图 3-9）、7S 示范区牌匾，为样板区验收合格后授牌做好准备。

图 3-9　7S 活动样板区牌匾

二、实施阶段

（一）明确目标，制订计划

1. 明确推进目标、口号

企业可以设立一些阶段性目标，不断实现这些目标，最终达到企业的整体目标。例如第一阶段，创造良好的工作环境，营造和谐的工作氛围；第二阶段，降低生产成本，消除设备故障，保证安全生产，打造和谐团队等；第三阶段，7S 管理的终极目标，即提高管理水平，提升员工素养，塑造企业文化。

企业应结合实际情况，确定有号召力的 7S 推进口号，口号一旦形成要广为宣传，口号要求简明有力、朗朗上口。推进口号要能够体现公司对推进工作的要求，能够有效激励员工的 7S 推进工作热情。部分企业推进口号参考如下：

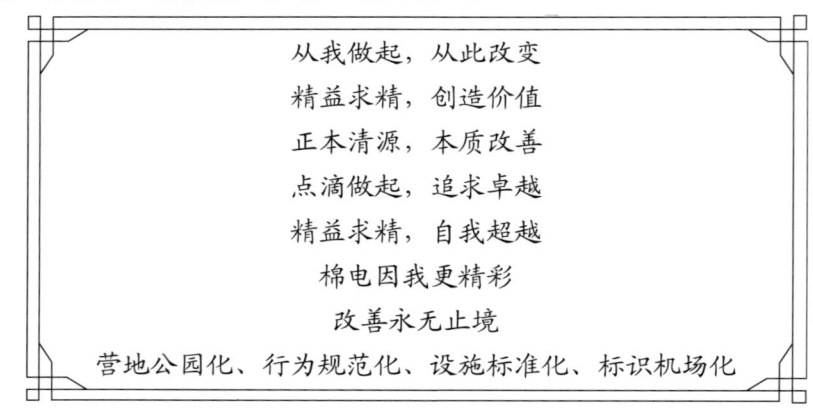

> 从我做起，从此改变
> 精益求精，创造价值
> 正本清源，本质改善
> 点滴做起，追求卓越
> 精益求精，自我超越
> 棉电因我更精彩
> 改善永无止境
> 营地公园化、行为规范化、设施标准化、标识机场化

2. 制订计划

7S 推进计划是整个 7S 推进活动的作战部署，制订推进计划时应结合电力行业实际特点，从 5W2H 入手，即为什么要做（Why），做什么（What），在哪里做（Where），何时做（When），谁来做（Who），怎么做（How），做到什么程度（How much）。只有明确 5W2H，摸清企业的实际状况，才能制订行之有效的措施方案。

推进计划主要包括整体推进计划和区域推进计划，整体推进计划主要是明确企业 7S 的整体部署，而区域推进计划是在整体推进计划中分解、细化制订的，应明确区域内的具体细化工作。

（1）整体推进计划。

整体推进计划要有明确的责任人、完成时限和衡量标准，制订有效的计划（如表 3-6 所示）是将各项工作落到实处的第一步，制订计划应注意以下几个方面的问题：

1）合理性。制订 7S 整体推进计划应结合企业的工作实际做好统筹安排，确保科学合理。如机组大、小修期间，现场作业人员大部分时间和精力都放在设备检修上，7S 推进工作应尽可能安排办公室等非生产区域。

2）时限性。7S 改善一般采取分批推进的方式进行，分批推进要有合理的时间限制，时限过短会造成推进人员压力大，任务无法按期完成；时限过长则会造成推进人员热情减退，消极等待。第一批 7S 区域（样板区）创建时，由于各方重视、力量集中、员工热情高涨等有利条件，改善时限一般以一周为宜。7S 区域分批全面推进时，由于推进区域较多、工作量较大、兼顾日常工作等因素，每批 7S 区域创建时间一般以 15～30 天为宜。

第三章 7S 推进方法

表 3-6　××公司 7S 整体推进计划书

类别	项次		推进项目内容	第1月	第2月	第3月	第4月	第5月	第6月	目的	文件记录
组织和前期准备（P）	一		领导重视与推进组织确立							指明企业 7S 的实施方向，从组织上确保 7S 的顺利开展	组织架构图、职责分工表、口号
		1	7S 推进组织建立	启动前							
		2	各责任区域（单元）职责明确	公布							
		3	推进口号（方针）的明确	拟定公布							
	二		前期工作准备							保证 7S 的资源、物资迅速到位	预算表、申请书、场所挂牌
		1	基本费用预算、准备	第1次		第2次		第3次			
		2	物资、用品确定、申购		预算审批和制度确定（绿色通道）						
		3	推进办公室工作场所确定	启动前							
		4	工作场所配套设置	启动前							
	三		宣传和培训							营造氛围，让员工理解和掌握 7S 的精髓	《宣传策划方案》、培训讲义学员版、考核试题
		1	7S 活动宣传策划、实施	样板期		定期全方面实施宣贯					
		2	7S 相关知识学习和培训	基础知识	专项训练（每次2小时）			督导师训练			
		3	7S 相关知识考核		全员			督导师			
		4	征文、口号、标语征集活动	口号标语征集、制作		征文每月一期					
	四		推进体制、制度确立							激发员工主动改善的意愿，为管理者提供推进的压力和动力，创造积极向上的工作氛围	推进周报、会议记录、月表彰结果，《7S 管理实施办法》
		1	7S 实施办法制定	全面展开前							
		2	周报制度	制度制定	制度实施			周报调整为月报			
		3	例会制度	制度制定	制度实施						
		4	定期发表、报告制度		制度制定		每月实施				

127

续表

类别	项次	推进项目内容	第1月	第2月	第3月	第4月	第5月	第6月	目的	文件记录
样板和全面实施（D）	五	样板的建立							提供现场示范，训练内部推进人员，为全面改善积累第一手经验	整改单、样板整改前后对比照片、《样板观摩实施方法》
	1	现场诊断	全厂							
	2	6个样板区选定（含办公区、仓库）								
	3	样板区现状分析和规划								
	4	不要物的清理								
	5	三定三要素管理								
	6	区域布局改善								
	7	样板区的学习观摩		分批学习						
	六	整理整顿全面展开							创造规范有序、整洁优美、温馨明快的工作环境，树立卓越的企业形象	《整理整顿若干规定》《不要物处理程序》《红牌作战方法》
	1	破冰行动——誓师大会								
	2	整理整顿规划、方法学习								
	3	标识的设计和制作								
	4	全面工作环境的整治和改善		三定三要素的彻底全面实施						
	5	寻宝活动								
	6	红牌作战			每月1次					
	7	污染源防治试点								
	8	仓库的规划和目视化标识								
	9	电子资料7S管理实施								
	10	流程和工作程序的目视化								
	11	工厂外围的整治和目视化实施								
	12	参观路线（亮点、景点）的设计和实施								

第三章 7S推进方法

续表

类别	项次		推进项目内容	第1月	第2月	第3月	第4月	第5月	第6月	目的	文件记录
样板和全面实施（D）	七		设备清扫全面自主管理推进							保证设备状态良好，运行稳定，一目了然	《设备清扫指导书》、设备点检作业指导书（样板）
		1	设备清扫计划的制定								
		2	设备清洗活动的展开								
		3	点检保养制度优化和完善								
		4	设备管理目视化推进								
	八		制度管理（成果固化）							使现场具备自主实施7S的能力，确保7S坚持下去，直到成为习惯	晨会记录，《区域巡检表》范本，点检巡查记录
		1	三级晨会制度	班组日会、部门周会、企业月会							
		2	看板管理	设计和制作	每月一期						
		3	区域责任制度								
		4	安全巡查制度的实施								
	九		全员参与改善的系统							提高员工的积极性和主动性，提高员工的改善技能，促进现场的活性化	《改善提案实施制度》，员工改善提案、发表报告
		1	完善改善提案流程、激励机制								
		2	定期的提案发表和交流		训练						
		3	员工改善技能提升训练				2小时				
	十		提升人的品质——人才培养系统							通过班组建设系列活动，培养一支有改善能力的队伍，确保7S的持续进行	《星级评价规范》《7S手册》《岗位规范》
		1	建立现场员工星级评价标准			建立	评价实施				
		2	班组日常管理工作的标准化				制度化				
		3	班组长管理技能的提高			培训与项目实践训练					
		4	《7S手册》的制定发行				制定	修订	发行		
		5	问候、礼仪和岗位规范						试点推行		
评价和验收阶段（C）	十一		考核前期准备							7S督导师考核、改善，为7S高水准运行和持续提升提供原动力	督导师证书，《7S评价考核方法》《生产现场考核标准》《办公区加权系数标准》
		1	7S督导师的考核、选拔和认定				提名、考核	颁布			
		2	评比考核办法的制定					公布			
		3	考核标准的制定				制定、公布				
		4	加权系数的制定和公布				统计参数	公布			

129

续表

类别	项次	推进项目内容	第1月	第2月	第3月	第4月	第5月	第6月	目的	文件记录
评价和验收阶段(C)	5	评委的选定和训练								
	十二	各阶段考核实施								
	1	样板区验收								验收结果（成绩）记录、指责事项
	2	首次考核（20%）								
	3	最终考核（80%）								
	4	考核成果的统计和公布、表彰								
	十三	其他监控措施							整改结果、巡查结果和跟进表	
	1	整改跟进确认								
	2	领导巡视、现场巡查的实施								
	十四	奖优罚劣、争创一流							树立标杆、营造积极主动向上的氛围	评比规则、评比结果
	1	优秀提案评比					编写			
	2	优秀个人评比								
	3	优秀班组、部门评比								
总结和反省(A)	十五	总结表彰、继往开来							7S只有起点，没有终点，阶段总结是检修站和加油站	总结报告、后续建议
	1	总结报告的编写、发表训练						训练		
	2	阶段总结、检讨与奖惩								
	3	持续改善（管理进一步提升）								
		每阶段重点	宣传培训、建立样板	规划设计、观摩和全面展开	全面展开、红牌作战	设备选课和目视化	制度设计运行和合理化改善	督导师队伍建设、总结评比		

制定：　　　　　审核：　　　　　批准：

3）可承受性。7S 整体推进计划制订时，应注意与相关部门沟通协商，考虑员工工作负荷的承受能力。在同一批区域创建期间，每个作业团队负责创建的区域个数一般不超过 3 个，避免员工因经常加班而消极应付，影响 7S 区域的创建质量。

4）可衡量性。7S 整体工作计划要尽可能量化，各级人员能够明确每个阶段应完成的工作目标，并有相应的验收评价要求。

（2）区域推进计划。

每个 7S 推进区域应按照企业的整体计划要求，制订 7S 区域推进计划，限定完成时间，确定责任人明确工作要求，要同时做好定点摄影、材料预算、宣传总结等工作安排。××公司 7S 区域推进计划如表 3-7 所示。

表 3-7   ××公司 7S 区域推进计划

序号	计划项目	具体内容	计划时间	完成情况	所需材料	费用预算	负责人	备注
1	定点摄影	在项目推进之前，记录目前状况	7月18日前完成				张三	
2	整理整顿	在所辖区域内，进行区域规划，划分工作区域、安全通道、物品堆放区、消防器材区等	7月20日前完成				李四	确定物品的名称及放置位置、数量
		确定需要和不需要物品分类，有条理地储存必需品，处理不需要的物品，清除出工作区域						以工作人员容易找到和取得为原则
		确定物品存放区域后画线定位，明确数量及合格证期限						
		制作场所、控制柜、设备、物品标识标签						
3	清扫清洁	生产现场地板、天花板、墙壁、工具架、文件柜、办公桌清扫责任区划分，制定清扫清洁标准，例行清扫时间安排	8月3日前完成		毛刷 5 把、755 清洗剂（10 瓶）、钢丝刷（5 把）、破布（10 kg）	××元	李四	建立日常清扫的程序
		过期粘贴物、标识的清理						
		设备锈蚀部分先进行除锈补漆处理（补漆部分现状要规则、颜色与原色相同			蓝色油漆 5kg、红色油漆 14kg、白色油漆 2.5kg、黑色油漆 28kg、2 寸漆刷 10 把	××元		
		找出任何影响工作环境的设备及人为问题，寻求解决办法						例如粉尘、噪声及泄漏等
		设备、工具、标准维修流程制定，标识						

续表

序号	计划项目	具体内容	计划时间	完成情况	所需材料	费用预算	负责人	备注
3	清扫清洁	点检位大脚印、点检点标签数量整理完成	8月3日前完成		点检路线配置，大脚印图案、点检标签			
4	宣传总结	前期宣传稿件一篇	7月20日前完成				张三	
		点/巡检看板内容编制、初步排版完成	7月27日前完成					
		中期宣传稿件一篇						
		后期PPT总结	8月10日前完成					

（二）样板先行，渐进展开

1. 样板先行

企业开展7S活动时，最有效的突破口就是建立7S样板区，以样板区的成功来积累经验，而后再向整个企业范围全面推进。这样，可以起到凝聚力量、以点带面、星火燎原的效果，确保7S活动的有效开展，提高7S活动的成功率。企业一旦选定样板区后，应务必竭尽全力在短时间内取得成效，使样板区成为真正的典范。

样板先行可以集中所有的资源和力量，保证7S改善工作有一个较高的水准。用事实说话，减少员工对于7S管理的抵触，消除一部分人的疑虑，使全员上下一心，积极参与改善。样板试行的过程既是发现问题、暴露问题并解决问题的探索过程，又是集思广益、选取最优方案或措施的实践过程，可积累一定的管理经验。

（1）选择样板。

1）选择不同类型、典型突出、有一定代表性的样板区。一般在生产现场、办公室、库房、工具房等区域各选1~2个样板区。

2）样板区的负责人要有较强的责任心，有改善意愿，有一定的项目管理经验。

3）选择基础差、问题多的区域作为改善样板区，通过短期集中开展7S管理活动，促使管理现场得到根本改善。改善前后的反差会给员工带来巨大的视觉冲击和思想冲击。

4）生产现场样板区域应尽可能选择多专业、班组配合的项目，这样既能保证按期完成，又能形成人人参与的氛围。如火电厂电动给水泵设备区域不大，但样板区打造必须由热机、热控、电气、保温等人员协同作战。

（2）实施改善。

样板区7S改善的主要步骤包括：根据选定的样板区制订活动计划；对相关人员进行动员培训和指导；深入样板区记录7S存在的问题；整理发现问题，下达整改通知；落实人员及改善材料、工具；确定改善对策，实施改善；收集改善前后图片，展示典型事例。

样板区的改善过程中，要注意收集保留以下数据资料：①改善前后状况；②基本数据

（空间、面积、金额、数量、人数等）；③基本流程；④重点问题（摄影或记录）；⑤整个改善推进思路及过程；⑥最终改善结果。

（3）组织观摩。

样板区打造后，企业应及时组织观摩活动。观摩活动应由推进委员会主任带队，组织中层干部、管理人员及职工代表进行观摩（如图 3-10 所示）。

组织观摩的目的：

1）让观摩人员身临其境现场感受 7S 的效果，并与自己所辖工作区域的现状做对比，激发员工兴趣，形成参与意愿，增强推进 7S 的信心。

图 3-10　公司领导带队组织观摩

2）明确企业的态度和决心，打消部分人的疑虑，激发全体员工参与 7S 改善的热情。

3）对样板区进行正确的评价，肯定成绩、指出不足，进一步完善，使其成为企业的示范榜样。

组织样板区观摩的注意事项：

1）人数适量，10~20 人为宜，超过 20 人可分组；

2）推进委员会主任带队；

3）规划好参观路线，确定负责解说的员工（通常是改善者），做好解说准备；

4）推进委员会领导对改善成果要认同和肯定，并在各种场合有所表达。

2. 渐进展开

样板区 7S 活动推进成功后，企业应在总结 7S 样板区工作经验的基础上，以渐进展开的方式在全公司范围内逐步推动 7S 管理工作。

（1）渐进展开的五个原则。渐进展开应遵循的五个原则见图 3-11。

（2）渐进展开的注意事项。

1）应按公司设备、场所划分的管理规定，划分 7S 各批次推进数量及区域；

2）应充分考虑日常工作安排，以部门意愿和重要程度相结合的方式，分批次确定 7S 区域负责人及完成时间；

3）各批次实施改善、验收、表彰等管理工作参照首批样板区进行；

图 3-11　渐进展开的五个原则

4）借鉴样板区管理经验，着手编制技术规范、管理制度等有关文件。

（3）渐进展开的推进方式。

渐进展开的推进方式一般分为三种（见表 3-8）。三种方式各有优劣势，各企业应根据实际情况选择推进方式。

表 3-8　　　　　　　　　渐进展开的不同推进方式比较

渐进展开方式	优势	劣势	适用情况
按部门/专业分批次展开	便于部门、专业统筹协调物资和人员	企业总体安排与部门、专业安排可能发生冲突	人员较少、改善区域较多的企业
按区域/机组分批次展开	有利于集中力量打造重点区域	各专业工作量可能不均衡	人员较多、改善区域较多的企业
直接全面铺开	推进速度快	工作量大，不利于管理	改善区域较少的企业

（三）宣传引导，培训跟进

1. 宣传引导

宣传工作在 7S 推进过程中起着非常重要的带动引领作用。当推进组织建立完成、相关工作准备到位时，企业应根据各自特点建立 7S 宣传阵地，通过多种形式的宣传手段，为 7S 推进创造良好的氛围。

宣传工作一般分为推进初期及推进过程两个阶段，这两个阶段的宣传重点见表 3-9。

表 3-9　　　　　　　　　推进初期及推进过程宣传重点

推进阶段	推 进 初 期	推 进 过 程
宣传重点	1. 调研参观，增进感官认识； 2. 发放 7S 教材、宣传手册； 3. 对全体员工进行 7S 培训并组织考试； 4. 确定本企业 7S 的推进口号和目标，并广泛宣传； 5. 制作张贴 7S 海报及标语	1. 设计制作 7S 宣传看板； 2. 利用公司内部刊物或设立 7S 专刊宣传介绍 7S 知识及推进情况； 3. 举办 7S 征文比赛、知识竞赛； 4. 举办 7S 摄影、海报、标语设计比赛； 5. 在公司网站建立 7S 专栏、7S 论坛； 6. 印制本企业 7S 专题画册发放给员工

针对不同阶段，宣传方式有宣传看板、7S 简报、7S 征文三种方式。

（1）宣传看板。企业应在员工生活区、食堂附近，班组办公楼等区域设立专门的 7S 宣传看板，看板内容一般包括 7S 知识点（7S 内容、7S 作用），7S 活动动态（计划完成情况、活动开展情况及图片），7S 改善成果（图片、改善前后对比），员工奇思妙想（图片、创意感言等），7S 先进集体及个人（图片、成绩介绍、感言等），7S 盲点，问题点（图片、改善提示等）。图 3-12 为××公司活动看板展示。

（2）7S 简报。7S 简报一般采用周刊、双周刊或月刊的形式定期发行，可用电子版的方式下发企业各班组，也可在企业内部刊物或网站设立固定专栏，如 7S 知识窗、7S 在行动、我与 7S 等，及时发布 7S 工作进展情况。图 3-13 为××公司 7S 简报示例。

（3）7S 征文。企业一般在 7S 活动推进 5～6 个月后开展 7S 征文活动，可以面向全体员工征集与 7S 活动相关的原创作品，征文内容一般包括 7S 推进过程中的小故事、对 7S 的理解和认识、7S 推进工作的感受和体会、7S 给企业及员工带来的变化等。企业应按照预先制定的评价规则开展征文评比工作，对优秀作品给予表彰和奖励。

图 3-12　活动看板展示

图 3-13　7S 简报

2. 培训跟进

教育培训是 7S 推进过程中非常重要的一环，培训的目的不仅仅是让员工了解和掌握 7S 的基础知识、基本原理和改善方法，更重要的是让员工领会企业推进 7S 的目的和意义、7S 管理的本质内涵，从而能够在思想意识上和行为方式上得以转变。

（1）培训计划管理。

培训计划的制订首先应明确培训对象，了解培训对象的状态和培训需求，根据培训对象的培训需求确定培训方向和培训内容，根据培训内容和方式制订培训计划，根据培训计划选择培训教师。

1）根据培训对象选择培训内容。

7S 活动要顺利推进，对不同层面的人员培训是必不可少的。对公司领导及中层管理人员的培训，主要是围绕推进 7S 的目的、作用和意义；对 7S 推进人员的培训，主要内容是

7S 推进的方法和技巧；对普通员工的培训，主要是 7S 的作用和好处，以及企业 7S 活动的口号、目标等。不同培训对象的培训内容见表 3-10。

表 3-10　　　　　　　　　　　不同培训对象的培训内容

培 训 对 象	培 训 内 容
高层及中层管理人员	1. 7S 基础理论知识； 2. 7S 给企业带来的作用与好处； 3. 7S 管理的维持改善和提升方法
推进办公室成员、督导师	1. 7S 基础理论知识； 2. 7S 推进的方法、步骤和技巧； 3. 7S 管理的维持改善和提升方法； 4. 宣传教育方式、评审技巧、考核方法
普通员工	1. 7S 基础理论知识； 2. 企业 7S 活动的目标； 3. 7S 管理的改善方法

2）根据培训内容选择培训方式。

培训方式主要有课堂培训、实操培训、考试竞赛、经验交流等，具体见表 3-11。

表 3-11　　　　　　　　　　　常 见 培 训 方 式

培训方式	常 见 培 训	授课讲师/组织者
课堂培训	1. 对全体员工进行 7S 基础理论知识培训； 2. 与企业高层及中层进行恳谈； 3. 对督导师进行推进方法和技巧培训	管理咨询公司讲师、企业 7S 管理专家
实操培训	1. 对员工进行 7S 问题点发现的培训； 2. 对员工进行改善方法及技巧的培训； 3. 对督导师进行 7S 检查评价方法的培训； 4. 组织 7S 实战经验和体会交流研讨会	管理咨询公司咨询师、企业 7S 督导专家、推进办公室
考试竞赛	1. 组织全体员工进行 7S 基础知识考试； 2. 组织员工 7S 知识竞赛； 3. 组织员工 7S 改善实操竞赛	7S 推进办公室、企业 7S 督导专家
经验交流	1. 7S 改善方法经验交流会； 2. 前往先进企业进行 7S 参观调研	参与改善员工、推进办公室

3）根据培训内容和方式制订培训计划。

7S 培训计划包括培训时间、内容、方式、培训目标等。7S 培训计划的制订要结合企业 7S 推动进度适时开展，要有明确的培训目标和要求，确保培训效果，为企业 7S 的推进加能助力。××公司 7S 推进期的培训计划可参见表 3-12。

表 3-12　　　　　　　　　××公司 7S 推进期的培训计划

培训内容	培训方式	时间	参加人员	培训讲师/组织者	培训目标
7S 基础知识培训、考试	讲座	4 月	全体员工	顾问师	初步掌握理论知识
7S 恳谈会	会议	4 月	管理人员	顾问师	了解 7S

续表

培训内容	培训方式	时间	参加人员	培训讲师/组织者	培训目标
前往先进企业参观调研	调研学习	5月	部分员工	推进办公室	增强感性认识
7S知识竞赛	竞赛	5月	全体员工	推进办公室	增进员工对于7S的认识
7S督导师培训（第一期）	讲座	5月	督导师	顾问师	督导师了解和掌握7S基础知识
7S督导师培训（第二期）	实操	6月	督导师	顾问师	督导师了解和掌握7S改善方法和技巧
7S督导师培训（第三期）	测试、取证	6月	督导师	顾问师	督导师了解和掌握7S推动技巧和评价方法
7S改善方法竞赛	实操	7月	全体员工	推进办公室	员工交流改善经验、学习改善方法
7S经验交流会（第一期）	会议	8月	第一批改善区域代表	推进办公室	交流改善经验和做法体会
7S经验交流会（第二期）	会议	9月	第二批改善区域代表	推进办公室	

4）根据培训计划选择培训教师。

根据培训需求选择培训教师，推进初期建议邀请有发电行业服务经验的管理咨询公司的优秀讲师或7S管理实施时间较长、效果较好的发电企业的7S督导专家担任培训讲师。

（2）实施培训。

按照培训计划组织培训，建议与企业的人力资源管理部门联合，导入专业的培训组织管理方法。在开展培训的过程中，应采取互动培训方式，适当插入游戏、问答、竞赛等项目，以提升培训效果。

为保证培训效果，7S实际操作培训一般要经历听、看、做、讲四个阶段。

听：我讲给你听——咨询师或督导师将改善的方法、原理等讲给员工听。

看：我做给你看——咨询师或督导师现场实际操作完成改善，员工在旁边观看学习。

做：你做给我看——员工按照咨询师或督导师教授的方法实施改善，咨询师或督导师在一旁指导。

讲：你讲给我听——员工将改善方法和过程讲给咨询师或督导师听，进一步加深理解，确保掌握方法。

（3）培训效果评估。

培训效果可通过笔试测验、实操测验、发放调查问卷、组织知识竞赛等方式进行评估。主要从反应层、学习层、行为层三个方面进行考核，见表3-13。

表3-13　　　　　　　　培训效果考核

考核项目	说明	考核方式
反应层	参加受训人员对培训的看法，包括对材料、老师、设施、方法和内容等等的看法	调查问卷法、询问法

续表

考核项目	说　　明	考核方式
学习层	测量受训人员对 7S 基本原理、改善方法和技能的掌握程度	笔试、技能测试、工作模拟等
行为层	观察 7S 培训活动对员工工作方式产生的影响，是否将培训中学到的知识运用到工作中	观察法、演示法

三、检查阶段

（一）过程督导，随时跟进

7S 推进过程中，推进办公室及督导师应充分发挥作用，按照督导内容要求，开展现场督导工作，随时跟进工作进展，定期公布工作进度，确保过程督导取得成效。

1. 7S 活动过程督导的主要内容

7S 活动过程督导的主要内容如表 3-14 所示。

表 3-14　　　　　　　　　　督　导　内　容

责任人	工　作　内　容
督导师	1. 每周检查所督导区域的 7S 改善计划完成情况，汇总审核下周计划，报推进办公室。 2. 每周对所督导区域的 7S 看板内容更新情况进行监督检查。 3. 每周对所督导的区域进行巡视检查，并提出不少于 10 项的整改问题，并监督检查问题处理情况。 4. 对 7S 推进办公室提出的检查整改问题进行及时处理并反馈
推进办公室	每周对 7S 区域保持整改情况、周计划完成情况、看板更新情况进行现场检查，检查结果及时发布

2. 随时跟进工作进展

7S 推进过程中，7S 推进办公室应重点关注和跟踪如表 3-15 所示的工作开展情况。

表 3-15　　　　　　　　　　过　程　督　导

跟进的主要内容	工作要求	责任人
周工作计划、月工作计划	工作计划制订及时、闭环及时	各部门
7S 改善任务完成情况	按要求及时完成	区域负责人
红牌提出问题的整改情况	按时限要求及时整改	区域负责人
督导师红牌发放情况	按数量要求及时发放红牌	督导师

3. 定期公布工作进度

7S 推进办公室应在活动开展过程中，通过例会、7S 宣传栏、专刊、简报等方式，定期、及时公布 7S 活动开展情况等，让员工充分关注和了解 7S 工作动态。定期公布的主要内容包括 7S 推进工作计划完成情况、红牌发放和回收情况及改善过程中普遍存在的问题等。

4. 充分发挥督导师作用

在 7S 样板区创建、渐进推进、保持改善过程中，7S 督导师的监督指导工作具有无可替代的作用，在企业内部构建一支专业的 7S 督导师队伍，会起到事半功倍的作用。

（1）督导师的角色及日常工作要求：

1）培训师：每周至少 2~3 次深入现场，进行 7S 督导；

2）监督人：及时跟进改善工作进展情况、问题整改情况；

3）联络员：做 7S 管理层和执行层沟通的有效桥梁；

4）发现者：及时发现和收集现场好的 7S 改善创意。

（2）督导技巧。

1）要善于调动各方面力量。

要善于借助上层力量：不是让领导告诉怎么做，而是让领导接受你的意见建议；不是用领导的头衔压人，而是借领导的力办事；不是祈望领导提供资源，而是从领导手里争取资源。

要善于调动基层力量：要现身说法，让员工明白为什么这样做；要身体力行，手把手教给员工怎么做；要以身作则，带领员工一起做。

要善于协调中层力量：要换位思考，站在对方角度分析 7S 对其产生的实际效果；要平等交流，取得对方的理解和支持。

2）要树立服务意识。

督导师要树立全心全意服务的意识，主要做好以下工作：①按要求做好 7S 管理现场指导各项工作；②每日深入现场，及时发现问题、解决问题；③不失时机地传授 7S 理念、工作方法和技巧。

7S 督导员的主要职责是为企业的 7S 管理工作服务，为员工服务，不是到现场指手画脚、发号施令，而是要认真倾听员工提出的问题，耐心给予指导。7S 督导师服务的三个境界如表 3-16 所示。

表 3-16　　　　　　　　　　7S 督导师服务的三个境界

级别	说　　明	效果
合格	工作态度积极，能够按要求完成督导任务	需提升
优质	工作热情饱满，能够及时解决困难和问题	得到员工信任，当遇到问题时能够第一时间想到你
卓越	能够激发员工的改善热情，引领和带动员工完成改善任务	

3）要努力提升督导能力：①要乐于主动学习，了解和掌握 7S 推进知识和技能；②要勤于思考总结，摸索适合企业的 7S 督导方式方法；③要善于沟通，锻炼协调各层级关系、解决各种问题的能力。

（3）督导过程常见问题的处理。

7S 督导过程中，由于企业各层级人员的个人素质不同、所处的立场和观点不同，以及涉及个人和集体的利益等情况，会遇到各种问题，使 7S 管理受到排斥和抵触，影响 7S 督导工作的顺利开展。表 3-17 列出了督导典型问题的处理对策。

表 3-17　　　　　　　　　　7S 督导典型问题的处理对策

问题	观　　点	处理方法和对策
不愿做	1. 7S 是打扫卫生，是形式主义； 2. 7S 增加了工作负担，没什么好处	加大宣传激励，让员工了解推进 7S 的好处，积极主动改善
不会做	1. 7S 提高了工作标准； 2. 员工没有工作经验，不清楚怎么改善	亲自动手，引导示范，教给员工怎么做
不能做	1. 与其他工作冲突，无暇顾及； 2. 受到资源条件限制，无法实施改善	科学制订和调整计划，积极协调各方资源，创造有利条件

（二）检查评比，提升效果

定期组织检查评比在 7S 推进过程中非常重要，它不仅能够及时检验所取得的改善效果，而且能够极大地激发员工的改善热情，形成比、学、赶、超的良好氛围。企业可以根据需要，每月或每批次改善结束后，组织一次检查评比，具体的检查评比方法详见第五章。

（三）有效激励，激发热情

使 7S 管理在企业落地、生根的真正力量来自于基层，来自于员工，因此 7S 推进过程面临的最大问题是如何充分调动员工参与改善的积极性。企业应结合实际工作需要，综合运用多种激励手段，激发员工个体和团队的积极性、主动性、创造性。为 7S 推进营造良好氛围，7S 管理的激励应坚持以正面激励为主。

1. 物质激励

7S 推进阶段，企业应设立 7S 专项奖励基金，用于对员工的奖励。7S 推进过程中的物质奖励主要包括检查评比奖励，提案改善奖励，征文、竞赛等宣传培训方面的奖励三个方面的内容。

（1）检查评比奖励。

物质奖励的主要内容是根据检查评比结果对优秀改善区域、改善创意、改善个人等进行的奖励。奖项的设计可以根据企业 7S 推进实际工作需要，一般设改善优秀区域奖，7S 优秀团队、优秀个人奖，优秀督导师奖，最佳看板奖，进步奖，改善创意奖等。

（2）提案改善奖励。

主要奖励 7S 推进过程中的小改善、小创意、小提案等，还包括节约课题、修旧利废等专项奖励。企业可以根据实际需要，探索建立相关奖励机制。

（3）征文、竞赛等宣传培训方面的奖励。

7S 推进过程中，企业可根据实际需要组织知识竞赛、征文比赛等宣传、培训方面的活动，配合活动开展设立一些奖项，以调动员工参与的积极性。

2. 精神激励

有效精神激励所起到的作用往往会大于物质激励，企业可以采取多种方式对员工进行精神激励。7S 推进过程中的精神激励主要包括荣誉激励、高层肯定、感情激励、示范挂牌、外训激励等。

（1）荣誉激励。

1）发放荣誉证书。在对最佳区域、最佳创意、最佳团队、优秀督导师、优秀团队和个人进行物质奖励的同时，颁发荣誉证书。

2）介绍改善经验。在评比表彰会上请优秀改善区域介绍改善成果，交流经验和感想。

3）张贴优秀改善个人和团队照片。在宣传栏、公司网站等张榜公布先进集体和个人的照片及其参与改善的精彩图片。

4）建立英雄榜。为积极参与7S改善活动，并获得成绩的专业负责人建立英雄榜，定期公布。

5）改善创意命名。以创意人的名字对优秀的小发明、小创意、小改善命名，激发员工的自豪感。

6）印发员工文字。及时收集、整理员工的7S感言、征文、投稿等，整理成册，印制发放。

（2）高层肯定。

1）当面肯定。7S推进委员会领导在7S推进过程中定期巡视现场，随时了解掌握员工的工作情况，发自内心地给予承认和肯定。

2）亲自授奖。企业最高领导参加7S阶段性成果发布会，亲自为员工颁奖，让员工感到自身工作受到重视。

（3）感情激励。

1）组织7S茶话会。企业高层主持召开茶话会，与员工畅谈7S区域打造后的变化与感受，与员工分享改善过程中的喜与乐。

2）组织员工家属参观样板区。邀请员工家属参观员工亲手打造的7S改善区域，让家属深入了解员工的工作环境，感受企业的文化氛围。

（4）示范挂牌。

在7S样板区挂总经理签名的荣誉牌，激励样板区继续保持和改善成果，发挥以点带面的作用，激励其他区域向样板区学习，营造"人人出谋划策，团队争创样板"的良好氛围。

（5）外训激励。

组织职工外出参观考察优秀企业，参加7S培训或相关管理培训，让员工开阔视野、丰富知识，进一步激发员工改善热情，提升自身素质，努力奉献企业。

四、总结阶段

（一）评价验收，总结表彰

7S活动推进期结束后，企业要组织对活动成果进行系统验收，对活动开展情况进行全面总结，为推进期过后纳入企业的常态化管理奠定良好的基础。

1. 改善区域的整体检查验收

改善区域的整体检查验收一般分自我评价和公司评价两个阶段。

自我评价是改善区域团队组织的内部检查和评价打分，主要目的是按照 7S 管理要求，从整理、整顿、清扫、清洁、素养、安全、节约的不同环节进行客观评价，检查活动整体开展情况，全面掌握自身存在的问题和不足，为下一步制订提升措施打下良好的基础。

公司评价是区域完成自我评价后，由 7S 推进办公室组织的公司级整体检查验收。公司检查小组由推进委员会成员、推进办公室成员，以及生产、办公、库房、后勤等各区域代表组成。检查范围包括各批次改善区域，检查内容除了对区域改善情况进行评价外，还要对区域 7S 管理体系建立情况、人员对 7S 的了解和认识、区域自我评价的开展情况等进行综合评价。

自我评价和公司评价结束后，推进办公室应及时撰写《7S 推进工作总结报告》，总结报告包括 7S 推进情况回顾、7S 推进取得的成果、推进阶段遗留的问题、下一步的工作打算等。

2. 表彰大会的召开

总结表彰会应在全面检查验收结束之后召开，由推进办公室组织，参加会议的人员包括企业中高层管理人员、7S 督导师、7S 区域负责人及部分员工代表。总结大会通常包括成果展示、员工代表发言、推进工作总结、领导颁奖、督导师点评、部门领导发言、公司主要领导总结等议程。

（1）成果展示。优秀改善区域代表将区域改善成果以 PPT、微电影等多种方式向参会人员进行展示。展示内容应包括 7S 对生产工作环境、员工行为素养、企业管理和效益等方面带来的变化。

（2）员工代表发言。从不同部门选择部分员工代表以讲故事的方式，讲述自己和 7S 的故事、身边的 7S 故事，畅谈自己的感受和收获。

（3）推进工作总结。推进办公室负责人对推进过程进行全面回顾总结，包括开展的重点活动、涌现出的先进事迹、存在的问题和下一步的工作打算等。汇报一般以 PPT 的形式进行。

（4）领导颁奖。推进委员会领导为获奖人员和获奖区域颁奖。表彰范围一般包括为推进工作做出突出贡献的个人、表现优异的团队、不断改善提升的区域等，图 3-14 为××公司表彰先进。

图 3-14 表彰先进

（5）督导师点评。由全程参与和负责 7S 活动推进的督导师从专业的角度对 7S 推进情况进行总体点评，指出工作亮点和创新，以及需要改进提升的地方。

（6）领导总结。公司 7S 推进委员会主任可以对活动整体开展情况进行总结和评价，对 7S 推进办公室及全体员工的积极参与表示感谢，对取得的成果表示祝贺，对下一步改善提升和常态化管理工作提出要求，也可以讲述对 7S 内涵的理解，提升员工对于 7S 管理的认识。

（二）汇总资料，完善制度

1. 资料的汇总整理

7S 推进过程中，推进办公室应及时汇总整理相关资料，防止过程中资料的遗失。活动结束后，应尽快组织相关人员收集整理推进过程资料，并对活动进行系统的回顾、总结和提炼，形成成果资料，具体内容如表 3-18 所示。

表 3-18　　　　　　　　　　　资料的汇总整理

资料分类		内　容
推进过程资料	计划总结类资料	推进方案；推进计划；阶段总结
	过程记载类资料	工作记录；会议纪要；专项活动资料
	培训宣传类资料	宣传期刊；宣传栏；宣传手册；培训计划、教材、总结等
	检查评比类资料	各区域的检查评分表发放和回收的红牌；整改通知书
推进成果资料	7S 推进纪实	推进过程和方法的总结回顾
	7S 宣传片	企业 7S 活动开展情况和取得成果的总结
	7S 员工征文作品	员工谈 7S 推进故事和体会
	提案改善案例汇总	员工小改善、小提案、小创意的汇总

2. 制度的完善规范

制度体系的建立对 7S 推进期过后的常态化管理阶段非常重要。企业应通过在 7S 推进期实践过程中的不断摸索、总结，形成一套相对完善的制度体系。一般包括《7S 常态化管理办法》《7S 检查评比实施办法》《7S 奖惩管理办法》《7S 督导师管理办法》《7S 小改善、小创意、小提案奖励办法》等。

第四节　推　进　要　诀

与其他管理活动一样，7S 的推进虽有诸多成功案例，但也不乏失败教训。通过实践总结出发电企业推进 7S 管理应重点把握六大要诀，具体见图 3-15。

1. 领导挂帅，亲力亲为

企业 7S 推进委员会领导必须对 7S 工作给予足够的重视，并亲自参与和做好以下工作：

（1）指明方向，配置资源。从公司战略规划角度出发对 7S 的活动目标进行准确定位，统筹协调配置人力、物力、财力等各项资源。

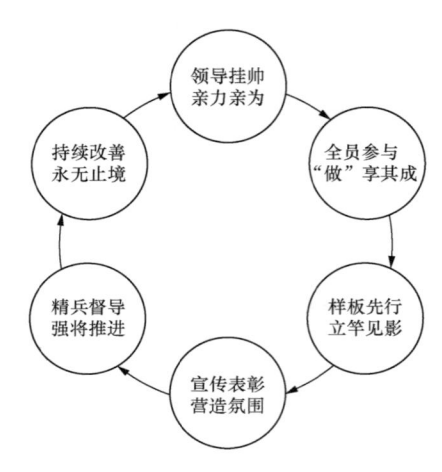

图 3-15　发电企业 7S 推进要诀

（2）坚强引领，广泛动员。公司最高领导必须在誓师大会上带领全体员工庄严宣誓，表明推进 7S 的决心，消除部分员工的疑虑和畏难情绪。

（3）深入现场，解决难题。公司 7S 推进委员会领导需经常深入现场指导、检查、观摩，给员工以慰问、关怀和鼓励，激发职工参与 7S 的热情，及时解决 7S 推进过程中遇到的重点和难点问题。

（4）率先垂范，以身作则。领导从自身做起，亲自动手做好身边的 7S，亲自参加 7S 例会，深入现场参与 7S 管理改善，为全体员工树立榜样。

2. 全员参与，"做"享其成

能否做到全员参与、自主动手改善环境是 7S 推进成功与否的关键，原因在于：

（1）7S 的推进不是个别部门或只是管理人员的工作，而是涉及企业的方方面面。一个人的力量是有限的，一个人发现的问题是有限的，一个人解决问题的办法也是有限的，只有把所有人的力量激发出来，7S 活动才能又好又快地推进。

（2）在 7S 推进过程中，始终强调员工自己动手改善，主要原因是员工亲自动手，用心血汗水换来的劳动成果，才能更加珍惜。

（3）7S 推进办公室与区域负责人形成良性互动，能激发参与者的积极性、创造力，打造更多的改善精品。如某公司在 7S 推进过程中，采取了约定式打造、承诺式打造方式，不但加快了 7S 的推进效率，而且保证了推进的质量。

3. 样板先行，立竿见影

为了保证 7S 推进的效率和效果，一般应先从样板区改善入手，主要原因是：

（1）发挥榜样的作用。推进初期，大多数员工对于 7S 怎么做和做成什么样完全不了解。这时，可以通过设立样板区、打造样板区，以鲜活的事例来说明 7S 改善方法和要求，给员工一个比较好的借鉴实例，使下一步的推进活动更容易开展。

（2）样板区的先行先试，可以让员工看到立竿见影的效果，激发员工的改善热情，形成比、学、赶、超的竞争氛围。

（3）样板区打造能够集中员工的力量和智慧，保证样板质量，然后以点带面，起到事半功倍的效果。

4. 宣传表彰，营造氛围

宣传培训和评比表彰能够保证 7S 推进力度、营造全员改善氛围，在 7S 推进过程中起着至关重要的作用。主要表现在：

（1）能够使员工理解企业为什么要推进 7S，明白 7S 该如何做。

（2）能够让员工看到 7S 对企业，对自身有实实在在的便利和好处，消除员工疑虑，减少抵触情绪,让 7S 推进更加顺畅。

(3) 能够营造良好的推进氛围,激发员工参与 7S 改善的热情。

5. 精兵督导,强将推进

推进办公室和督导师队伍是 7S 推进过程中非常重要的抓手,也是 7S 推进能否成功的关键因素之一。推进办公室和督导师成员应具备以下素质:

(1) 有热情——能够感染和带动身边的人,激励团队,营造富有激情的工作氛围。

(2) 有方法——善于说服他人、调动资源,能够统筹兼顾、高效工作,善于协调解决推进过程中遇到的问题和难点。

(3) 有韧劲——坚定信念、勇往直前。当工作遇到困难、进入疲劳期时,能够坚持目标和信念,保持前进的动力,给予员工更大的鞭策和激励。

6. 持续改善,永无止境

7S 改善过程是一个不断发现问题、不断解决问题的过程,所以 7S 管理只有开始,没有结束。

(1) 只有持续改善才能巩固 7S 成果。7S 推进期结束后将进入常态化管理阶段,只有总结推动过程的经验,提炼好的做法形成制度,固化下来,持续不断改善提升,才能使改善成果不付诸东流。

(2) 只有持续改善才能改变员工行为习惯。7S 管理都要经过"形式化"到"行事化",再到"习惯化"的过程,最终要帮助员工养成良好的习惯。推进期过后,一旦放松了 7S 管理要求,不能够定期检查、时常督促,员工很有可能会回到原来的工作状态。

(3) 只有持续改善才能使企业管理不断进步。7S 是一种基础管理手段,持续推进 7S 能够为企业推进其他管理方法奠定良好的基础,使企业管理不断完善,保持持续进步的惯性。

第四章

7S 推进典型工具

第一节 定点摄影法

一、定点摄影法的定义

定点摄影法是 7S 推进过程中必须使用的一种方法,是指对需要整理、整顿、清扫、清洁的设备及区域从同一位置、同一方向、同样高度在改善前和改善后分别摄影,以便清晰对比改善成效、跟踪改善进度的一种常用方法。

二、定点摄影法的作用

定点摄影法的作用主要体现在以下三点:
(1) 保存直观明了的影像资料,便于宣传;
(2) 改善前的照片可揭露问题和差距,督促责任者采取改善措施;
(3) 让员工看到改善前后的效果对比,使员工获得成就感从而形成更强的改善动力。

三、定点摄影照片的使用方法

(1) 将未进行改善或存在问题点的区域通过摄影照片张贴在宣传栏等醒目位置,标明存在的问题、责任者、拍摄时间等信息,也可以通过班组或部门之间照片的横向对比,使存在问题的责任者形成无形的整改压力。

(2) 将定点摄影照片冲印出来进行归纳对比,张贴在醒目位置并进行文字说明,让员工看到改善前后的巨大差异,激发员工的改善热情。图 4-1 为某设备改善前后对比图。

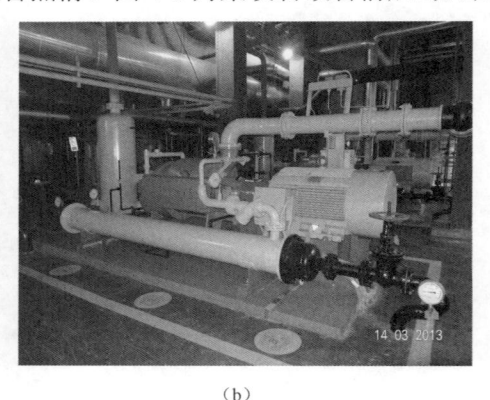

(a)　　　　　　　　　　(b)

图 4-1　设备改善前后对比
(a) 改善前照片;(b) 改善后照片

(3) 选择改善前后效果对比明显的照片可以作为范例直观地告诉其他员工应该怎样去做、如何去创新,形成竞赛氛围,调动员工的改善积极性。

四、定点摄影法的实施步骤

定点摄影法的实施一般分为四个步骤：

1. 首次取像

选择需要整改的问题点，选取合适拍摄角度及位置进行拍摄，并详细记录拍摄的位置和时间，所拍摄照片标明为"改善前"照片。

2. 公示问题点照片

将"改善前"照片公示在宣传栏等醒目位置中，并以相应的文字描述说明问题点所在的部门、负责人姓名、存在的问题和拍照的时间等，督促相关责任者进行整改。

3. 改善后取像

在问题点得到改善后，根据记录的取像位置，在同一位置进行取像，同时详细记录取像的位置和时间；第二次取像照片标明为"改善后"照片。

4. 公示改善前后的照片

将"改善前"和"改善后"的照片一同公示在宣传栏中，同时对问题点改善效果较好的责任者进行表彰。

五、定点摄影法的注意事项

拍摄时应注意以下问题：
（1）拍摄人员最好相对固定；
（2）拍摄最好使用同一相机；
（3）拍摄时的方向和角度要一致；
（4）改善前后两次拍摄要站在同一位置；
（5）拍摄时焦距要相同；
（6）拍摄时高度要相同；
（7）公示时采用彩色照片；
（8）公示时照片上要标明日期、责任者、存在的问题等信息；
（9）照片必须公示在醒目位置，能让全体员工看到；
（10）每次公布的问题点照片不宜过多，可以选取典型的问题点照片。

第二节 洗澡活动

一、洗澡活动的定义

洗澡活动是指在清扫初期阶段，全体员工对生产现场和岗位工作环境进行大扫除，对一些年久失修的地面、墙壁、门窗、天花板、柜架、设备设施等进行清洗、维修,使之焕然一新。

二、洗澡活动的作用

现场的清扫活动使其恢复原来清洁、干净的本色,对环境和设备的彻底清扫,通常被称为7S管理的"洗澡"活动。洗澡活动有以下几个方面的作用:

(1) 保持现场整洁,创造良好的工作环境,令人心情愉快;
(2) 保持设备清洁,提高设备可靠性,减少设备事故;
(3) 减少脏污环境对员工身体的影响;
(4) 减少生产伤害事故。

三、洗澡活动的实施方式

1. 定期洗澡

定期洗澡是以班组为单位,定期对作业区域进行彻底清扫。应根据清理难易程度、环境情况、设备状态确定清扫的周期。对于难打扫、环境差、不易保持的设备及系统,清扫周期要短,如制粉系统、润滑油系统等;对于易打扫、环境较好、易保持的设备及系统,清扫周期可以适当放长,如内冷水、氢气系统等。各厂可根据实际情况进行制订。图4-2列出了磨煤机罩壳内定期洗澡活动。

2. 专项洗澡

专项洗澡是企业根据工作需要,对某些特定区域进行专项卫生清扫。如发电厂机组大小修时,汽轮机揭缸抽出转子后,全体员工对转子的叶片进行洗澡打磨,清除锈蚀、汽蚀部分,并由生产技术部进行验收。汽轮机静叶片打磨去除锈蚀、汽蚀专项洗澡活动如图4-3所示。

图 4-2 磨煤机罩壳内定期洗澡活动

图 4-3 汽轮机静叶片打磨去除锈蚀、汽蚀专项洗澡活动

四、洗澡活动的内容

洗澡活动的内容主要包括修缮缝补、彻底清扫、污染源彻底治理三个方面。

1. 修缮缝补

在洗澡活动中，对于一些土建缺陷（如墙皮屋顶脱落、门窗脱开、玻璃损坏），以及设备表面缺陷（如油漆斑驳、外壳破损等问题），在清扫的同时，还要进行修缮处理，使其恢复原状。

2. 彻底清扫

洗澡活动中的清扫工作必须要彻底进行，目的是清除平时没发现或清扫不彻底的设备死角积油、积垢、积灰，恢复设备本色。对长期存在的油污、锈迹，应先清理干净再进行刷漆。洗澡活动中应重点检查的部位包括设备容易漏气、漏水的部位，以及设备的旋转、连接、操作部分。风机外壳及车间顶棚彻底洗澡活动如图 4-4 所示。

图 4-4 风机外壳及车间顶棚彻底洗澡活动

3. 污染源彻底治理

发电厂常见的污染源有灰尘、粉尘、烟尘、污水、噪声等，污染对设备和人身都有很大的伤害，容易导致设备故障、缩短使用寿命，甚至影响员工的健康。要从根本上杜绝污染，就必须及时发现污染源，并处理解决。

(1) 污染源的产生原因：

1) 管理不到位，未及时发现；

2) 技术或人力不足，难以立刻解决；

3) 维护资金不足，设备维修困难。

(2) 污染源的检查：

1) 重点检查油管、气管、汽管、水管、灰管的连接处；

2) 检查设备各部有无磨损，振动值是否在规定值内；

3) 检查设备轴承温度、电动机温度有无异常；

4) 检查操作部分、旋转部分、螺丝连接部分、动静部分有无松动和磨损；

5) 遇有恶劣天气、大风时，应提前做好露天煤场、灰坝、石膏库、散料场地的防风措施，防止扬尘造成污染。

(3) 污染源治理的对策：

1) 根据发现的危险源，及时制订防范治理措施；

2) 按计划要求，准备材料工具，安排实施整改。

××电厂局部污染源治理的对策参见表 4-1。

表 4-1　　　　　　　　　　　局部污染源治理的对策

产生的污染源	防 治 对 策
制粉系统泄漏	1. 粉管采用耐磨性能较好的材料，如耐磨陶瓷片、耐磨钢、碳化硅等材料，原煤仓内壁粘贴高分子聚乙烯耐磨材料； 2. 利用大小修期间检查制粉系统的管道、粉管，对于磨损较厉害的部位进行更换； 3. 发现有漏粉现象，确定漏点，立刻停止运行，联系检修及时处理； 4. 运行调整得当，防止因压力变化过大产生泄漏
煤场的扬尘	1. 煤场采用喷淋装置； 2. 尽量减少煤场倒短（煤场内的二次装卸）； 3. 大风天气时减少卸煤、上煤工作； 4. 煤场采用干煤棚、筒仓、挡风墙，不要露天堆放
卸灰时的扬尘	1. 放灰料口要与灰车对齐插入； 2. 卸灰设备有缺陷时，停止操作，待消除后方可进行
疏水系统泄漏	1. 疏水操作完毕，全开一次门，全关二次门，减少磨损造成的内漏； 2. 定期测量疏水门前后温度，门后温度较高时安排检修，及时消缺； 3. 及时检查阀门，并关闭严密
设备的跑冒滴漏	1. 运行人员加强巡检，检修人员对自己的设备区定期检查，发现漏点及时处理； 2. 对于难于处理的易漏部位，要制订改善方案，及时安排改造； 3. 对于油系统泄漏点要重点检查，及时处理并擦净，防止漏油引起火灾

五、洗澡活动的步骤

1. 确定对象

实施洗澡活动，首先要确定洗澡的对象及内容。例如针对一些生产区域或生产设备、库房、办公室，甚至一个抽屉等实施洗澡活动。

2. 制订计划

制订洗澡活动计划，应明确活动开展时间、参与人员及实施内容等。

（1）确定活动开展时间，一般尽量避开生产现场繁忙期；

（2）成立改善小组，确定参与人员；

（3）对清扫区域或任务进行划分，明确各区域洗澡活动的内容，并指定专人负责。

3. 准备资源

落实洗澡活动需要的工具，依据洗澡活动的对象，选择合适的清扫、修缮工具材料。

4. 组织实施

负责人依据清扫计划和任务，组织大家开始清扫工作。

5. 验收评价

工作结束后，进行检查验收，以便对洗澡活动效果进行评价。

六、洗澡活动的注意事项

1. 员工自主开展

洗澡活动应以员工自主开展为主。对于一些专业性强、难度高的工作，可请专业公司帮助作业。要注意做好员工和专业公司的安全意识教育，防止在洗澡活动过程中发生意外。员工自主开展洗澡活动有以下好处：

（1）随时随地处理，不必等待依靠；

（2）节省费用；

（3）自己动手，员工有很高的成就感和满足感；

（4）可提升员工技能，对设备更加熟悉和了解。

2. 做好检查验收

洗澡活动过程中，企业应制订专门的检查验收表，安排专人进行检查验收，对于存在的问题应及时指出并下达整改通知。对洗澡活动中验收不合格或未及时整改的区域，要进行处罚。

3. 找到污染源

开展洗澡活动不能只停留在表面，要重点检查和治理污染产生的源头，杜绝污染问题不断发生造成重复工作。

第三节 目视化管理

一、目视化管理的定义

目视化管理就是利用形象直观、色彩适宜的视觉感知信息，使所有员工能够直观地了解管理要求、作业状态及作业方法等，从而有序地组织生产活动，达到提高劳动效率的一种管理手段。

二、目视化管理的作用

发电厂生产现场应用目视化管理，能使员工尽快熟悉工作，减少异常和问题的发生，并及时针对问题制订相应对策。管理人员一进入现场就能看出问题的所在，及时下达指示或做出正确处置。所以，目视化管理也是一种通过彻底贯彻"信息共享"进行管理的沟通语言。

三、目视化管理的特点

1. 使管理变得更简单

目视化以视觉信号显示为基本方法，用员工都能看得见、看得懂的方式生动地展示管理要求，降低了管理难度，提升了管理效果。

2. 使管理要求更加明确

目视化管理帮助管理者以更加公开、透明的方式表达管理要求，是实现员工自主管理、自主控制的有效手段。

3. 有利于管理沟通

现场工作人员可以通过目视化方式，将自己的建议、成果、感想展示出来，与管理者和同事进行沟通交流。

所以说，目视化管理是一种以公开化和视觉显示为特征的管理方式，也可称为"看得见的管理"和"一目了然的管理"，这种管理方式可以应用于发电企业各项管理领域当中。

四、目视化管理的三级水准

（1）初级水准：谁都能明白现在处于什么状态。
（2）中级水准：谁都能够判断是否正常。
（3）高级水准：谁都能够知道如何操作。

图 4-5 为目视化管理三级水准效果示意，初级水准仅能对物品进行简单排序和摆放；中级水准能在初级水准的基础上还对物品进行分类、数量统计和定位；高级水准能在中级水准的基础上又对物品进行安全库存量规范，并对管理要求和流程进行明确。

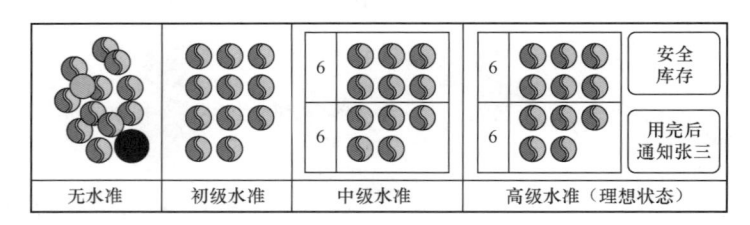

图 4-5　目视化管理的三级水准效果示意

五、目视化管理的主要方法

（一）看板目视化管理法

看板目视化管理法是一种将管理信息、宣传内容等通过各类看板揭示出来，使管理状态众人皆知的管理方法。看板能够清晰直观地展示企业各项工作状态，对提高工作效率具有非常重要的意义。看板主要分为管理看板和宣传看板两类。

1. 管理看板

管理看板主要分为设备管理看板、操作方法看板、工作（操作）流程看板、班组管理看板、培训看板等。

（1）设备管理看板（示例见图 4-6）。

设备管理看板主要是针对生产现场的主要设备及其他辅机设备，利用看板的形式，将点检信息等进行展示，从而有利于员工按标准进行作业。管理看板一般应包含点检内容、点检路线、点检标准、点检周期、点检点等内容，并将看板布置于设备本体附近明显位置。

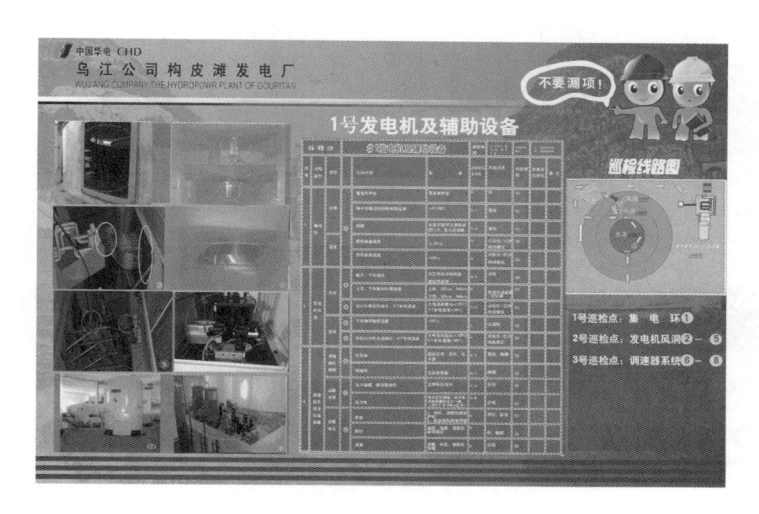

图 4-6 设备管理看板

（2）操作方法看板（示例见图 4-7）。

操作方法看板就是针对一些特定操作，用看板的形式将操作方法用示意图展示出来，让员工能够按照标准操作要求进行操作，避免出现差错。

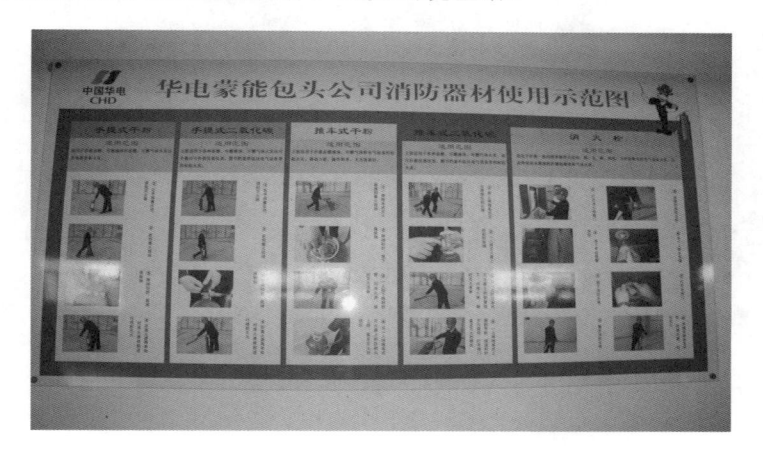

图 4-7 操作方法看板

（3）工作（操作）流程看板（示例见图 4-8）。

工作流程看板就是针对一些常用工作、操作流程，用看板的形式将流程的各个环节及注意事项等信息进行展示，是有利于员工执行的一种看板形式。

（4）班组管理看板（示例见图 4-9）。

班组管理看板就是班组将组织机构、工作计划、通知、培训内容、人员去向、员工文苑、7S 管理等信息用看板的形式进行展示的一种手段。班组管理看板一般布置在班组办公室、值班室内明显位置，看板应设负责人，定期进行维护及内容更新。

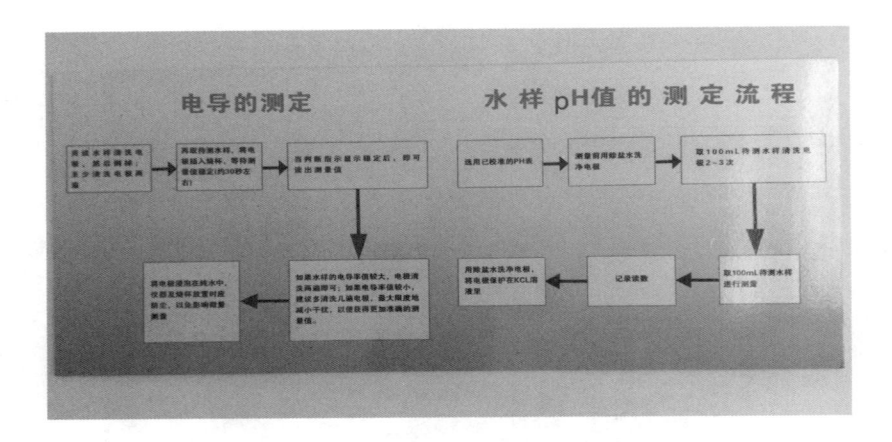

图 4-8　工作流程看板

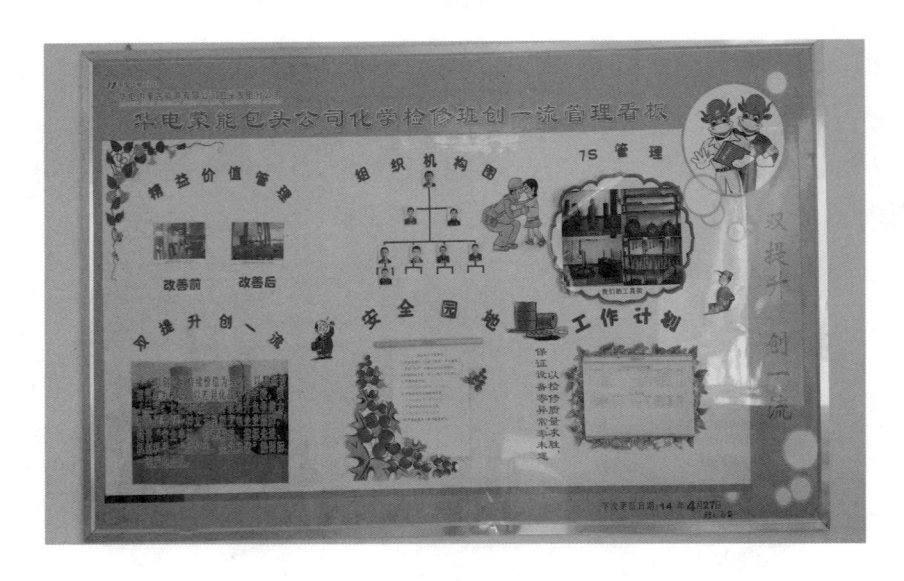

图 4-9　班组管理看板

(5) 培训看板（示例见图 4-10）。

培训看板主要是用于班组或部门进行培训管理和展示的一种看板，一般包括培训讲课通知、培训考试通知、具体培训内容张贴等。

2. 宣传看板

宣传看板是用于各种宣传内容展示的一种看板形式，例如文化宣传看板、企业管理宣传看板、改善成果宣传看板等。

(1) 文化宣传看板（示例见图 4-11）。

文化宣传看板是用于进行各种文化宣传展示的一种看板，如企业文化、部门文化、班组文化、安全文化、廉洁文化等宣传看板。

图 4-10　培训看板

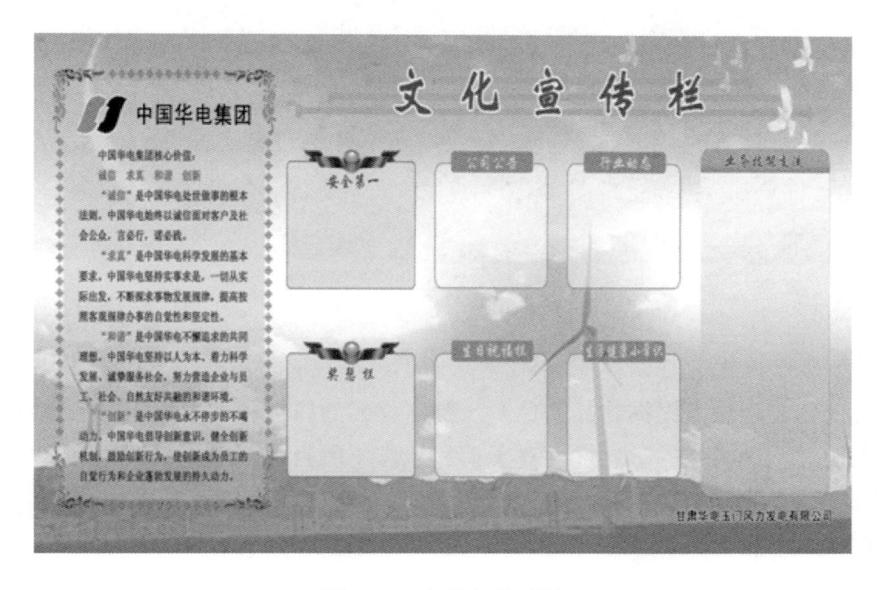

图 4-11　文化宣传看板

（2）企业管理宣传看板（示例见图 4-12）。

企业管理宣传看板主要用于企业各项管理工作的宣传和展示，例如精益价值管理宣传看板、7S 管理宣传看板、"创一流"宣传看板等。

（3）改善成果宣传看板（示例见图 4-13）。

改善成果宣传看板就是企业、部门或班组对各项改善成果进行宣传和展示的看板，例如损耗改善成果宣传看板、流程改善成果宣传看板、7S 改善成果宣传看板等。

图 4-12 企业管理宣传看板

图 4-13 改善成果看板

（二）色彩目视化管理法

色彩目视化管理法是根据物品的色彩来判定物品的属性和使用状态的一种管理手法。它利用了人们对颜色天生的敏感性，对于调和工作场所氛围，消除单调感有着非常重要的作用。

1. 各种颜色的含义

（1）红色：由于红色很醒目，易使人们在心理上产生兴奋、刺激感，瞩目性非常高，较容易辨认，因此用其表示危险、禁止和紧急停止的信号。

（2）蓝色：蓝色表示指令及必须遵守的规定。虽然它的醒目程度与可识别性不太好，但与白色相配合，使用效果不错。

（3）黄色：表示警告、注意。因为它对人眼能产生比红色更高的明亮度，黄色与黑色组成的条纹是可识别性最高的色彩，特别能引起人们的注意。

（4）绿色：绿色表示提示、安全状态。虽然它的可识别性和醒目性不高，但却具有和平、永远、生长、安全等效应，所以用绿色表示安全信息。

2. 生产车间颜色管理

（1）目的：对现场进行颜色管理，使现场规范化。

（2）对象：生产车间所有工作场所。

（3）措施：①按管理要求在相应的地方刷不同颜色的油漆；②画线的具体形状可参照表 4-2。

表 4-2　　　　　　　　　　生产现场各种 7S 管理线型及颜色管理

适用项目	规格（mm）	线型	基准颜色
主通道	100	实线	
一般区域线	50	实线	
辅助通道线	50	实线	
设备定位线	50	实线	
开门线	50	虚线	
周转区域线	50	实线	
不合格品区	50	实线	
化学品区	50	实线	
消防区	50	实线	
配电柜区	间隔 100/45°	实线	
危险区域	间隔 100/45°	实线	
待检区	50	实线	
合格区	50	实线	
人行通道	—	实线	
安全区域	—	实线	

3. 各种管道颜色管理

（1）目的：管道内流体可视化，预知管道危险性，预防事故发生，提高管道维护的效率。

（2）对象：所有管道，包括气体和液体管道。

（3）措施：①管道颜色与标注文字颜色见表 4-3；②未尽之介质及涂刷规则按照《工业管道的基本识别色》（GB 7231—2003）执行。

表 4-3　　　　　　　　　　管 道 颜 色 管 理

序号	介质名称	涂　色	管道注字名称	注字颜色
1	工业水	绿	工业水	白
2	消防水	红	消防水	白
3	压缩空气	深蓝	压缩空气	白

续表

序号	介质名称	涂色	管道注字名称	注字颜色
4	氧气	天蓝	氧气	黑
5	氮气	黄	低压氮/高压氮	黑
6	氩气	灰	氩气	白

4. 色彩目视化管理的其他应用

色彩目视化管理还可以运用到企业管理的其他方面，例如通过对工作服和安全帽颜色不同来区分员工所在部门及工种（见图4-14）。

（三）定置目视化管理法

定置目视化管理法就是将物品按照定置管理要求进行定置和定位摆放，并通过定置、定位、形迹标识等对摆放位置进行目视化提示、指示的一种管理方法。定置目视化管理可分为区域定置目视化管理和物品定置目视化管理。

（1）区域定置目视化管理示例见图4-15。

图4-14　色彩目视化管理的其他应用

图4-15　区域定置目视化管理

（2）物品定置目视化管理示例见图4-16。

（四）标识目视化管理法

标识目视化管理是指在企业生产过程中，为了便于管理、提高效率及减少安全隐患而在相应的岗位或区域设立各种目视化标识，便于规范管理。标识目视化管理通常分为提示、指示类，指引、引导类，警告类，禁止类四种。

（1）提示、指示类标识目视化示例见图4-17。

（2）指引、引导类标识目视化示例见图4-18。

（3）警告类标识目视化示例见图4-19。

（4）禁止类标识目视化示例见图4-20。

图 4-16 物品定置目视化管理

图 4-17 提示、指示类标识目视化

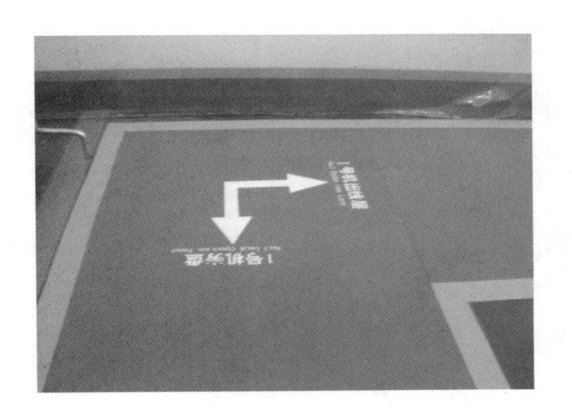

图 4-18 指引、引导类标识目视化

图 4-19 警告类标识目视化

图 4-20 禁止类标识目视化

六、目视化管理的注意事项

1. 统一原则

统一的目的是消除在目视化管理活动中由于不必要的多样化而造成的混乱和误解,为 7S 管理活动建立共同遵守的秩序。如安全标志和警示标志及其设置,必须遵守国家标准和行业标准;另外,同一企业的标识规格尺寸也要统一,颜色也要与标识的内容相一致,如红色代表不合格品区,绿色代表合格品区等。

2. 鲜明原则

在设置各种视觉显示信号时,一定要事先界定有效的目视范围,其标识字符、主体物及其载体的颜色要鲜明并协调;字体、字号在选择上要适宜;高度一般以与普通人的眼睛相齐为宜;距离可根据现场的实际空间设定最佳的目视距离。

3. 简约原则

各种视觉显示信号应易懂,一目了然。如交通路口的信号灯,红灯停、绿灯行。还有一些标识使用形象的图形,应便于理解领会,不会产生歧义。

4. 实用原则

在实施目视化管理过程中,要注意在考虑美观的同时兼顾成本,不要脱离实际,不做表面文章,尽量让员工自己动手,根据实际需要设计制作。

第四节 红 牌 作 战

红牌是一种资格,是一种荣誉,代表着区域已经完成创建,并验收合格,进入了保持改善阶段。只有已进行 7S 创建、效果显著的区域,才有资格进入红牌作战。

一、红牌作战的含义

"红牌作战"是采用红色纸张制作 7S 管理问题揭示卡,对改善区域各个角落的问题点加以发掘,并限期整改的方法,是提升和保持 7S 改善成果的有效手段之一。

使用红色的主要原因是:红色醒目,便于与普通卡片区别开,以引起管理者及责任人注意,起到目视化管理的作用;红色有禁止、故障的含义,意指被贴上红牌的物品、区域有不符合项。

二、红牌作战的实施对象和要点

1. 实施的前提条件

(1) 实施区域已完成 7S 创建,无脏乱差现象;

(2) 实施区域基本符合"三定""三要素"要求;

（3）本区域的督导师及团队成员基本找不到问题了，有希望借助"外人"的眼光来提升本区域7S管理水平的意愿。

2. 实施对象

（1）区域内任何不满足"三定""三要素"要求的。

（2）工作场所的不要物。

（3）需要改善的事、地、物：①超出期限者（包括过期的看板、通知、计划）；②破损老化者（如损坏的瓷砖、油漆、7S标识）；③状态不明者（如库存量不确定、表计范围不明确）；④物品混杂者（存放物规格或状态混杂）；⑤不常用的东西（不用又舍不得丢的物品）；⑥过多的东西（虽要使用但过多）。

（4）有泄漏、渗漏点的设备、管道。

（5）卫生死角。

（6）存在安全隐患的所有问题点。

3. 实施人员

7S推进办公室成员、7S督导师、区域负责人等。

4. 实施要点

（1）用挑剔的眼光看。

（2）像"魔鬼"一样严厉地贴。

（3）请勿贴在人身上。

（4）如果有犹豫，请贴上红牌。

5. 实施周期

红牌实施频率不宜过于频繁，7S推进期、常态化管理期的实施频率有所不同，某厂红牌实施周期见表4-4。

表4-4　　　　　　　　　　　红牌实施周期

实施阶段/方式	实施频率
7S导入初期	每周循环进行1次
7S推进中期	每两周循环进行1次
常态化管理期	每月循环进行1次
专项红牌作战	随时进行

整改时间一般以一周为最长期限，明显的安全问题应重点限期整改，涉及设备改造的整改可根据实际情况进行调整。

三、红牌作战的实施步骤

1. 红牌作战的方法培训

（1）成员：全员。

（2）培训重点：

1）红牌不是罚单，是帮助7S管理保持提升的目视化管理工具；

2）不要隐藏问题、制造假象；

3）按红牌时间完成整改项目；

4）整改遇到困难要及时提出。

2. 到现场进行红牌作战

（1）可以小组为单位开展，一般3～5人/组为宜，也可单独开展，如图4-21所示；

（2）逢门必进，逢锁必开，从外到里逐点进行巡查；

（3）从细微处进行核查；

（4）按物品状态对标识进行核查。

图4-21 红牌作战情景

3. 给红牌编写管理序号记录问题点

可采取二级管理方法：

（1）公司级编写方法——公司简称+年+月+序号

例： HD　2014　02　001

　　　公司简称　年份　月份　序号

（2）按部门编写方法——部门简称+年+月+序号

例： WX　2014　02　001

　　　维修部　年份　月份　序号

4. 挂红牌（见图4-22）

（1）红牌要挂在引人注目处，并通知现场责任人；

（2）不要让现场责任人自己贴。

5. 红牌发放和记录

（1）红牌主要包括以下内容：

1）红牌发放人填写：红牌编号、责任区域、责任人、场所、发放人签名、发放日期、要求完成日期。

2）整改人填写：整改措施、完成日期、整改人签名。

3）推进办公室填写：效果确认、验收日期、验收人签名。

具体填写样票可参见图4-23。

图4-22 现场挂红牌

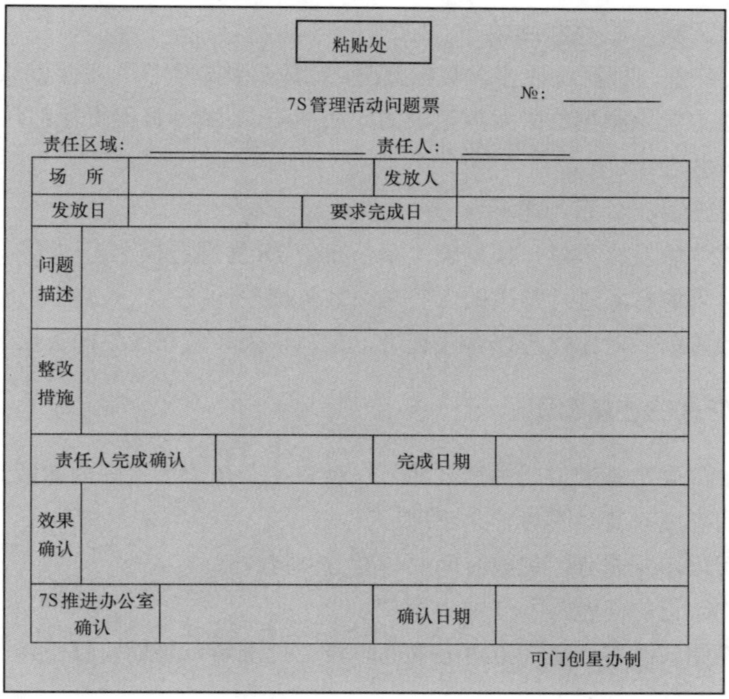

```
                ┌──────┐
                │ 粘贴处│
                └──────┘
            7S管理活动问题票        №：_____

   责任区域：_____  责任人：_____
   ┌──────┬────────────┬────────┬──────────┐
   │ 场 所 │            │ 发放人 │          │
   ├──────┼────────────┼────────┼──────────┤
   │ 发放日│            │要求完成日│        │
   ├──────┼─────────────────────────────────┤
   │ 问题 │                                  │
   │ 描述 │                                  │
   ├──────┼─────────────────────────────────┤
   │ 整改 │                                  │
   │ 措施 │                                  │
   ├──────┼────────────┬────────┬──────────┤
   │责任人完成确认│     │完成日期│          │
   ├──────┼─────────────────────────────────┤
   │ 效果 │                                  │
   │ 确认 │                                  │
   ├──────┼────────────┬────────┬──────────┤
   │7S推进办公室│      │确认日期│          │
   │  确认    │        │        │          │
   └──────┴────────────┴────────┴──────────┘
                              可门创星办制
```

图 4-23　某公司红牌样票

（2）在红牌发放、回收登记表上记录红牌发行状况，并由发放人、验收人签字确认。红牌发放回收登记表见表 4-5。

表 4-5　　　　　　　　　　　红牌发放回收登记表

部门：						第　页，共　页
红牌序号	主要问题点	发放日期	要求完成日期	红牌责任人	回收确认	回收日期
处理流程：红牌发放、张贴→记录表填写→责任人认可→对策实施→发放者确认→红牌回收。						
					责任人确认：	

6. 红牌的实施、跟踪和回收

（1）红牌责任部门根据整改要求实施整改，完成后整改责任人签字确认，通知发放人；

（2）7S推进办公室根据红牌发放记录的完成期限，跟踪、督促责任部门及时完成整改，回收已完成红牌并登记。

7. 红牌实施情况公布与考核

（1）将每次红牌发行数量、按期整改率公布于7S管理看板上；

（2）对无合理解释不进行整改的，应与绩效考核挂钩；

（3）可将改善前后对比以摄影方式记录下来，作为经验和成果向大家展示。

四、红牌作战的注意事项

（1）一定要向全员强调说明被挂红牌是一种资格，是为了巩固创建期间的劳动成果，让员工以正确的态度对待，不可置之不理；

（2）挂红牌理由要充分，完成时间要与对方商讨；

（3）能立刻改正的问题不发红牌；

（4）未如期完成改善，需向推进办书面报告，批准后可延期验收，否则按照制度进行考核；

（5）要妥善保管红牌，丢失红牌，按照制度进行考核。

第五节　全员生产性维护（TPM）

一、TPM的含义

1. TPM的定义

全员生产性维护（Total Productive Maintenance，TPM）起源于美国的生产性维护（PM），成形、发展于日本，并于1971年在日本被正式提出，最后走向全世界。TPM是以提高设备综合效率为目标、以全体员工共同参与为基础、以设备综合效率最大化为目标的设备保养和维修管理体系。TPM致力于建立彻底的预防维修体制，使设备生产潜力得到最大化发挥。设备管理是发电企业管理的最重要内容之一，推行TPM，可以全面提升设备效率，为企业增加利润。

2. TPM的本质

（1）以最大限度提高设备综合效率为目标；

（2）以"7S管理活动"为基础；

（3）以总经理到一线员工的全体成员为主体；

（4）以相互连接的小组活动为形式；

（5）以设备为切入点进行思考；

（6）形成系统有效的设备管理体系。

TPM 强调的是全员参与，以小组活动为形式，通过开展 7S 活动、课题改善、自主维护、单点教育等活动，改善工作环境，减少设备故障，培养多技能复合型员工，使设备性能达到最优。

3. TPM 与 7S 的关系

7S 管理是生产现场的重要管理手段，它通过设备清扫、污染源防治，发现并消除生产现场及设备的微小缺陷，提高设备健康水平。同时 7S 还能提升员工素养，使员工养成工作认真、精细操作的好习惯，提高设备专业点检、保养、维修水平。TPM 是通过改善学习方法、制作方法、使用方法、维修方法，建立一套完整的体系，来追求设备最高的生产效率。

二、TPM 对发电企业的作用

（1）提升设备管理水平，减少浪费，降低成本，提高设备稳定性；

（2）通过清扫来提高员工对设备的认知，使员工体会"清扫是检查""清扫是点检"；

（3）通过改善制作方法、使用方法、维护方法，追求更高的生产效率；

（4）彻底去除设备污垢，使潜在微小缺陷显形并彻底消除；

（5）提高员工发现和解决问题的能力，改善员工的工作参与意识。

三、发电企业推行 TPM 三步骤

发电企业推行 TPM，可分为把握设备现状、故障分析及改善、建立标准化及保全基准书三个步骤。

1. 步骤一：把握设备现状

（1）设备责任到人。强化员工责任意识，分工明确，每台设备都应明确责任人，确保每台设备状况都可控、在控。以某发电企业为例，介绍该企业责任设备一览表见表 4-6。

表 4-6　　　　　　　　　　某发电企业责任设备一览表

序号	负责系统名称	系统包含设备	负责人
1	制粉系统	1 号炉 A～F 磨煤机及给煤机	×××
2		2 号炉 A～F 磨煤机及给煤机	×××
3	除灰系统	1、2 号炉捞渣机、炉底排污泵及附属油站、溢流水泵及工业水补水管道阀门	×××
4		1、2 号炉电除尘、高效浓缩机、1～3 号灰库、浓缩机的提升泵、回用泵、排污泵	×××
5	转机设备	1、2 号炉送风机、密封风机、等离子冷却水泵、暖风器疏水泵及附属油站、冷却水系统、风道隔绝门、调节阀	×××
6		1、2 号炉一次风机、厂用空压机	×××

续表

序号	负责系统名称	系统包含设备	负责人
7	转机设备	1、2号炉空气预热器、火检风机、等离子冷却风机	×××
8		1、2号炉引风机、输灰空压机、干燥机及旁边气化风机	×××
9	汽水系统 燃烧系统	1、2号炉0m及17m暖汽、暖风器管道、阀门、高辅联箱、输粉管道	×××
10		1、2号炉燃油系统、取样门、7S库房	×××
11		1、2号炉汽包、水位计、再热器、省煤器、过热器、主给水、减温水系统、管道及阀门以及17m以上炉水泵、等离子燃烧器、喷燃器、油枪、放气门	×××

（2）制定设备评价标准。制定"设备评价管理办法"及"设备完好率考核标准"，每月对设备责任人进行考核，督促设备责任人进一步加强对设备的管理。

以下为某发电企业制定的"设备评价管理及考核办法"，考评小组人员可依据该办法，检查各班组管辖的现场设备 7S 管理、检修记录、缺陷管理、安全曝光照片、设备资料等10项内容，对设备责任人进行考核。

【示例】　　　某发电企业设备评价管理及考核办法

为了提高设备维护部各专业的设备管理水平，保证设备的安全经济运行，特制定本管理办法。

1　设备管理评价领导小组：

　　组长：×××

　　副组长：××　×××（常务）

　　组员：×××　×××　×××

　　设备维护部成员：×××、×××、×××、×××、×××、×××、×××、×××。

2　设备管理评价原则：

2.1　评价分为汽轮机、锅炉、电气一次、电气二次、热控、化学、燃料、脱硫、吹灰、综合、翻车机十一个班组。

2.2　部门通过检查和月底的消缺、异常等，综合评价每个班组的设备治理状况，根据班组的排名，处罚后两名，奖励前两名。班组得分低于80分的退出本月考评。

2.3　部门评分标准：

2.3.1　现场设备7S（20分）：以部门检查为主，每条问题扣1分，比较重大和无故不及时整改的每条扣2分。

2.3.2　曝光照片（10分）：以曝光照片为主，每处扣1分，情节严重的扣3分。领导晨会点名批评的现场缺陷每条扣2分。

2.3.3　缺陷管理（30分）：消缺率低于90%，扣10分；消缺率为90%~95%扣5分；消缺率在95%以上不扣分；重复缺陷、确认超时、处理超期、未分类的缺陷每发生一条扣1分。

2.3.4 主要辅机退备、限负荷（10分）：限负荷50MW以下扣1分，限负荷50~100MW扣2分，限负荷100~200MW扣5分，限负荷200MW以上扣10分；主辅机退备一次扣2分（即退备又限负荷以扣分高的计算）。

2.3.5 异常、障碍（20分）：异常一次扣2分，二类障碍扣5分，一类障碍扣20分。

2.3.6 检修记录（10分）：对检修记录不全或不及时的每次扣2分。

2.3.7 加分项：消缺率高于部门平均消缺率的加2分，缺陷数量每月超过50条的加1分，超过100条加2分；每月没有消缺流转不及时的加1分；突发事件抢修的每次视工作量加1~3分（由主任确定）。

2.4 各专业将管辖所有设备按系统合理分配，并根据班组人员情况明确分工到人。要求每个系统包含的设备详细列明。

2.5 班组对每个系统制定设备完好率考核评分标准，每套系统100分，其中设备外观20分、润滑15分、设备基础5分、紧固10分、完整性5分、声音振动10分、发生主要缺陷10分、安全曝光照片10分、费用及备品5分、资料10分。

2.6 日常由评价小组人员不定期现场检查，累积检查情况并记录，月底根据部门排名和班组对各系统设备打分，并综合考虑安全曝光照片数量和费用使用情况、备件准备情况出评价结果，报公司领导审批。

2.7 经过部门和班组的立体设备评价结果，按班组排前四名的系统奖励，后两名扣罚；吹灰、综合、翻车机专业前两名奖励，后一名扣罚。

2.8 要求受奖系统设备主人拿奖励的50%，其余部分由专业考评人分配。扣罚部分必须由设备主人单独承担。

3 班组设备评价标准：

3.1 设备外观（20分）：

3.1.1 表面清洁，无跑冒滴漏现象，密封允许有少量渗漏，但不允许甩出。（4分）

3.1.2 固定结合面、阀门及油标等不应有油迹。运动部位允许有油迹，但擦干后在3分钟不见油，30分钟不成滴，非密闭运动部件润滑油脂不得甩到其他部件和基础上。（4分）

3.1.3 设备的表面应涂防锈漆和面漆，脱落油漆的部位应及时地补漆。（4分）

3.1.4 设备各部位无裂纹，无变形，无腐蚀，无缺损。（4分）

3.1.5 设备7S标识齐全。（4分）

3.2 润滑（15分）：

3.2.1 润滑油/脂牌号及油位符合说明书要求，油质要求清澈，无泡沫，无杂质，无乳化及析皂现象；润滑油位在上下油标线范围之内。（5分）

3.2.2 定期给油脂工作按计划执行。（10分）

3.3 设备基础（5分）：

3.3.1 基础要求无裂纹，无缺损。（2分）

3.3.2　要保持清洁卫生，没有积污。（1分）

3.3.3　露出螺栓长短合适，无滑丝现象，无锈蚀现象，与底座螺孔位置无相错。（2分）

3.4　紧固（10分）：

3.4.1　紧固用的螺栓、螺母、垫圈等齐全、紧固、无锈蚀。

3.4.2　同一部位的螺栓、螺母规格一致。平垫、弹簧垫的规格应与螺栓的直径相符。紧固用的螺栓、螺母应有防松装置。

3.4.3　用螺栓紧固不透眼螺孔的部位，紧固后螺纹孔深度大于螺栓螺杆3～5mm。螺栓拧入螺孔的长度应不小于螺栓的直径，铸铁、铜、铝件不应小于螺栓直径的1.5倍。

3.4.4　螺母紧固后，螺栓螺纹应露出螺母1～3个螺距，不得在螺母下面加多余的垫圈以减少螺栓伸出长度。

3.4.5　紧固在护圈内的螺栓或螺母，其上端平面不得超出护圈高度，并需专用工具才能松、紧。

3.5　完整性（5分）：各零部件完整，无缺损。保温无缺失、松脱，无严重锈蚀。

3.6　声音振动（10分）：各处无异声，无杂音。振动值不超标。

3.7　发生主要缺陷（10分）：影响安全稳定运行和出力的缺陷为主要缺陷。

3.8　安全曝光照片（10分）：每月由安全专工统计各专业安健环部曝光照片数量，根据数量多少和整改闭环情况为系统打分。

3.9　费用控制及备件管理（5分）：每月由统计员统计各专业维护费用使用情况，对使用费用较高设备扣分。除突发事件或特殊检修外，正常检修所需备件及工具或常用备品不允许缺少。

3.10　资料（10分）：

3.10.1　配有厂家说明书和图纸资料，检修用文件齐全。

3.10.2　设备台账要及时更新完善，检修记录、维护保养记录按规定及时登录，对漏记或记录不规范设备扣分。

3.10.3　个人培训记录认真填写，要求工整、真实。

3.11　以上评分项目每处不合格扣1分，每单项扣完为止。

3.12　其他因素：其他部门意见、领导检查意见为打分重要因素。

3.13　根据现场实际情况，设备评价实现动态调整，每一个阶段侧重点不同，部门主任及时调整评价侧重点并告知专业，达到不断提高的目的。

3.14　专业对奖惩结果二次分配时结合每个系统得分情况进行，要做到公平、公正，落实到设备负责人。

3.15　要求评价人客观认真地进行评价，如评价结果与现场实际情况相差很大，扣回本专业当月奖励，取消下月评比资格。

3.16　所有评价统计时间为每月最后一天，各专业将各系统设备完好率考核评分标准打分表交部门主任，设备部主任和各专业负责人根据评价原则评比，将评比结果报生技部和公司领导审批。各专业评比结果和扣分因素公示下发各专业及班组，以备下个月总结提高。

4　附则：

　　本制度由设备维护部起草，由部门主任负责解释，本制度自××年××月××日起实施。

表 4-7 为某发电企业制定的"磨煤机设备完好率考核评分标准"，考评小组人员可依据该表对磨煤机负责人进行考评打分（见表 4-8）。

表 4-7　　　　　某发电企业磨煤机设备完好率考核评分标准

设备名称	项目	标准分数	完　好　标　准	扣分标准	扣除分数
磨煤机（共100分）	清洁	8	设备基础及表面清洁，无油污等黏附物	每处不合格扣 1 分	
			设备表面应涂防锈漆，各处防锈漆脱落应及时补上，并颜色与出厂颜色一致	每处不合格扣 1 分	
	附属设备	18	主减速机无杂音，温升不超过 35℃，实际温度不超过 70℃，振动不超过 3.5mm/s	每项不合格扣 2 分	
			主电机无杂音，温升不超过 35℃，实际温度不超过 75℃，振动不超过 3.5mm/s，长期运行电流不能低于额定电流的 90%	每项不合格扣 2 分	
			分离器运转平稳，无异声，振动不大于 3.0mm/s；热风隔绝门关闭分离器温度不得超过 100℃	每项不合格扣 1 分	
	液压油站	10	泵体密封性能良好，不漏液；泵运转无异常声音及振动	每处不合格扣 1 分	
			油路完好、畅通，管道接口连接可靠，不漏油。油箱内油量在规定范围内，液压油箱内应加入清洁的符合说明书要求的液压油，油路完好、畅通，管道接口连接可靠，不漏油，各仪表显示压力、温度正常	每处不合格扣 1 分	
	紧固	8	螺栓、螺母、垫圈齐全，连接紧固；螺母紧固后，螺栓螺纹应露出螺母 1~3 个螺距，并需专用工具才能松紧	每处不合格扣 2 分；螺栓松动、滑丝扣 5 分	
	润滑	16	润滑油牌号符合说明书要求，油质清澈，无杂质，无乳化、析皂现象，油位在油位镜的上下线范围之内	每处不合格扣 2 分，润滑油牌号不符合设计要求扣 16 分	
			润滑油路完好、畅通，管道接口连接可靠，不漏油		
			润滑油泵运转无异声及振动，滤油器完好畅通，换热器能够达到良好的换热效果		
			各仪表指示准确，各附属设备排放整齐，固定牢固		
	防护罩	8	防护罩结实、固定牢固，防护罩径向距离对轮 3~5cm，轴向两边分别漏出轴长 3~5cm 为宜	每处不合格扣 2 分	
	参数	8	产量能够达到设计要求，出料细度能够满足工艺要求	每项不合格扣 4 分	
	完整性	8	设备各部零部件齐全，各部无变形及裂纹等缺损现象，设备标识齐全	每处不合格扣 2 分	

续表

设备名称	项目	标准分数	完 好 标 准	扣分标准	扣除分数
磨煤机（共100分）	其他	8	磨煤机运转正常，无异常噪声，润滑油站温度小于65℃，润滑油振动小于0.05mm，润滑油滤网前后压差不大于0.1MPa，液压油泵振动小于0.05mm	不合格扣3分	
	资料	8	配有说明书、机械系统图及电气系统图，存有检修及润滑记录	每缺一项扣1分	

表4-8　　　　　　　　某发电企业磨煤机设备评价汇总

奖惩	名次	设备评价范围	负责人	得分	奖惩金额	奖惩总额
奖励	第一名	1、2号炉送风机、密封风机、等离子冷却水泵、暖风器疏水泵及附属油站、冷却水系统及风道隔绝门、调门、出入口烟风道、挡板、电机油站		94		
	第二名	2号炉D~F磨煤机及给煤机。磨煤机包括磨煤机本体、稀油站、高压油站、密封风管路；给煤机包括给煤机本体、圆煤斗、落煤管、入口插板门		93		
	第三名	1号炉A~C磨煤机及给煤机。磨煤机包括磨煤机本体、稀油站、高压油站、密封风管路；给煤机包括给煤机本体、圆煤斗、落煤管、入口插板门		91		
	第四名	2号炉捞渣机、炉底排污泵及附属油站、溢流水泵及工业水补水管道阀门、灰库搅拌机、布袋除尘器		89		
罚扣	倒数第二名	2号炉引风机、仪用D~F空压机、干燥机及灰库旁气化风机、出入口烟风道及挡板、电机油站		85		
	最后一名	1号炉捞渣机、炉底排污泵及附属油站、溢流水泵及工业水补水管道阀门、灰库内的搅拌机、布袋除尘器		83		

（3）查找不合理项。设备的微缺陷、污染发生源、清扫点检困难源、不安全部位等，称为设备的不合理项。不合理项主要表现在设备系统泄漏、内部清理困难、通气平衡孔堵塞、保护罩脱落、设备积水积油等方面。查找设备不合理项时，设备责任人要对设备进行彻底清扫，查找出设备存在的不合理项，分析出导致不合理的原因，制订消除和改善策略，为提升设备管理运行水平指明方向。某发电企业锅炉班查找出的设备不合理项示例见表4-9。

表4-9　　　　　　　　某发电企业锅炉班不合理项目表

设 备 名 称	设 备 现 状
2号炉E磨煤机	筒体、粉管漏粉频繁
空压机系统	存在带水、带油现象
空气预热器	存在漏灰现象，清扫难度大
…	…

（4）绘制设备三现地图。通过现场观察设备，绘制设备结构简易图，同时标注设备关键点、两源点、点检点，称为三现地图。绘制设备结构简易图可以帮助员工进一步了解设备现状。图 4-24 为某发电企业 A 厂用空压机三现地图。

（5）收集设备数据。详细统计设备的历史缺陷记录、异常修理记录、大小修记录，计算设备检修时间和正常运行时间，为设备平均失效间隔和设备平均修复时间计算提供准确翔实的数据（后面将详细说明）。

仍以某发电企业 A 厂用空压机为例说明，表 4-10 为 A 厂用空压机的缺陷统计；表 4-11 为 A 厂用空压机故障分析；图 4-25 为 A 厂用空压机故障分类。

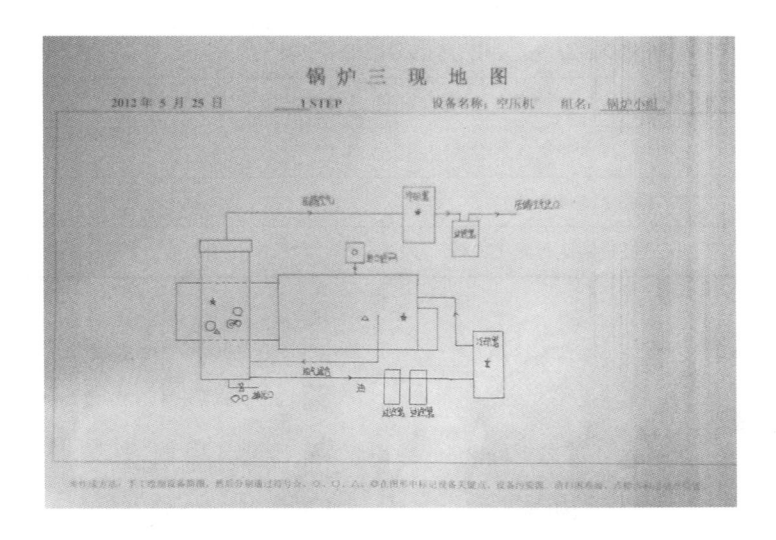

图 4-24　某发电企业 A 厂用空压机三现地图

表 4-10　　　　　　　　　某发电企业 A 厂用空压机缺陷统计

发现时间	缺　陷　名　称	关闭时间
2012-3-28 11:03	空滤报警	2012-3-28 18:45
2012-2-27 7:33	正常运行无法加载	2012-2-27 7:58
2012-2-23 9:02	冷却水供水管渗水	2012-2-24 16:42
2011-12-9 14:12	汽水分离器外螺快速接头脱落	2011-12-13 11:18
2011-6-29 12:08	卸载分离器油压力低报警致 A 厂用空压机跳闸	2011-7-1 16:58
2011-6-21 19:02	跳闸	2011-6-23 15:59
2011-6-21 14:27	油分离器至油冷却器联络管接口滴油	2011-6-23 17:43
2011-3-14 11:48	启动后超电流（32.8A）	2011-4-12 21:07

续表

发现时间	缺陷名称	关闭时间
2011-2-18 15:02	冷却水阀门缺门轮	2011-2-19 1:20
2011-1-19 18:53	振动大	2011-1-19 18:53

表 4-11　　　　　　　　某发电企业 A 厂用空压机故障分析

缺陷合计	故障分析	发生次数
共计 10 次缺陷	空压机振动大、电流超标	2 次
	空压机卸载分离器油压力低报警跳闸	2 次
	空压机冷却水管渗水，阀门缺门轮，油冷却器连接口漏油	3 次
	空压机汽水分离器外螺快速接头脱落	1 次
	空压机空滤报警	1 次
	空压机正常运行无法加载	1 次

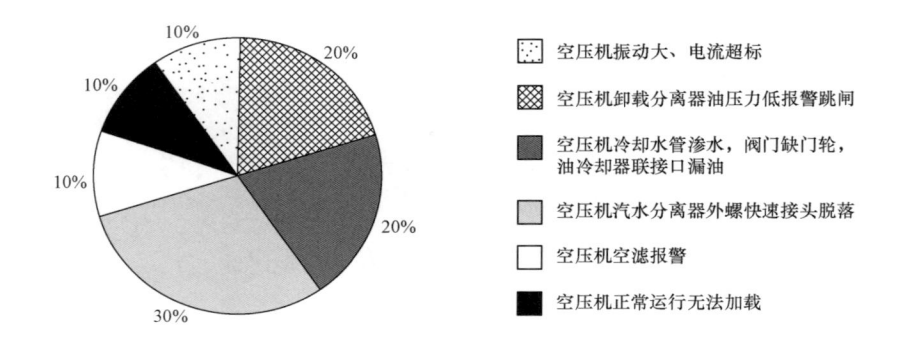

图 4-25　某发电企业 A 厂用空压机故障分类

（6）计算设备 MTBF 及 MTTR。

1）平均失效间隔（Mean Time Between Failure，MTBF）是指设备两次故障间隔的平均时间。根据其平均值，判断下次故障可能时间，在该日期前，预先点检或更换，可避免生产过程中故障引起停工损失，属于计划保养中的预防保养。

MTBF（平均失效间隔）=设备运转时间/设备故障件数

2）平均修复时间（Mean Time To Restoration，MTTR）是指设备检修所用的平均时间。根据其平均值，判断设备检修所需时间，通过不断改进检修方法和手段，最终达到降低检修平均时间间隔的目的。

MTTR（平均修复时间）=设备检修时间/设备故障件数

下面以某发电企业 A 厂用空压机、2 号炉 E 磨煤机、2 号炉空气预热器、2 号炉空气预热器润滑油泵为例，介绍该四项设备在 2010 年 1 月 1 日至 2012 年 6 月 1 日 TPM 活动期间，设备故障发生件数、检修时间、运转时间的统计情况，并根据统计结果计算出 MTBF 和 MTTR，具体见表 4-12。

表 4-12　　　　　　　　　某发电企业设备 MTBF 及 MTTR 计算

设备名称	统计时间段	故障发生件数	共计检修时间（h）	共计运转时间（h）	MTBF（h）	MTTR（h）
A 厂用空压机	2010 年 1 月 1 日至 2012 年 6 月 1 日	10	192.35	20931.20	2093.12	19.235
2 号炉 E 磨煤机		16	767.40	20363.60	1272.74	47.96
2 号炉空气预热器		5	18.5	21125.50	4225.1	3.7
2 号炉空气预热器润滑油泵		6	35	21136.9	3522.82	5.9

（7）设定保全目标。保全目标设定是指员工通过开展 TPM 活动后，对提高设备两次故障间隔的平均时间（MTBF）和降低设备检修所用的平均时间（MTTR），设定预定的目标，从而实现并维持设备的最佳状态。

下面仍以前述某发电企业 A 厂用空压机、2 号炉 E 磨煤机、2 号炉空气预热器、2 号炉空气预热器润滑油泵为例，根据前述 MTBF 及 MTTR 的计算结果，设定该设备的保全目标，具体见图 4-26 及图 4-27。

2. 步骤二：故障分析及改善

（1）设备两源分析。

1）发生源分析。发生源分为污染发生源、故障发生源、不良发生源。发生源分析是指分析污染、故障、不良发生的根本原因，掌握造成污染、故障、不良的程度。应制订发生源改善对策，消除污染、故障、不良发生源。

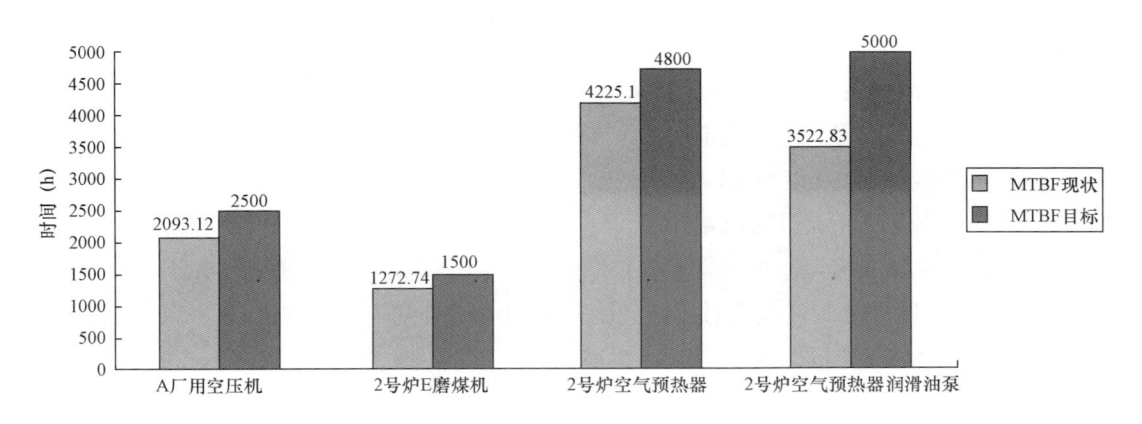

图 4-26　MTBF 现状与目标

2）困难源分析。困难源分为清扫困难源、点检困难源、作业困难源。困难源分析是指分析清扫、点检、作业困难源发生的原因，并制订改善对策。对清扫困难源，可开发清扫专用工具；对点检困难源、作业困难源，可改善设备工具和作业方法。

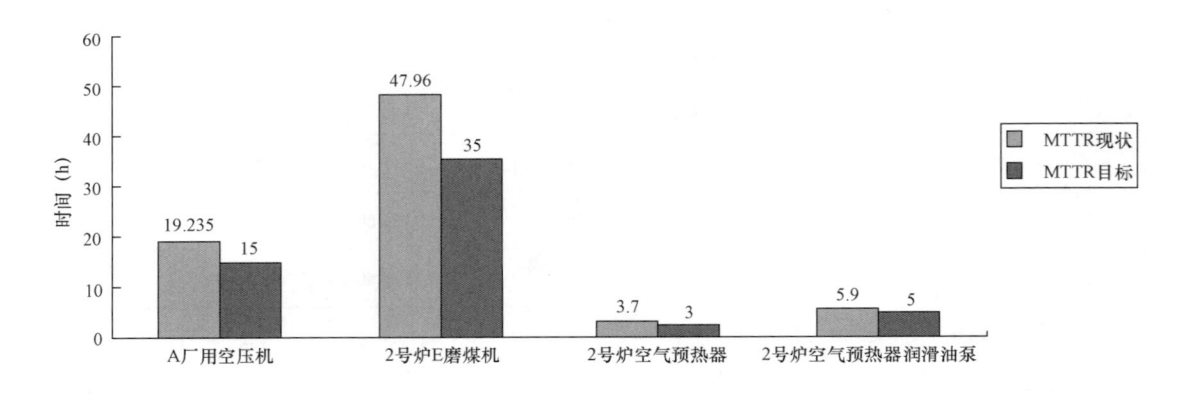

图 4-27　MTTR 现状与目标

（2）5 个为什么（5Why）分析。

5Why 分析法是识别问题根本原因的手段，持续问为什么，直到找到问题的根本原因。它的目的是理清问题，把握现状。每问一个为什么，就帮助深入一层，直到找到问题的根源，制订解决对策。

1）5Why 分析法分为说明问题并描述相关信息、问"为什么"直到找出根本原因、制订对策并执行、执行后验证有效性四个步骤。

2）对问题连续提问并回答，直到认为问题的根本原因已被识别。

3）若问题的答案有一个以上的原因，则应找出每个原因的根源。

4）设备故障 5Why 分析。对设备常发故障进行 5Why 分析，连续问多个为什么，直到分析出设备缺陷发生的根本原因，从根本原因入手解决故障。表 4-13 为某发电企业设备故障 5Why 分析表。

（3）两源及故障改善示例。

1）污染发生源改善。针对设备在运行中产生渗漏造成污染的原因进行分析，对污染现象提出改善目标，制订改善对策，消除污染发生源，降低清扫时间。某发电企业污染发生源 Know-Why 分析改善示例见表 4-14。

2）清扫困难源改善。针对困难源清扫难度大、费时费力的原因进行现状分析，对分析的原因提出改善目标，制订改善对策，使困难源的清扫难度降低，省时省力。某发电企业清扫困难 Know-Why 分析改善示例见表 4-15。

表 4-13 某发电企业设备故障 5Why 分析

使用部门	发电运行部	故障性质	突发故障 ( ) 重复故障 (✓)	设备停机时间： 2012 年 4 月 25 日 14 点 50 分	设备开机时间： 2012 年 4 月 25 日 15 点 25 分
设备名称	磨煤机油站控制箱		新发故障 ( ) 机械故障 ( )	生产人员通知时间： 2012 年 4 月 25 日 14 点 50 分	维修到达时间： 2012 年 4 月 25 日 15 点 01 分
设备编号	10CBG07		控制器故障 ( ) 人为故障 ( )	维修人：×××	验收人：×××
故障现象： 磨煤机油站控制回路继电器动作，导致磨煤机油站电机跳闸					
故障部位简图： （表盘图 SEC. 0-5）			故障原因（5Why 分析）： 磨煤机油站故障 → 控制回路故障 → 继电器动作 → 电源出现低电压扰动 → 控制电源的抗系统扰动能力弱		
			对策内容： 发现磨煤机油站故障，是由于电源出现低电压扰动，说明了控制电源的抗系统扰动能力弱，导致继电器动作，需要加装延时继电器	再发防止对策： 要提高磨煤机油站控制电源的抗系统扰动能力，在控制回路中加装低电压延时继电器，在 5s 之内可以保证设备的正常运行	
					效果判定 有效（✓） 无效（ ）

177

表 4-14 某发电企业发生源 Know-Why 分析改善示例

- 专业：汽轮机
- 设备名称：1号轴封加热器
- 制表日期：2012年12月12日
- 两源种类：√发生源 □困难源

	1. 两源详细描述	1号轴封加热器部分阀门法兰涂抹黄油造成对阀门及相邻设备污染
	2. 现状把握	何处？1号轴封加热器阀门法兰涂抹黄油
		怎么了？法兰涂抹黄油
		何时？查真空时
		多少？50g
	3. 改善目标	用检漏仪检查阀门是否漏真空，漏真空换密封件处理，如不漏真空将涂抹的黄油用自制工具清理干净，补漆。清扫时间由每天10min 降低至 4min

4. 原因分析，改善对策（5Why 分析）

现象（原因分析）	1号轴封加热器部分阀门污染严重→阀门涂抹黄油→防止阀门漏真空→密封件老化
改善想法	换抗老化程度较强材料密封件，彻底清理涂抹的黄油
改善对策	更换阀门密封件为石墨金属混合或硬四氟等材料处理真空漏点，清理黄油，补漆，防止黄油对设备污染

5. 制作与安装（图示及说明）

制作及安装：全部刷漆／更换铜基石墨盘根／更换防老化密封件／清理黄油

6. 改善后效果

涂抹黄油的部位清理干净，不再造成设备污染，清扫时间降低为每天4min

7. 现状照片（图示）

8. 改善后照片（图示）

第四章 7S推进典型工具

表4-15 某发电企业困难源Know-Why分析改善示例

一专业：电气二次
一设备名称：磨煤机油站控制箱
一制表日期：2012年6月10日
一两源种类：☐发生源 ☑困难源

	1. 两源详细描述	2. 现状把握	3. 改善目标
	磨煤机油站控制箱电源出现扰动时，控制箱电源的抗扰动能力弱，导致油泵电机跳闸，给机组的安全稳定造成威胁	何处？油站控制箱 怎么了？电源出现扰动 何时？日常工作时 多少？导致电机跳闸	回路整改，提高磨煤机油站就地控制箱的抗系统扰动能力，提高清扫效率

4. 原因分析、改善对策（5Why分析）		
现象 （原因分析）	电源出现扰动→就地控制箱电源的抗系统扰动能力弱→油泵电机跳闸	
改善想法	提高磨煤机油站控制箱电源的抗系统扰动能力	
改善对策	在控制回路中加装低电压延时时间继电器	

		6. 改善效果	在电源系统出现低电压扰动时，油站电机延时跳闸，确保磨煤机油站的可靠性
		7. 现状照片（图示）	
		8. 改善后照片（图示）	

5. 制作与安装（图示及说明）

制作及安装：在回路中加装了低电压延时时间继电器KT

3）故障改善示例见图 4-28。

【现状描述】
给水泵汽轮机低压调节阀油动机漏油，抗燃油造成给水泵汽轮机油箱台板油漆起皮、腐蚀、吸附灰尘导致该区域严重污染。

【改善效果】
更换低压调节油动机Yx密封圈，消除泄漏点，治理该区域被污染的设备，保洁时间由原来20min降低至5min。

图 4-28　故障改善前后比对

（4）开发保全专用工具。针对设备清扫的困难点，开发出保全专用工具进行清扫，不仅可缩短清扫时间，而且可保证危险部位清扫时更安全。

表 4-16 给出了某发电企业 TPM 清扫工具开发登记表，表 4-17 列出了 TPM 活动使用保全专用工具前后的清扫时间对比。

表 4-16　　　　　某发电企业 TPM 清扫工具开发登记表

序号	部门	小组名	清扫工具名称	作用	适用设备部位	开发人	开发日期	图片
1	设备维护部	汽机小组	油污刮除刀	将厚厚的油污泥铲除	给水泵汽轮机油箱平台		2012 年 8 月 25 日	
2	设备维护部	汽机小组	多功能长柄抹布	可以任意弯曲，清理接触不到的狭小及隐蔽的死角	泵基础及轴承座		2012 年 6 月 25 日	

表 4-17　　　　　　　　TPM 活动使用保全专用工具前后的清扫时间对比

设　备　名　称		TPM 活动前清扫润滑时间（min）	TPM 活动后清扫润滑时间（min）
A 给水泵汽轮机	给水泵汽轮机油箱平台	10	5
	给水泵汽轮机润滑油冷油器及其管道	15	10
A 给水泵汽轮机	给水泵汽轮机润滑油泵	6	3
A 汽动给水泵前置泵	轴承室	10	7
	台板	15	10
	基础	20	15

（5）单点教育（OPL）。

单点教育是一种在工作过程中进行培训的教育方式，是集中非脱产式的教育培训。利用班前会或工作中的短暂时间进行讲解，把改善经验、维修技巧通过单点教育（OPL）形式传授给班组员工，重在对员工技能的提高。单点教育灵活性强，可以在任何时间、任何地点、对任何问题进行培训；利用率高，可以利用班会前以及工作中短暂时间进行培训；提升率高，侧重于对工作的改善，以及发现根本问题。

1）利用班前会 5~10min，对大家进行培训，示例见图 4-29。

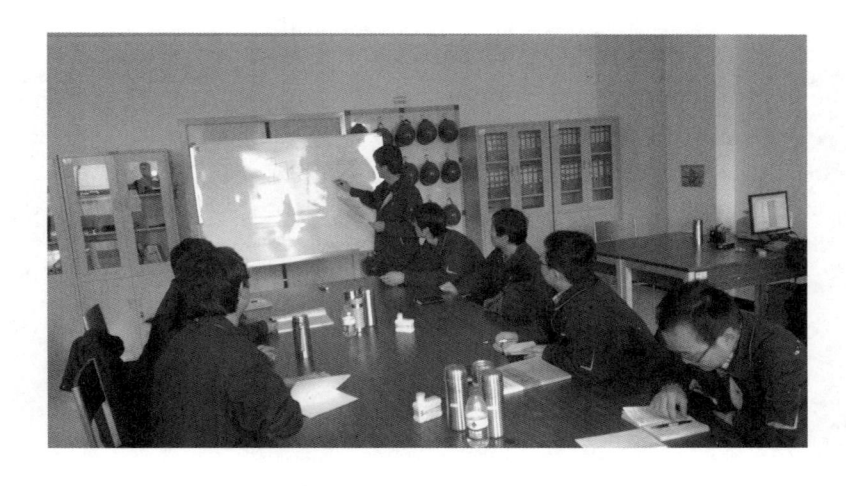

图 4-29　班前会进行培训

2）利用工作之余的短暂时间进行培训，示例见图 4-30。

3）把工作场所隐性的知识显现化，即员工将工作中掌握的技巧、经验、通过一页纸的形式，用图示加简短说明，在班组内部进行一种及时、有效的短时教育。图 4-31 是以一页纸的形式开展的单点教育。

3. 步骤三：建立标准化及保全基准书

（1）确认目标达成。

某发电企业在 TPM 活动前，对 A 厂用空压机、2 号炉 E 磨煤机、2 号炉空气预热器、2 号炉空气预热器润滑油泵的 MTBF 和 MTTR 的现状进行了统计，并在开展 TPM 活动后对 MTBF 和 MTTR 的目标进行了设定。下面是以 A 厂用空压机为例对 MTBF 和 MTTR 的目标达成进行确认。

图 4-30　工作之余进行培训

图 4-31　单点教育

1）确认设备 MTBF 目标达成，见图 4-32。

该发电企业 A 厂用空压机统计时间为 2010 年 1 月 1 日至 2012 年 6 月 1 日，共停机检修 10 次，运转时间 2093.12h。目标设定为 MTBF 提高至 2500h，实际提高至 2612h，目前运行

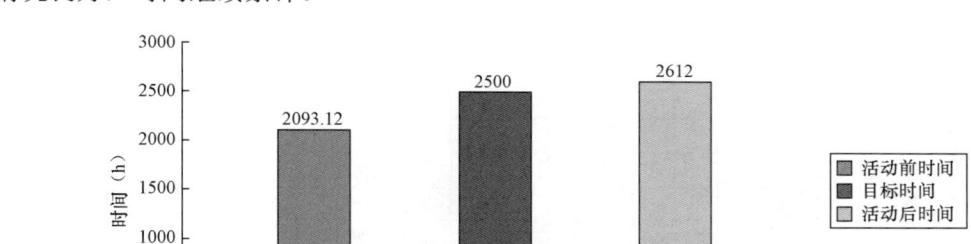

情况良好，时间继续累计。

图 4-32　A 厂用空压机 MTBF 目标达成确认

2）确认设备 MTTR 目标达成，见图 4-33。

该发电企业 A 厂用空压机统计时间为 2010 年 1 月 1 日至 2012 年 6 月 1 日，共停机检修 10 次，检修时间共计 19.235h。

TPM 管理前 MTTR 为 19.235h，目标设定为 MTTR 降低至 15h，实际降低至 13.5h，目标达成。

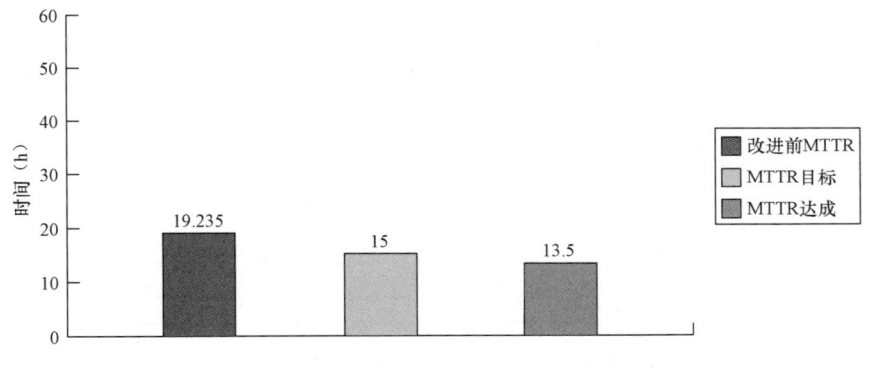

图 4-33　A 厂用空压机 MTTR 目标达成确认

（2）改善后文件标准化。

通过推行 TPM 活动，可对关键系统和设备建立三现地图，在清扫工具中增设清扫专用工具，并能建立两源分析、故障分析库，以及建立单点教育（OPL）数据库、修订检修作业指导书。开展 TPM 活动后，工作可实现流程化，工作中的图表等文件可实现标准化。

（3）建立和完善设备保全基准书。

根据设备实际状况（设备台账、设备维护记录等），分析制定维护标准内容，尽量量化维护标准指标，配有图示说明和位置指示，确定标准点检周期，编制设备保全基准书（示例见表 4-18）。

表 4-18 某发电企业 A 厂用空压机保全基准书

自主保全基准书		文件编号	HDBT/GL1.0-001	发行日期	2012-8-13	版本	A0
所属部门	设备维护部	设备名称	A厂用空压机			设备型号	INGERSOLL RAND SSR M250-HV

	序号	清洁项目	清洁标准	清洁方法	清洁工具	目标时间	周期 时/日/周/月	保全人
四保持	1	空压机面板	无积灰、无油污	用抹布擦拭	抹布	1min	○	点检人
	2	连接法兰	无积灰、无油污	用抹布擦拭	抹布	2min	○	点检人
	3	油气分离器结合面	无积灰、无油污	用抹布擦拭	抹布	1min	○	点检人
	4	油管道接头	无积灰、无油污	用抹布擦拭	抹布	5min	○	点检人
	…						…	…

	序号	给油项目	油品/油量	加油方法	加油工具	目标时间	周期 时/日/周/月	保全人
给油脂	10	油分离器	英格索兰超级冷却剂/到油位镜1/2处	用450mm活板手打开加油孔加油	通用加油桶	10 min	○	检修

	序号	点检项目	点检基准	点检方法	点检工具	目标时间	周期 时/日/周/月	保全人
点检	11	声音	无异音	耳听	无	2min	○	点检人
	12	排气温度	无报警	目视	无	30s	○	点检人
	13	吸气软管严密性	无漏气	目视	无	1min	○	点检人
	14	油管各接头	无漏油	目视	无	1min	○	点检人
空压机主机	15	控制阀	无漏油、无漏气	目视	无	1min	○	点检人
	16	查看累计运行时间	累计运行4000h实施定期保养	目视	无	1min	○	点检人
	…						…	…

图示

四、TPM 效益分析

如表 4-19 所示,某发电企业推行 TPM 后,发现不合理项 1524 件,开展单点教育（OPL）2016 件,及时发现并治理设备微小缺陷 144 项,开展故障分析 54 件,开发保全工具 65 件,改善事例 198 件,产生效益 160.5 万元。推行 TPM 使设备频发缺陷得到了根本治理,缺陷重复发生率明显降低,清扫时间大大减少,员工检修业能力显著提升。

表 4-19　　　　某发电企业 TPM 推行后产生的经济效益统计

事项	不合理项发现件数	OPL件数	开发工具件数	微缺陷治理	故障分析件数	改善事例件数	产生效益总金额（万元）
数量	1524	2016	65	144	54	198	160.5

第五章

7S 管理检查评价

为了做好7S管理推进活动管控，将7S管理成果固化，使7S管理与日常管理有机结合，企业需要建立健全7S管理检查评价机制。7S管理检查评价是对7S管理工作开展情况进行全面检查后，依据一定标准做出的综合评价。从阶段上分，7S管理检查评价包括推进阶段的检查评价和常态保持阶段的检查评价；从检查的主体上分，7S管理检查评价分为公司（厂）级的检查评价和部门的自查评价。本章主要对公司（厂）级检查评价的组织机构、检查评价的准备、检查组织实施、检查结果的运用等进行阐述，部门自查评价可参照公司（厂）级检查评价管理标准开展。

第一节 7S检查评价组织机构

一、成立检查组

公司（厂）应根据实际工作需要成立7S检查组，明确职责分工，定期对各部门7S管理情况进行检查。各部门也应成立相应的7S检查小组，对本部门7S管理活动开展和保持情况进行检查。

1. 检查组人员构成

组长：由7S推进办公室主任或分管7S的公司领导担任。

副组长：由7S推进办公室副主任或7S归口管理部门负责人及相关部门负责人担任。

成员：由7S推进办公室成员、督导师及相关部门骨干成员组成。

2. 职责分工

公司（厂）级7S检查组，主要负责对各部门的7S管理活动情况进行检查，对检查过程中发现的问题提出整改意见，推进7S管理工作不断完善。检查组人员职责分工如表5-1所示。

表5-1   检查组人员职责分工

人员	具体职责
组长	负责检查评比的全面工作，负责检查评比方案和检查评比结果的审批
副组长	负责检查评比的总体策划、检查评比方案、检查评比报告的编制，负责检查评比人员的组织及分工，负责检查评比物资的准备
成员	在组长的带领下，负责检查评比工作的具体实施

二、注意事项

成立检查组时，应注意以下五个方面的问题：

（1）组长应具有较强的组织能力，能把握检查评比全局的工作；

(2) 副组长应具备较强的执行力；
(3) 检查组成员为人公道正派；
(4) 检查组成员应包括被检查区域的部门和专业负责人；
(5) 检查组成员中应有熟悉摄影、熟悉检查物品准备工作的人员。

第二节 7S 检查评价准备

一、编制检查表

为了保证检查质量，使检查工作有据可依，检查前应编制发电企业 7S 管理检查表。7S 管理检查表是进行检查的重要工具，主要包括综合管理检查表和现场检查表。

1. 综合管理检查表

7S 综合管理检查的主要范围包括 7S 计划完成情况、红牌和整改完成情况、7S 管理情况、7S 宣传培训情况等。7S 综合管理检查在推进期和常态化保持期的检查内容侧重点有所区别，在推进期主要侧重于推进计划完成、推进活动参与、7S 整改等，而常态化保持期主要侧重于 7S 的常态化保持、自我检查等方面。7S 综合管理检查表分为推进期和常态化保持期两种检查表。

（1）推进期综合管理检查表适用于所有区域的查评，查评采取扣分制，总分为 100 分，各项检查内容及权重见表 5-2。

表 5-2　　　　　　　　　　　推进期综合管理检查表

项　　目	检查内容	权重	扣分	备注
1. 7S 计划完成情况	未及时制订 7S 计划	40%	10 分	
	计划未及时完成		2 分/项	
	7S 计划未按时上报		1 分/项	
2. 红牌和整改完成情况	整改工作未按时完成	30%	2 分/项	
	整改工作未通过验收		2 分/项	
	红牌未及时返回		1 分/项	
	红牌丢失		2 分/项	
3. 7S 管理情况	无故不参加公司组织的 7S 管理活动	20%	1 分/人次	
	未按公司要求开展 7S 管理活动		10 分	
	7S 管理相关制度不健全		2 分/项	
	7S 管理活动无记录或记录不全		1 分/项	
4. 7S 宣传培训情况	未按要求完成 7S 活动相关宣传稿件	10%	1 分/篇	
	未按要求参加公司组织的 7S 培训		1 分/人次	

续表

项目	检查内容	权重	扣分	备注
4. 7S 宣传培训情况	部门未按要求开展 7S 培训工作	10%	1 分/次	
	7S 培训无记录或记录不全		1 分/项	

（2）常态化保持期综合管理检查表适用于所有区域的查评，查评采取扣分制，总分为 100 分，各项检查内容及权重见表 5-3。

表 5-3　　　　　　　　　常态化保持期综合管理检查表

项目	检查内容	权重	扣分	备注
1. 7S 计划完成情况	未制订相关 7S 的常态化保持规定	50%	10 分	
	7S 常态化保持规定内容不全面		2 分/项	
2. 红牌和整改完成情况	上月检查整改项目未完成或验收未通过	20%	2 分/项	
3. 7S 管理情况	部门未开展自查	30%	10 分	
	部门自查内容有漏项		2 分/项	

2. 现场检查表

（1）参考检查表。

公司（厂）级检查可以结合企业实际情况，对检查内容和扣分值进行调整，编制适合企业的 7S 检查表。

根据不同区域特点，现场检查表分为生产现场区域 7S 检查表、办公区域 7S 检查表、库房工具间区域 7S 检查表、后勤环境区域 7S 检查表、食堂区域 7S 检查表、接待中心区域 7S 检查表。现场检查表分类如图 5-1 所示，各区域 7S 检查表如表 5-4～表 5-9 所示。

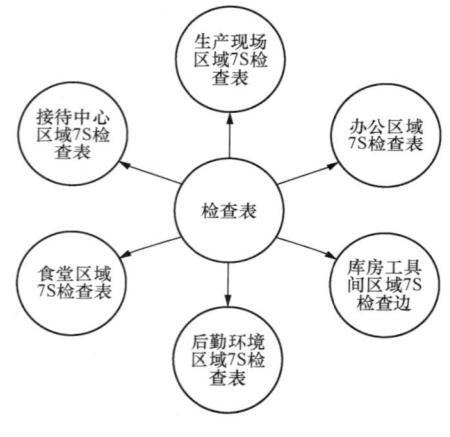

图 5-1　现场检查表分类

表 5-4　　　　　　　　　　　生产区域 7S 检查表

项目	序号	评价内容	不符合时扣分	备注
1. 地面	1.1	地面有高差的地方应有明显的防绊提示且标准统一	2	
	1.2	地面无破损、坑洼	1	
	1.3	地面无积水、积灰、油渍	1	
	1.4	地面无纸张、碎屑及其他杂物	1	
	1.5	地面无烟蒂、痰迹	1	
2. 通道	2.1	通道划分明确，保持通畅，无障碍物，不占道作业	1	
	2.2	两侧物品不超过通道线	1	

续表

项目	序号	评价内容	不符合时扣分	备注
2. 通道	2.3	通道线及标识保持清晰完整，无破损	1	
	2.4	应急通道指示醒目，无堵塞	2	
3. 墙面	3.1	墙身无破损、脱落	1	
	3.2	墙面保持干净，无蜘蛛网、积尘	1	
	3.3	墙面无乱涂、乱画、乱贴	1	
	3.4	墙面无渗水、脱漆	1	
	3.5	墙面无手脚印，无陈旧标语痕迹	1	
4. 设备、仪器	4.1	开关、控制面板标识清晰，控制对象明确	1	
	4.2	设备仪器保持干净，定位摆放整齐，无多余物	1	
	4.3	设备仪器明确责任人员，坚持日常点检，有必要的记录，确保记录清晰、正确	1	
	4.4	设备、仪器状态良好，非正常状态应有明显标识	1	
	4.5	仪器仪表检验标识张贴规范，在有效期内	2	
	4.6	仪表盘干净清晰，有明确的范围标识	1	
	4.7	设备阀门、介质流向标识明确	1	
	4.8	危险部位有警示和防护措施	1	
	4.9	设备无脏污，无跑冒滴漏现象	1	
	4.10	需点检的设备有完整、正确的点检标识	1	
	4.11	旋转设备防护罩齐备，标识明确	1	
5. 管线	5.1	各种管线（电线管、气管、水管等）固定得当	1	
	5.2	管线整齐，不随意散落地面，无悬挂物	1	
	5.3	管线布局合理，保持清洁，无灰尘、污垢	1	
	5.4	废弃管线及时清除，预留的要进行标识	1	
	5.5	设备与对应的管线应有明确的对应标识、介质流向	1	
	5.6	电源线、网线、数据线等有明确分类和整理	1	
	5.7	现场房间内管线尽量利用线槽、扎带、定位贴等采取隐蔽走线的方式	1	
6. 特种车辆	6.1	定位停放，停放区域划分明确，标识清楚	1	
	6.2	应有部门标识和编号	1	
	6.3	应保持干净及安全使用性	1	
	6.4	应有责任人，特种车辆、铲车和电瓶车有日常点检记录	1	
7. 工具箱、柜	7.1	柜面标识明确，与柜内分类对应	1	
	7.2	柜内物品分类摆放，明确品名	1	
	7.3	各类工具保持完好、清洁，保证使用性	1	
	7.4	各类工具使用后及时归位，有形迹化管理	1	

续表

项目	序号	评价内容	不符合时扣分	备注
7. 工具箱、柜	7.5	柜顶无杂物，柜身保持清洁	1	
8. 区域划分	8.1	摆放区域合理，标识清晰	1	
	8.2	区域线清晰，有明确的区域说明	1	
9. 暂放物	9.1	不在暂放区的暂放物需有暂放标识或围栏	1	
	9.2	暂放区的暂放物应摆放整齐、干净	1	
10. 容器、货架	10.1	容器、货架等应保持干净，物品分类定位摆放整齐	1	
	10.2	存放标识清楚，张贴于容易识别的地方	1	
	10.3	容器、货架本身标识明确，无过期及残余标识	1	
	10.4	容器、货架无破损，无严重变形	1	
	10.5	放置区域合理划分，使用容器合理	1	
	10.6	库存物品不落地存放	1	
	10.7	按规定控制温度、湿度	1	
11. 危险品	11.1	有明确的摆放区域，分类定位，标识明确	1	
	11.2	隔离摆放，远离火源，并有专人管理	2	
	11.3	有明显的警示标识	2	
12. 工作台	12.1	现场台面无杂物	1	
	12.2	物品摆放有明确位置，不拥挤凌乱	1	
	12.3	台面干净，无破损	1	
	12.4	不得存放个人用品	1	
	12.5	试验用品要分类分区摆放，固定有序，取用便捷	1	
13. 洗手间	13.1	地面无积水	1	
	13.2	各种物品定位摆放，标识明确	1	
	13.3	洗手间保持卫生、清洁，无异味	1	
	13.4	有清扫点检表，并准确记录	1	
	13.5	洗手间有相应的温馨提示	1	
	13.6	洗手间内照明良好	1	
	13.7	洗手间内设施完好，无破损、渗漏	1	
14. 学习室	14.1	各种物品定位摆放，标识明确	1	
	14.2	有清扫点检表，并准确记录	1	
15. 清洁用具	15.1	清洁用具用品定位摆放，标识明确	1	
	15.2	清洁用具摆放规范，无倾倒、杂乱	1	
	15.3	清洁用具本身无异味，无损坏	1	
	15.4	垃圾及时倾倒	1	

续表

项目	序号	评 价 内 容	不符合时扣分	备注
16. 电器	16.1	开关、控制面板标识清晰，控制对象明确	1	
	16.2	设备保持干净，定位摆放整齐，无多余物	1	
	16.3	设备明确责任人员，坚持日常点检，有必要的记录	1	
	16.4	应保证处于正常使用状态，非正常状态应有明显标识	1	
	16.5	合理布线，集束整理	1	
	16.6	配电箱有明确统一的标识标牌	1	
17. 消防设施	17.1	摆放位置明显，标识清楚	1	
	17.2	位置设置合理，有禁止阻塞线，线内无障碍物	1	
	17.3	状态完好，按要求摆放，外观干净整齐	1	
	17.4	有责任人及定期点检记录	2	
	17.5	消防器材有明确的使用说明	1	
	17.6	紧急出口标识明确，逃生指示醒目	2	
18. 楼梯、电梯	18.1	楼梯台阶无损坏、脱落	1	
	18.2	楼梯、电梯有明显的防踏空提示	2	
	18.3	电梯轿厢有相应安全应急提示	2	
	18.4	电梯轿厢内照明充足，无损坏	1	
	18.5	楼梯玻璃护栏应有明显的防撞提示	1	
19. 辅助设施	19.1	风扇、照明灯、空调等按要求放置，清洁无杂物，无安全隐患	1	
	19.2	日用电器无人时应关掉，无浪费现象	1	
	19.3	废弃设备及电器应标识状态，及时清理	1	
	19.4	保持设施完好、干净	1	
	19.5	暖气片和管道上不得放杂物	1	
20. 文件、资料	20.1	分类定位放置	1	
	20.2	按规定标识，明确责任人	1	
	20.3	夹（盒）内文件定期清理、归档	1	
	20.4	文件夹（盒）保持干净	1	
	20.5	无过期、无效文件存放	1	
	20.6	文件定期归入相应文件夹（盒）	1	
	20.7	必要文件应有卷内目录	1	
	20.8	文件盒有明确的编号	1	
	20.9	文件盒有明确的形迹化管理	1	
	20.10	文件盒无破损	1	
	20.11	文件盒本体标签样式统一规范	1	

续表

项目	序号	评价内容	不符合时扣分	备注
21. 宣传栏、看板	21.1	资料、记录内容正确,无错别字	1	
	21.2	班组应有看板	1	
	21.3	干净并定期更换看板内容,无过期公告,明确责任人	1	
22. 着装	22.1	按规定要求穿戴工作服,着装整齐、整洁	1	
	22.2	按规定穿戴好口罩、耳塞、安全帽等防护用品	1	
	22.3	无穿拖鞋、凉鞋、短裤等进入生产现场情况	1	
23. 劳保用品	23.1	劳保用品明确定位,整齐摆放,分类标识	1	
	23.2	定期校验,标签张贴规范,无过期	1	
	23.3	劳保用品干净整洁,无破损	1	
24. 行为规范	24.1	工作场所不晾衣物	1	
	24.2	工作时间不睡觉,不打瞌睡	1	
	24.3	无聚集闲谈、吃零食和大声喧哗	1	
	24.4	不看与工作无关的书籍、报纸、杂志	1	
	24.5	工作场所无吸烟,无串岗、离岗	1	

表 5-5　　　　　　　　　办公区域 7S 检查表

项目	序号	标准内容	不符合时扣分	备注
1. 室内地面	1.1	地面有高差的地方应有明显的防绊提示且标准统一	1	
	1.2	地面无破损、坑洼	1	
	1.3	地面无积水、积灰、油渍	1	
	1.4	地面无纸张、碎屑及其他杂物	1	
	1.5	地面无烟蒂、痰迹	1	
2. 墙面	2.1	墙身无破损、脱落	1	
	2.2	墙面保持干净,无蜘蛛网、积尘	1	
	2.3	墙面无乱涂、乱画、乱贴	1	
	2.4	墙面无渗水、脱漆	1	
	2.5	墙面无手脚印,无陈旧标语痕迹	1	
3. 盆栽	3.1	盆栽需适当定位,摆放整齐	1	
	3.2	盆栽需有责任人	1	
	3.3	盆栽周围干净、美观	1	
	3.4	盆栽叶子保持干净,无枯死	1	
	3.5	盆栽容器本身干净	1	
4. 办公桌椅	4.1	办公桌定位摆放,隔断整齐	1	
	4.2	抽屉应分类标识,公私物品不能混放,标识与物品相符	1	

续表

项目	序号	标 准 内 容	不符合时扣分	备注
4. 办公桌椅	4.3	台面保持干净，无灰尘杂物，无规定以外的物品	1	
	4.4	人员下班后办公椅归位，台面物品归位	1	
	4.5	与正进行的工作无关的物品应及时归位	1	
	4.6	台面上已处理、正在处理、待处理等工作物品应有明确分类和定置摆放	1	
	4.7	桌面玻璃下压物尽量减少并摆放整齐	1	
	4.8	桌面显示器、鼠标垫等应有明确定位	1	
5. 办公设施	5.1	饮水机、空调、电脑、打印机、传真机、碎纸机等保持正常状态，有异常时必须作明显标识	1	
	5.2	办公设施本身保持干净，明确责任人	1	
	5.3	办公设备使用有必要的温馨提示，比如空调有明显的环保要求、节约用电等提示	1	
	5.4	较为复杂的电器设备有简单的操作说明，如投影仪等	1	
	5.5	办公电话有明确定位，有明确本机号码标注	1	
6. 门窗	6.1	门窗玻璃保持干净明亮	1	
	6.2	窗台上无杂物（除盆栽）摆放	1	
	6.3	门窗、窗帘保持干净	1	
	6.4	门窗玻璃无乱贴现象	1	
	6.5	有明显的防撞标识，比如防撞线、轨迹线等	1	
	6.6	门上有明显的推、拉、开关等标识	1	
	6.7	房间门栏有明显的防绊提示	1	
	6.8	门窗机构完好，无损坏和锈蚀	1	
	6.9	门禁系统正常，门禁开关有明确提示	1	
7. 天花板	7.1	保持干净，无脏污	1	
	7.2	没有无关悬挂物	1	
	7.3	照明设施完好，灯罩内无积灰和破损	1	
	7.4	天花板无渗漏	1	
	7.5	天花板无脱落、掉漆	1	
	7.6	天花板与墙角无蜘蛛网	1	
8. 展板、看板	8.1	部室应有相应的看板	1	
	8.2	版面设置合理，标题明确	1	
	8.3	内容充实，及时更新	1	
	8.4	版面设置美观、大方，无不雅和反动内容	1	
	8.5	无过期张贴物	1	
	8.6	张贴物无破损和脱落情况	1	

续表

项目	序号	标 准 内 容	不符合时扣分	备注
9. 文件、资料	9.1	分类定位放置	1	
	9.2	按规定标识，明确责任人	1	
	9.3	夹（盒）内文件定期清理、归档	1	
	9.4	文件夹（盒）保持干净	1	
	9.5	无过期、无效文件存放	1	
	9.6	文件定期归入相应文件夹（盒）	1	
	9.7	必要文件应有卷内目录	1	
	9.8	文件盒有明确的编号	1	
	9.9	文件盒有明确的形迹化管理	1	
	9.10	文件盒无破损	1	
	9.11	文件盒标识样式统一规范	1	
10. 文件柜	10.1	文件柜分类、分层标识清楚，明确责任人	1	
	10.2	文件柜保持干净，柜顶无积尘、杂物	1	
	10.3	文件柜内文件夹放置整齐，并用编号、形迹等方法定位	1	
	10.4	文件柜内物品、资料应分区定位，标识明确	1	
11. 洗手间	11.1	地面无积水	1	
	11.2	各种物品定位摆放，标识明确	1	
	11.3	洗手间保持卫生、清洁，无异味	1	
	11.4	有清扫点检表，并准确记录	1	
	11.5	洗手间有相应温馨提示	1	
	11.6	洗手间内照明良好	1	
	11.7	洗手间内设施完好，无破损、渗漏	1	
	11.8	洗手间门锁完好	1	
12. 着装	12.1	按着装规定穿戴服装、佩戴上岗证	1	
	12.2	工作期间衣着得体，无穿背心、拖鞋等不文明行为	1	
13. 行为规范	13.1	工作期间不做与工作无关的事项	1	
	13.2	办公区域不高声喧哗和聚众吵闹	1	
	13.3	文明办公，无趴、斜等情况，坐姿文雅	1	
	13.4	无随意串岗、离岗现象	1	
	13.5	无浪费水、电等情况	1	
	13.6	上班、开会无迟到、早退现象	1	
	13.7	开会时不交头接耳、打手机，尽量不接听电话	1	
	13.8	遵守职业规范及礼仪	1	
14. 规章制度	14.1	部门有对应的7S常态化保持机制	1	

续表

项目	序号	标 准 内 容	不符合时扣分	备注
14. 规章制度	14.2	有相关的企业文明办公规定	1	
	14.3	企业有7S的检查、评价、考核等制度	1	
15. 会客室、会议室	15.1	地面保持干净	1	
	15.2	各种用品保持清洁干净，适当定位标识	1	
	15.3	会议室内相关设备有简要操作说明	1	
	15.4	会议室内有相关会议纪律的温馨提示	1	
16. 清洁用具	16.1	清洁用具用品定位摆放，标识明确	1	
	16.2	清洁用具摆放规范，无倾倒、杂乱	1	
	16.3	清洁用具本身无异味，无损坏	1	
	16.4	垃圾及时倾倒	1	
17. 办公区域开关、配电箱	17.1	开关、控制面板标识清晰，控制对象明确	1	
	17.2	设备保持干净，定位摆放整齐，无多余物	1	
	17.3	设备明确责任人员，坚持日常点检，有必要的记录	1	
	17.4	应保证处于正常使用状态，非正常状态应有明显标识	1	
	17.5	合理布线，集束整理	1	
	17.6	配电箱有明确统一的标识标牌	1	
18. 管线	18.1	各种管线（电线管、气管、水管等）固定得当	1	
	18.2	管线整齐，不随意散落地面，无悬挂物	1	
	18.3	管线布局合理，保持清洁，无灰尘、污垢	1	
	18.4	废弃管线及时清除，预留的要进行标识	1	
	18.5	设备与对应的管线应有明确的对应标识、介质流向	1	
	18.6	电源线、网线、数据线等应有明确分类和整理	1	
	18.7	房间内管线尽量利用线槽、扎带、定位贴等采取隐蔽走线的方式	1	
19. 工具箱、柜	19.1	柜面标识明确，与柜内分类对应	1	
	19.2	柜内物品分类摆放，明确品名	1	
	19.3	各类工具应保持完好、清洁，保证使用性	1	
	19.4	各类工具使用后及时归位，有形迹化管理	1	
	19.5	柜顶无杂物，柜身保持清洁	1	
20. 消防设施	20.1	摆放位置明显，标识明确	1	
	20.2	位置设置合理，有禁止阻塞线，线内无障碍物	1	
	20.3	状态完好，按要求摆放，外观干净整齐	1	
	20.4	有责任人及定期点检记录	2	
	20.5	消防器材有明确的使用说明	1	

续表

项目	序号	标准内容	不符合时扣分	备注
20. 消防设施	20.6	紧急出口标识明确，逃生指示醒目	2	
21. 定置图	21.1	办公室内必须配置正确对应的定置图	1	
	21.2	定置图必须及时更新	1	
	21.3	定置图无破损、脱落	1	
	21.4	定置图内应有明确的物品、数量、位置说明	1	
22. 节约环保	22.1	办公室无长明灯	1	
	22.2	办公室空调有环保温馨提示，对空调温度有环保要求	1	
	22.3	办公下班时关闭电脑、打印机等电源	1	
	22.4	办公用纸尽量采用双面打印	1	
	22.5	办公室提倡无纸化办公	1	
23. 楼梯、电梯	23.1	楼梯台阶无损坏、脱落	1	
	23.2	楼梯、电梯有明显的防踏空提示	2	
	23.3	电梯轿厢有相应安全应急提示	2	
	23.4	电梯轿厢内照明充足，无损坏	1	
	23.5	楼梯玻璃护栏应有明显的防撞提示	1	
24. 私人物品	24.1	私人物品存放于物品柜或抽屉内时，物品柜、抽屉有明确标识	1	
	24.2	私人物品摆放不得影响办公区域的使用，并且摆放整齐	1	
25. 其他辅助设施	25.1	风扇、照明灯、空调等按要求放置，清洁无杂物，无安全隐患	1	
	25.2	日用电器无人时应关掉，无浪费现象	1	
	25.3	废弃设备及电器应标识状态，及时清理	1	
	25.4	暖气片和管道上不得放杂物	1	
	25.5	遥控器定位摆放	1	

表 5-6　　　　　　　　库房工具间区域 7S 检查表

项目	序号	标准内容	不符合时扣分	备注
1. 室内地面	1.1	地面有高差的地方应有明显的防绊提示且标准统一	2	
	1.2	地面无破损、坑洼	1	
	1.3	地面无积水、积灰、油渍	1	
	1.4	地面无纸张、碎屑及其他杂物	1	
	1.5	地面无烟蒂、痰迹	1	
2. 墙面	2.1	墙身无破损、脱落	1	
	2.2	墙面保持干净，无蜘蛛网、积尘	1	
	2.3	墙面无乱涂、乱画、乱贴	1	

续表

项目	序号	标准内容	不符合时扣分	备注
2. 墙面	2.4	墙面无渗水、脱漆	1	
	2.5	墙面无手脚印，陈旧标语痕迹	1	
3. 通道	3.1	通道划分明确，保持通畅，无障碍物，不占道作业	1	
	3.2	两侧物品不超过通道线	1	
	3.3	通道线及标识保持清晰完整，无破损	1	
	3.4	应急通道指示醒目，无堵塞	2	
4. 区域划分	4.1	仓库和工具间内有明显的区域划分	1	
	4.2	区域按设备或工具特点有特定划分，如大件、小件、常用、专用等	1	
	4.3	区域线清晰可见，有明确的区域说明	1	
	4.4	物架存放区域应采取分区、分架、分层划分，有相应的区域指示，查找快捷	1	
	4.5	危险化学物品区域应有特定存放要求	2	
5. 库房办公设施	5.1	饮水机、空调、电脑、打印机、传真机、碎纸机等保持正常状态，有异常时必须作明显标识	1	
	5.2	办公设施保持干净，明确责任人	1	
	5.3	办公设备使用有必要的温馨提示，比如空调有明显的环保、节约用电要求，饮水机有小心烫手等提示	1	
	5.4	办公电话有明确定位，有明确本机号码标注	1	
6. 门窗	6.1	门窗玻璃保持干净明亮	1	
	6.2	窗台上无杂物（除盆栽）摆放	1	
	6.3	门窗、窗帘保持干净	1	
	6.4	门窗玻璃无乱贴现象	1	
	6.5	有明显的防撞标识，比如防撞线、轨迹线等	1	
	6.6	门上有明显的推、拉、开关等标识	1	
	6.7	房间门栏有明显的防绊提示	1	
	6.8	门窗机构完好，无损坏和锈蚀	1	
	6.9	门禁系统正常，门禁开关有明确提示	1	
	6.10	库房通风良好	1	
7. 天花板	7.1	保持干净，无脏污	1	
	7.2	没有无关悬挂物	1	
	7.3	照明设施完好，灯罩内无积灰和破损	1	
	7.4	天花板无渗漏	1	
	7.5	天花板无脱落、掉漆	1	
	7.6	天花板与墙角无蜘蛛网	1	

续表

项　目	序号	标　准　内　容	不符合时扣分	备注
8. 物资管理	8.1	物资分类摆放整齐	1	
	8.2	物资摆放定位规范，有明显的空间分区和隔离	1	
	8.3	物资摆放采取分层、分结构式摆放，比如采取库位—架位—层位—货位等方式	1	
	8.4	标识整齐、准确，无遗漏（名称、规格、单位、数量、用途）	1	
	8.5	保持物资无积灰	1	
	8.6	在收、发料后及时调整标识牌的库存数量	1	
	8.7	物资摆放有目视化管理，做到定量管理和提示	1	
	8.8	物资摆放应充分考虑环境因素，比如大件物品摆放靠近出口和通道处，便于取放	1	
	8.9	按规定控制环境温湿度	1	
	8.10	有正确物资保养制度和方法	1	
9. 验收区域	9.1	验收区域整齐、干净	1	
	9.2	验收区域内有明确的待验、验收中、验收完毕区域划分	1	
	9.3	验收区域划分区域线完好，无缺失和破损	1	
10. 开关、配电箱	10.1	开关、控制面板标识清晰，控制对象明确	1	
	10.2	设备保持干净，定位摆放整齐，无多余物	1	
	10.3	设备明确责任人员，坚持日常点检，有必要的记录	1	
	10.4	应保证处于正常使用状态，非正常状态应有明显标识	1	
	10.5	合理布线，集束整理	1	
	10.6	配电箱有明确统一的标识标牌	1	
11. 管线	11.1	各种管线（电线管、气管、水管等）固定得当	1	
	11.2	管线整齐，不随意散落地面，无悬挂物	1	
	11.3	管线布局合理，保持清洁，无灰尘、污垢	1	
	11.4	废弃管线及时清除，预留的要进行标识	1	
	11.5	设备与对应的管线应有明确的对应标识、介质流向	1	
	11.6	电源线、网线、数据线等应有明确分类和整理	1	
	11.7	房间内管线尽量利用线槽、扎带、定位贴等采取隐蔽走线的方式	1	
12. 箱柜	12.1	柜面标识明确，与柜内分类对应	1	
	12.2	柜内物品分类摆放，明确品名	1	
	12.3	各类工具应保持完好、清洁，保证使用性	1	
	12.4	各类工具使用后及时归位，有形迹化管理	1	
	12.5	柜顶无杂物，柜身保持清洁	1	

续表

项目	序号	标准内容	不符合时扣分	备注
13. 消防设施	13.1	摆放位置明显，标识清楚	1	
	13.2	位置设置合理，有禁止阻塞线，线内无障碍物	1	
	13.3	状态完好，按要求摆放，外观干净整齐	1	
	13.4	有责任人及定期点检记录	2	
	13.5	消防器材有明确的使用说明	1	
	13.6	紧急出口标识明确，逃生指示醒目	2	
14. 库房平面布置图	14.1	仓库、工具间内必须配置正确对应的平面布置图	1	
	14.2	布置图必须及时更新	1	
	14.3	布置图无破损、脱落	1	
	14.4	布置图内应有明确的区域用途说明	1	
15. 特种车辆	15.1	定位停放，停放区域划分明确，标识清楚	1	
	15.2	应有部门标识和编号	1	
	15.3	应保持干净及安全使用性	1	
	15.4	应有责任人，特种车辆、铲车和电瓶车有日常点检记录	1	
16. 容器、货架	16.1	容器、货架等应保持干净，物品分类定位摆放整齐	1	
	16.2	存放标识清楚，张贴于容易识别的地方	1	
	16.3	容器、货架本身标识明确，无过期及残余标识	1	
	16.4	容器、货架无破损及变形	1	
	16.5	放置区域合理划分，使用容器合理	1	
17. 危险品	17.1	有明确的摆放区域，分类定位，标识明确	1	
	17.2	隔离摆放，远离火源，并有专人管理	1	
	17.3	有明显的警示标识	1	
	17.4	非使用时应存放于指定区域内	1	
	17.5	危险容器搬运时应有安全措施和注意事项	1	
	17.6	有良好通风环境	1	
	17.7	有明确的应急处置措施规定和提示	1	
	17.8	有明确的危险品管理制度	1	
18. 电器	18.1	开关、控制面板标识清晰，控制对象明确	1	
	18.2	设备保持干净，定位摆放整齐，无多余物	1	
	18.3	设备明确责任人员，坚持日常点检，有必要的记录	1	
	18.4	应保证处于正常使用状态，非正常状态应有明显标识	1	
	18.5	合理布线，集束整理	1	
	18.6	配电箱有明确统一的标识标牌	1	
19. 楼梯	19.1	楼梯有明显的防止踏空和小心台阶提示	2	

续表

项目	序号	标准内容	不符合时扣分	备注
19. 楼梯	19.2	楼梯采用玻璃围栏的应有明显的防撞提示	1	
	19.3	楼梯台阶无损坏、脱落	1	
20. 其他辅助设施	20.1	风扇、照明灯、空调等按要求放置,清洁无杂物,无安全隐患	1	
	20.2	日用电器无人时应关掉,无浪费现象	1	
	20.3	门窗及玻璃等各种公共设施干净无杂物	1	
	20.4	废弃设备及电器应标识状态,及时清理	1	
	20.5	保持设施完好、干净	1	
	20.6	暖气片和管道上不得放杂物	1	

表 5-7　　　　　　　　　　后勤环境区域 7S 检查表

项目	序号	标准内容	不符合时扣分	备注
1. 道路	1.1	道路畅通,无障碍物	1	
	1.2	路面清干净整洁,无破损	1	
	1.3	道路施工时应有安全防范或警示措施	2	
	1.4	在机动车辆通行的道路有交通标志、标线	1	
	1.5	道路夜间有适当照明	1	
	1.6	道路排水管、坑盖等做好警示标识和编号管理	2	
	1.7	道路有必要的栏杆、挡墙等防坠设施和警示提示	1	
2. 绿化	2.1	厂区路灯、草坪灯设计安放要符合美观、安全要求,保持正常使用	1	
	2.2	适时修剪绿篱带、树木和草坪,剪后及时清理现场,不得遗留枝叶、碎草和杂物	1	
	2.3	对枯死和毁坏的花木要随时补栽更新,确保成活	1	
	2.4	草坪的喷淋设施正常,若损坏及时修理	1	
	2.5	草坪及时清扫,不得有生活垃圾或杂物	1	
	2.6	观赏的水池里要保持清澈,杂物及时清除	1	
	2.7	建立绿化养护责任制	1	
3. 标识	3.1	厂房及厂区设置的标志牌、标语、旗帜、宣传栏、展牌、路标等美观、整洁	1	
	3.2	标志牌、标语、旗帜、路标等符合集团公司视觉识别系统规定	1	
4. 路灯	4.1	路灯要进行编号管理	1	
	4.2	路灯合理设置开启时间,避免造成电力浪费	1	
	4.3	路灯、景观灯若有破损要及时进行修补	1	
5. 垃圾箱	5.1	垃圾箱要进行编号、分类管理	1	

续表

项目	序号	标准内容	不符合时扣分	备注
5．垃圾箱	5.2	垃圾箱破损应及时进行修补	1	
	5.3	垃圾箱内的垃圾及时清理，无异味	1	
6．公告栏	6.1	公告栏无破损、脱落	1	
	6.2	公告栏内容健康，更新及时	1	
7．楼道、门厅	7.1	照明设施正常	1	
	7.2	通风良好，无异味	1	
	7.3	无乱张贴和随意存放物品	1	
	7.4	消防设施按规定位置定位，明确责任人，定期点检	1	
	7.5	电源箱保持完好，明确管理责任人	1	
8．车辆	8.1	设置机动车和非机动车停放区域，分类定位、标识明确	1	
	8.2	在定位线内停放车辆，停放整齐、朝向一致	1	
	8.3	非停车区域没有违章停车	1	
	8.4	机动车内外保持清洁、完好	1	
9．节约、安全	9.1	无长流水，无长明灯	1	
	9.2	按规定布局安置消防设施，并保持完好，有点检记录	2	

表 5-8　　　　　　　　　　　食堂区域 7S 检查表

项目	序号	标准内容	不符合时扣分	备注
1．室内地面	1.1	地面有高差的地方应有明显的防绊提示且标准统一	2	
	1.2	地面无破损、坑洼	1	
	1.3	地面无积水、积灰、油渍	1	
	1.4	地面无纸张、碎屑及其他杂物	1	
	1.5	地面无烟蒂、痰迹	1	
2．墙面	2.1	墙身无破损、脱落	1	
	2.2	墙面保持干净，无蜘蛛网、积尘	1	
	2.3	墙面无乱涂、乱画、乱贴	1	
	2.4	墙面无渗水、脱漆	1	
	2.5	墙面无手脚印，无陈旧标语痕迹	1	
3．盆栽	3.1	盆栽需适当定位，摆放整齐	1	
	3.2	盆栽需有责任人	1	
	3.3	盆栽周围干净、美观	1	
	3.4	盆栽叶子保持干净，无枯死	1	
	3.5	盆栽容器本身干净	1	
4．桌椅	4.1	餐桌定位摆放，隔断整齐	1	

203

续表

项目	序号	标准内容	不符合时扣分	备注
4. 桌椅	4.2	桌面保持干净，无灰尘杂物，无规定以外的物品	1	
	4.3	桌面物品按定位摆放（除正在使用外），不拥挤凌乱	1	
	4.4	人员就餐完后椅归位，物品归位	1	
5. 公用就餐设施	5.1	饮水机、消毒柜、餐车等保持正常状态，有异常时必须作明显标识	2	
	5.2	保持干净，明确责任人	1	
	5.3	设施使用有必要的温馨提示，比如空调有明显的环保、节约用电要求，饮水机有小心烫手等提示	1	
	5.4	就餐设施有明确定位	1	
6. 门窗	6.1	门窗玻璃保持干净明亮	1	
	6.2	窗台上无杂物（除盆栽）摆放	1	
	6.3	门窗、窗帘保持干净	1	
	6.4	门窗玻璃无乱贴现象	1	
	6.5	有明显的防撞标识，比如防撞线、轨迹线等	1	
	6.6	门上有明显的推拉、开关等标识	1	
	6.7	房间门栏有明显的防绊提示	1	
	6.8	门窗机构完好，无损坏和锈蚀	1	
	6.9	门禁系统正常，门禁开关有明确提示	1	
7. 天花板	7.1	保持干净，无脏污	1	
	7.2	没有无关悬挂物	1	
	7.3	照明设施完好，灯罩内无积灰和破损	1	
	7.4	天花板无渗漏	1	
	7.5	天花板无脱落、掉漆	1	
	7.6	天花板与墙角无蜘蛛网	1	
8. 看板	8.1	墙面应有相应的温馨提示和服务看板	1	
	8.2	做好版面设置，标题明确	1	
	8.3	内容充实，及时更新	1	
	8.4	版面设置美观、大方，无不雅和反动内容	1	
	8.5	张贴物无破损和脱落情况	1	
9. 环境	9.1	包房及卫生间空气清新，无异味	1	
	9.2	无苍蝇、蚊虫等	1	
	9.3	公共环境无垃圾残余	1	
10. 洗手间	10.1	地面无积水	1	
	10.2	各种物品定位摆放，标识明确	1	
	10.3	洗手间保持卫生、清洁，无异味	1	

续表

项目	序号	标准内容	不符合时扣分	备注
10. 洗手间	10.4	有清扫点检表，并准确记录	1	
	10.5	洗手间有相应温馨提示	1	
	10.6	洗手间内照明良好	1	
	10.7	洗手间内设施完好，无破损、渗漏	1	
	10.8	洗手间门锁完好	1	
11. 餐具	11.1	分类摆放，干净卫生	2	
	11.2	餐具完好，无破损、折断	1	
	11.3	餐具摆放整齐，有消毒程序	2	
12. 行为规范	12.1	就餐期间不高声喧哗	1	
	12.2	文明就餐，无趴、斜等情况，坐姿文雅	1	
	12.3	无浪费食物现象	1	
13. 食材	13.1	熟食和生食分类区分，定位摆放	1	
	13.2	没有变质或超过保质期的食品	2	
14. 清洁用具	14.1	清洁用具用品定位摆放，标识明确	1	
	14.2	清洁用具摆放规范，无倾倒、杂乱	1	
	14.3	清洁用具本身无异味、无损坏	1	
	14.4	垃圾及时倾倒	1	
15. 开关、配电箱	15.1	开关、控制面板标识清晰，控制对象明确	1	
	15.2	设备保持干净，定位摆放整齐，无多余物	1	
	15.3	设备明确责任人员，坚持日常点检，有必要的记录	1	
	15.4	应保证处于正常使用状态，非正常状态应有明显标识	1	
	15.5	合理布线，集束整理	1	
	15.6	配电箱有明确统一的标识标牌	1	
16. 管线	16.1	各种管线（电线管、气管、水管等）固定得当	1	
	16.2	管线整齐，不随意散落地面，无悬挂物	1	
	16.3	管线布局合理，保持清洁，无灰尘、污垢	1	
	16.4	废弃管线及时清除，预留的要进行标识	1	
	16.5	设备与对应的管线应有明确的对应标识	1	
	16.6	电源线、网线、数据线等应明确分类和整理	1	
	16.7	房间内管线尽量利用线槽、扎带、定位贴等采取隐蔽走线的方式	1	
17. 刀具、菜板	17.1	标识明确，分类对应	1	
	17.2	刀具、菜板分类摆放，明确品名	1	
	17.3	有合理的摆放方式	1	

205

续表

项目	序号	标 准 内 容	不符合时扣分	备注
17. 刀具、菜板	17.4	各类刀具、菜板应保持完好、清洁,保证使用性	2	
	17.5	各类刀具、菜板使用后及时归位	1	
	17.6	刀具、菜板应按使用用途区分并标识,比如生熟分类	2	
18. 消防设施	18.1	摆放位置明显,标识清楚	1	
	18.2	位置设置合理,有禁止阻塞线,线内无障碍物	1	
	18.3	状态完好,按要求摆放,外观干净整齐	1	
	18.4	有责任人及定期点检记录	2	
	18.5	消防器材有明确的使用说明	1	
	18.6	紧急出口标识明确,逃生指示醒目	2	
19. 区域指示	19.1	食堂内配置正确对应的区域指示	1	
	19.2	区域指示必须及时更新	1	
	19.3	区域指示无破损、脱落	1	
	19.4	区域指示内应有明确的物品、数量、位置说明	1	
20. 节约环保	20.1	无长流水情况	1	
	20.2	空调有环保温馨提示,对空调温度有环保要求	1	
	20.3	下班时关闭电源	1	
21. 楼梯	21.1	楼梯有明显的防止踏空和小心台阶提示	2	
	21.2	楼梯采用玻璃围栏的应有明显的防撞提示	1	
	21.3	楼梯台阶无损坏、脱落	1	
22. 其他辅助设施	22.1	风扇、照明灯、空调等按要求放置,清洁无杂物,无安全隐患	1	
	22.2	日用电器无人时应关掉,无浪费现象	1	
	22.3	门窗及玻璃等各种公共设施干净无杂物	1	
	22.4	废弃设备及电器应标识状态,及时清理	1	
	22.5	保持设施完好、干净	1	
	22.6	暖气片和管道上不得放杂物	1	

表 5-9　　　　　　　　　接待中心区域 7S 检查表

项目	序号	标 准 内 容	不符合时扣分	备注
1. 室内地面	1.1	地面有高差的地方应有明显的防绊提示且标准统一	2	
	1.2	地面无破损、坑洼	1	
	1.3	地面无积水、积灰、油渍	1	
	1.4	地面无纸张、碎屑及其他杂物	1	
	1.5	地面无烟蒂、痰迹	1	
	1.6	地面有高差的地方应有明显的防绊提示且标准统一	2	

续表

项目	序号	标 准 内 容	不符合时扣分	备注
2. 墙面	2.1	墙身无破损、脱落	1	
	2.2	墙面保持干净，无蜘蛛网、积尘	1	
	2.3	墙面无乱涂、乱画、乱贴	1	
	2.4	墙面无渗水、脱漆	1	
	2.5	墙面无手脚印，无陈旧标语痕迹	1	
3. 盆栽	3.1	盆栽需适当定位，摆放整齐	1	
	3.2	盆栽需有责任人	1	
	3.3	盆栽周围干净、美观	1	
	3.4	盆栽叶子保持干净，无枯死	1	
	3.5	盆栽容器本身干净	1	
4. 桌椅	4.1	桌椅摆放整齐	1	
	4.2	桌椅干净，无灰尘杂物	1	
	4.3	桌面物品按定位摆放（除正在使用外），不拥挤凌乱	1	
	4.4	服务台台面干净整洁，物品摆放无倾倒、胡乱堆砌情况	1	
5. 公用服务设施	5.1	饮水机、空调等保持正常状态，有异常时必须作明显标识	1	
	5.2	保持干净，明确责任人	1	
	5.3	使用有必要的温馨提示，比如空调有明显的环保、节约用电要求，饮水机有小心烫手等提示	1	
	5.4	较为复杂的电器设备有简单的操作说明	1	
	5.5	电话有明确定位，有明确本机号码标注	1	
6. 门窗	6.1	门窗玻璃保持干净明亮	1	
	6.2	窗台上无杂物（除盆栽）摆放	1	
	6.3	门窗、窗帘保持干净	1	
	6.4	门窗玻璃无乱贴现象	1	
	6.5	有明显的防撞标识，比如防撞线、轨迹线等	1	
	6.6	门上有明显的推拉、开关等标识	1	
	6.7	房间门栏有明显的防绊提示	1	
	6.8	门窗机构完好，无损坏和锈蚀	1	
	6.9	门禁系统正常，门禁开关有明确提示	1	
7. 天花板	7.1	保持干净，无脏污	1	
	7.2	没有无关悬挂物	1	
	7.3	照明设施完好，灯罩内无积灰和破损	1	
	7.4	天花板无渗漏	1	
	7.5	天花板无脱落、掉漆	1	
	7.6	天花板与墙角无蜘蛛网	1	

续表

项目	序号	标准内容	不符合时扣分	备注
8. 展板、看板	8.1	主要通道墙面应有相应的企业展示画板	1	
	8.2	做好版面设置，标题明确	1	
	8.3	内容充实，及时更新	1	
	8.4	张贴物无破损和脱落情况	1	
9. 区域标识	9.1	有明确的楼层指示和区域分布指示	2	
	9.2	有明确的路向指示	1	
	9.3	逃生和应急通道指示明确	2	
10. 洗手间	10.1	地面无积水	1	
	10.2	各种物品定位摆放，标识明确	1	
	10.3	洗手间保持卫生、清洁，无异味	1	
	10.4	有清扫点检表，并准确记录	1	
	10.5	洗手间有相应温馨提示	1	
	10.6	洗手间内照明良好	1	
	10.7	洗手间内设施完好，无破损、渗漏	1	
	10.8	洗手间门锁完好	1	
11. 着装	11.1	按着装规定穿着服装	1	
	11.2	工作期间衣着得体，无穿背心、拖鞋等不文明行为	1	
	11.3	接待人员按照相关规定统一着装、佩戴上岗证	1	
12. 接待行为规范	12.1	工作期间不做与工作无关的事项	1	
	12.2	不高声喧哗和聚众吵闹	1	
	12.3	文明服务，无趴、斜等情况，坐姿文雅	1	
	12.4	不做与工作无关的事项（看报刊、小说等）	1	
	12.5	无随意串岗、离岗现象	1	
	12.6	无浪费水、电等情况	1	
	12.7	上班、开会无迟到、早退现象	1	
	12.8	遵守职业规范及礼仪	1	
13. 会客室、会议室	13.1	地面保持干净	1	
	13.2	各种用品保持清洁干净，适当定位标识	1	
	13.3	会议室内相关设备有简要操作说明	1	
	13.4	会议室内有相关会议纪律的温馨提示	1	
14. 清洁用具	14.1	清洁用具用品定位摆放，标识明确	1	
	14.2	清洁用具摆放规范，无倾倒、杂乱	1	
	14.3	清洁用具本身无异味，无损坏	1	
	14.4	垃圾及时倾倒	1	

续表

项目	序号	标准内容	不符合时扣分	备注
15. 开关、配电箱	15.1	开关、控制面板标识清晰,控制对象明确	1	
	15.2	设备保持干净,定位摆放整齐,无多余物	1	
	15.3	设备明确责任人员,坚持日常点检,有必要的记录	1	
	15.4	应保证处于正常使用状态,非正常状态应有明显标识	1	
	15.5	合理布线,集束整理	1	
	15.6	配电箱有明确统一的标识标牌	1	
16. 管线	16.1	各种管线(电线管、气管、水管等)固定得当	1	
	16.2	管线整齐,不随意散落地面,无悬挂物	1	
	16.3	管线布局合理,保持清洁,无灰尘、污垢	1	
	16.4	废弃管线及时清除,预留的要进行标识	1	
	16.5	设备与对应的管线应有明确的对应标识	1	
	16.6	电源线、网线、数据线等应有明确分类和整理	1	
	16.7	房间内管线尽量利用线槽、扎带、定位贴等采取隐蔽走线的方式	1	
17. 消防设施	17.1	摆放位置明显,标识清楚	1	
	17.2	位置设置合理,有禁止阻塞线,线内无障碍物	1	
	17.3	状态完好,按要求摆放,外观干净整齐	1	
	17.4	有责任人及定期点检记录	2	
	17.5	消防器材有明确的使用说明	1	
	17.6	紧急出口标识明确,逃生指示醒目	2	
18. 楼梯、电梯	18.1	楼梯台阶无损坏、脱落	1	
	18.2	楼梯、电梯有明显的防踏空提示	2	
	18.3	电梯轿厢有相应安全应急提示	2	
	18.4	电梯轿厢内照明充足,无损坏	1	
	18.5	楼梯玻璃护栏应有明显的防撞提示	1	
19. 其他辅助设施	19.1	风扇、照明灯、空调等按要求放置,清洁无杂物,无安全隐患	1	
	19.2	日用电器无人时应关掉,无浪费现象	1	
	19.3	门窗及玻璃等各种公共设施干净无杂物	1	
	19.4	废弃设备及电器应标识状态,及时清理	1	
	19.5	保持设施完好、干净	1	
	19.6	暖气片和管道上不得放杂物	1	

（2）区域检查表。

由于生产现场情况复杂，可以根据每个现场的实际情况制定区域检查表。××部门（××区域）现场检查表如表5-10所示。

表5-10　　　　　　　　　　××部门（××区域）现场检查表

区域	项目	序号	评价内容	责任人 扣分项	备注
1号主变压器室	1. 地面	1.1	地面物品摆放有定位、标识	1	
		1.2	地面无污染（积水、积灰、油污等）	1	
		1.3	地面无不要物、杂物和卫生死角	1	
		1.4	地面区域划分合理，区域线清晰，无破损	1	
		1.5	物品存放于定位区域内，无压线	1	
		1.6	安全警示区划分清晰，警示标识明显，悬挂符合规定	1	
		1.7	地面的安全隐患处（突出物、坑洞等）应有防范或警示措施	1	
	2. 通道	2.1	通道划分明确，保持通畅，无障碍物，不占道作业	1	
		2.2	两侧物品不超过通道线	1	
		2.3	通道线及标识保持清晰完整、无破损	1	
	…	…	…		
		…	…		
…	…	…	…		
		…	…		

二、制定评分规则

1. 现场检查分数修正规则

由于现场区域状况不同，改善难度有一定差异，为体现公平、公正，应预先设定一个难度系数对检查结果进行修正。现场检查得分需经过难度系数修正后，才能得到7S现场检查的修正得分。

现场检查修正得分=现场检查得分×难度系数 K

2. 现场难度系数 K 确认

现场难度系数 K 的确认要充分考虑各改善区域的差异情况，经过民主集中讨论确定。7S区域的差异因素主要有：改善难易程度；区域面积；参与改善的员工人数。

各单位可根据现场实际确定区域难度系数，制定难度系数表（参见表5-11），系数值范围为0.8～1.0。

表 5-11　　　　　　　　　　　难　度　系　数　表

序号	难度系数	区　域
1	0.8	办公区域、后勤区域、库房工具间区域…
2	0.9	库房工具间区域、生产区域…
3	1.0	生产区域…
4	…	…
5	…	…
6	…	…
…	…	…

3. 7S 综合得分

7S 综合得分由现场检查修正得分和综合管理查评得分根据权重比例计算后得出，作为各区域评比的最终依据。计算公式为

7S 综合得分=现场检查修正得分×65%＋综合管理查评得分×35%

三、准备检查物品

开始检查评比前，应准备好检查所需物品。检查组应有专人负责检查物品的准备、发放和回收。检查物品主要有各种表单、文件夹、笔、评委证等，如表 5-12 所示。

表 5-12　　　　　　　　　　7S 现场检查所需物资列表

序号	名　称	用　途
1	评分夹	固定考评表单
2	7S 检查表	填写考评内容、得分情况
3	记录本	记录检查过程
4	笔	填写记录
5	相机	拍摄
6	白手套	检查卫生
7	安全帽	生产现场劳动保护
8	评委证	证明考评人员身份
9	7S 考评人员、工作人员名单及任务安排表	安排考评人员、工作人员各项工作任务，包括车辆安排，得分统计等
10	考评时间安排表	安排考评检查线路及考评的具体时间
11	7S 评分规则	规范考评程序，保证考评结果公平公正

第三节 检查组织实施

一、确定检查时间和人员安排

检查时间的安排应充分考虑企业实际工作情况，尽量避免与上级检查及机组抢修等工作冲突，确保不影响正常生产工作。检查路线的设计应结合检查区域的位置和人员上班时间等统筹考虑，确保检查时间充足，通常每个区域的检查时间应为 10~15min。

检查以小组为单位，小组人数以 5~10 人为宜。检查人员主要包括检查考评人员、摄影人员及其他工作人员。检查人员的安排应遵循回避原则，负责被检查区域管理的人员在检查该区域时应不予打分。

二、下发检查通知

在做好检查时间和人员安排后，应下发正式的检查通知，将检查计划通知被检查区域，以便被检查区域做好相关准备工作。

三、召开检查前会议

检查前会议可以有效统一思想、统一尺度，保证检查结果的公平、公正。检查前会议应尽量简短，参会者为全体检查人员，主要内容是说明检查考评的规则、要求、注意事项、路线、乘车安排以及责任分工等。

根据实际需要，检查前会议还可以安排被检查区域代表介绍区域 7S 工作开展、维持、提升情况，用 PPT 等生动形式全面展示区域改善过程。

四、组织检查评比

检查人员由组长带领，按照既定的检查线路进行查评。组织检查通常包括以下一些事项：

（1）检查人员结合评分规则，按照检查表所列项目，逐项检查并作出评价。

（2）检查人员对被检查区域的改善亮点、问题点进行准确客观的描述。

（3）摄影人员对检查发现的亮点和问题点进行拍摄。

（4）被检查区域人员可以主动指引，并就工作的成绩、亮点主动向检查组介绍，但不得干扰检查考评工作。

（5）检查结束后，检查组应及时编制检查报告，并及时整理检查过程的原始资料，作为报告附件。

（6）检查评比结果应于检查结束后一周内公布。

（7）对检查评比结果有异议的区域，可以提请申诉，要求复核。申诉应遵循一定的程序，逐级提出。常用的申诉表如表5-13所示。

表5-13　　　　　　　　　　　　7S 申 诉 表

编号：

日期		申诉区域	
申诉内容： 申诉区域负责人：			
7S 检查考评组确认： 考评组长：			
调查结果： 主任委员：			

7S 评比结果申诉由 7S 推进办公室或 7S 归口管理部门负责受理，并由其在一周内完成调查处理。调查结果报到 7S 推进委员会或 7S 管理委员会裁决后生效。

第四节　检查结果运用

一、实施奖惩

检查结束后，企业根据 7S 推进期奖惩制度或 7S 常态化管理奖惩规定，及时兑现奖惩。

在奖项设置上，7S 推进期和常态化保持期可以有所不同。推进期通常设定最佳 7S 示范区域创建奖、最佳创意奖、最大进步奖、先进个人奖等，保持期通常设定最佳保持奖、7S 之星奖、持续改善奖等。

二、召开总结表彰大会

推进期每一批次 7S 项目检查评比结束后，应组织召开总结表彰大会。参加会议的人员除 7S 项目组织机构人员外，还应包括公司主要领导、7S 督导师、公司中层管理人员、7S 区域负责人以及其他员工等。总结表彰大会通常包括 7S 先进区域成果展示、落后区域表态、颁奖、督导师点评、7S 工作报告、公司主要领导总结等议程。

7S 常态化保持期，表彰工作可以结合其他会议合并进行，如公司例会、员工大会等，保持期的表彰工作可以根据情况简化程序，但绝不能因事务多而取消，应坚持长期开展。

三、展示 7S 成果

对于评选过程中涌现出的优秀 7S 成果，企业应通过 7S 管理看板、简报、7S 宣传画册、宣传 PPT、微电影、摄影作品等多种方式进行展示，让全体员工看到优秀的 7S 改善成果，激发员工参与改善的热情。

四、实施循环改善

7S 推进过程中，针对相同或类似区域，员工会有不同的改善做法和不同的创新。对此，7S 推进办公室应及时进行提炼总结，并大力推广。对于检查评价得分较低或不合格的区域，7S 推进办公室或 7S 工作归口管理部门应及时下发整改通知单，明确整改事项、整改要求、整改期限，帮助区域尽快完成整改。收到整改通知单后，相关区域应立即组织实施整改，完成后，向 7S 推进办公室或 7S 工作归口管理部门申请验收。7S 改善流程图见图 5-2。7S 是一个循环改善的过程，每一次改善都是一次进步；7S 管理只有起点，没有终点；7S 改善没有最好，只有更好。

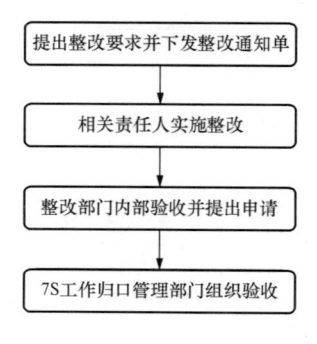

提出整改要求并下发整改通知单
↓
相关责任人实施整改
↓
整改部门内部验收并提出申请
↓
7S 工作归口管理部门组织验收

图 5-2　7S 改善流程图

检查评比后，应及时对发现的问题进行收集整理，下发整改通知单（示例参见表 5-14）。

表 5-14　　　　　　　　　　　　　　7S 区域整改通知单

编号：××××

责任部门		责任人		要求完成时间	
整改内容	水工楼进门空开箱子缝隙过大				
整改要求	密实填缝，按标准标识				
整改反馈	图文说明 整改负责人（签字）　　　日期：				
整改验收	 验收人（签字）　　　日期：				

第六章

7S 常态化管理

7S 推进不难，难的是持之以恒、不断完善。一些企业的 7S 管理在推进阶段开展得轰轰烈烈，但是推进期结束后，由于没有建立常态化管理机制，企业管理很快回到原来的老路上去，改善成果付诸东流。所以，7S 推进期过后的常态化管理非常重要。本章从 7S 的标准化、7S 的日常管理、持续改善、7S 的延伸与提升等几个方面讲解 7S 常态化管理的相关知识。

第一节　7S 标 准 化

一、7S 标准化的定义

7S 标准化就是将 7S 推进中的好方法进行提炼总结，形成共同遵守的行为准则并将其固化。

二、7S 标准化的开展

7S 推行初期，员工往往会有这样的疑问，"为什么不在活动开始之初就明确一个改善标准？这样大家就能知道该怎样做，不但节省人力、物力，还避免了出现现场改善标准不统一的情况。"要回答这个问题，就必须了解企业推进 7S 的本意，7S 是一种基本的管理理念和管理方法，不是一个管理标准。推行 7S 是让员工掌握整理、整顿、清扫、清洁的推进方法，树立查找问题、不断改善的工作理念。如果从一开始就给员工一个标准，让大家照着标准去做，就限制了员工创造性的发挥。另外，外来的标准因为与企业实际结合不够，也缺乏生命力。一些推行 7S 不成功的企业往往就是直接给员工一个 7S 改善标准，让员工照着做。员工不明白为什么要这样做，这样做有什么好处，员工的工作理念没有转变，工作能力没有提升，不但影响了推行效果，也与推行 7S 的初衷不符。

三、7S 标准化的作用

对于发电企业来讲，7S 标准化有以下几个方面的作用：

1. 保障安全

7S 标准化使安全管理的要求更加具体，让员工都能够按照规章制度办事，有效减少不安全行为和事故的发生。

2. 减少浪费

7S 标准化是员工智慧和经验的总结，代表了最科学、最简约的工作方法，它能够有效减少空间、时间、物力、人力的浪费，帮助企业降低生产成本，提高经济效益。

3. 保证工作质量

7S 标准化能够有效规范员工的工作行为，保证工作质量，避免工作出现偏差。

4. 提供便利

7S 标准化一方面为员工工作提供了便利，例如将设备操作方法和步骤以文字和图片形式在现场直接展示出来，为员工操作提供方便；另一方面使现场管理更加规范，例如工具定置化管理以后，员工能够自觉将使用完的工具归位，减少了管理压力。

5. 提高员工素养

长期按照 7S 标准操作，使标准化的管理要求成为工作习惯，使管理要求融入员工血液，员工素养能自然而然地得到提升。

四、7S 标准化的原则

1. 符合相关标准

7S 标准要严格遵守国家标准、行业标准、企业标准，不能够与相关标准相抵触。

2. 确有必要

7S 标准不追求"大而全"。制定标准前，要广泛调研、征求员工意见，在确需要的领域制定标准。

3. 容易遵守，易于执行

7S 标准的制定要充分考虑其可执行性，要易于遵守，图片、语言要明确易懂，减少员工辨识和思考的时间。

4. 节约成本

7S 标准要简单朴实，不追求外表的华丽，要最大程度地减少材料的消耗和人力的投入。

五、7S 标准化的内容

1. 管理方法标准化

（1）定置管理标准化。

定置管理标准化是通过整理，将生产过程中不需要的物品清除掉，不断改善生产现场条件，科学地利用场所，向空间要效率；通过整顿，促进人与物的有效结合，使物品取用方便快捷，向时间要效率，从而实现生产现场管理规范化与科学化。定置摆放示例如图 6-1 所示。

（2）标识管理标准化。

标识管理标准化是指对 7S 管理过程中形成的一系列目视化标识（色彩、指向、定位、行迹标识、看板等）按照有利于安全作业、有利于提高工作效率、有利于员工理解辨识的原则进行规范。设备标识管理示例见图 6-2。

2. 管理制度标准化

（1）工作要求标准化。

将 7S 推进和常态化管理过程中的计划、例会、宣传、区域、现场督导、物资、费用管理的相关工作流程和工作要求进一步规范，形成制度、标准。

（2）奖罚管理标准化。

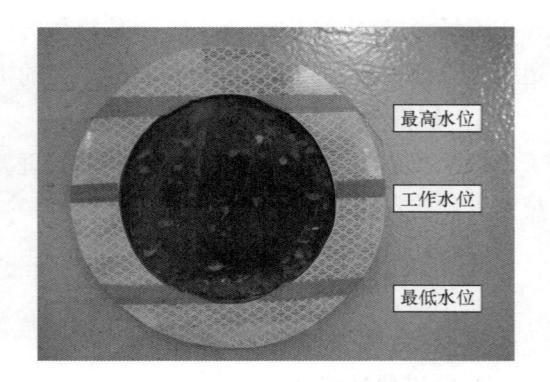

图 6-1 定置摆放　　　　　　　图 6-2 设备标识管理

将 7S 推进和常态化管理过程中的改善、创意奖励管理、宣传工作奖励、督导师奖励等以规章制度的形式固化下来，纳入公司的绩效考核管理体系。

（3）评价过程标准化。

在检查评价过程中，不断建立和完善 7S 检查评比管理办法、7S 区域改善评价细则等，规范检查评价管理。

第二节　7S 常态化组织管理

一、管理机构

7S 进入常态化管理阶段以后，推进办公室可能会随着工作的需要而发生变化，甚至并入企业管理办公室或者生产技术等管理部门。7S 管理的力度也有可能随着组织机构的变化而逐步衰减，所以如何建立有效的常态化管理机构并使其有效运作是推行 7S 管理的企业都需要面对的问题。

推行期过后，企业应该建立怎样的管理机构？现场管理的主要抓手是什么？以下要素缺一不可：

（1）7S 管理委员会。委员会主任由公司总经理担任，副主任由公司其他领导担任，成员由各部门负责人担任。

职责：负责 7S 常态化管理的组织领导、批准年度工作方案、费用预算、考核奖惩意见、协调解决重大问题。

（2）分管领导和部门。分管领导建议为企业生产副总经理，归口管理部门为企业管理部门或生产管理等部门。

职责：负责 7S 常态化的日常组织和管理，组织工作例会，批准工作计划，提出考核奖惩意见，解决日常管理过程中遇到的问题。

（3）7S 管理专职人员（1~2 人）。企业可以设 7S 管理专责，也可以由企业管理专责兼任 7S 专责。

职责：负责 7S 常态化管理日常工作的落实，包括汇总下发工作计划、组织检查评比、制定和报批物资计划、巡视检查现场改善保持和提升情况等。

（4）督导师。包括推进期取得认证的督导师以及企业根据工作需要后续培养的督导师。

职责：负责现场所辖区域的日常巡视、检查、督导。

常态化管理期间督导师担任着较为重要的角色，是 7S 日常管理的主要抓手。其工作职责、工作内容及各项工作的权重如表 6-1 所示。

表 6-1　　　　　　　　督导师工作职责、工作内容及各项工作权重

督导师职责	主要工作内容	工作权重
工作计划管理	制订工作计划	20%
	跟踪检查计划完成情况	
	向上汇报工作计划完成情况	
现场监督指导	发现现场 7S 管理存在的问题	50%
	下发整改通知书	
	检查整改工作落实情况	
	向上反馈现场 7S 管理存在的问题	
协调资源配置	评估 7S 管理过程中需要的资源	10%
	汇总制订物资需求计划和预算	
	上报计划并跟踪落实	
沟通解决问题	协调工作过程中的各方面关系	20%
	协调工作过程中出现的问题并向上反馈	

二、日常管理

进入常态化管理阶段后，为了保持和提升企业 7S 成果，公司应按照管理要求从以下几个方面加强管理：

1. 计划管理

7S 归口管理部门应定期组织编制 7S 年度、月度工作计划，对推进期没有覆盖到的区域有步骤地实施改善，实现全厂改善无盲点、无死角，有计划地做好 7S 管理成果的保持和提升。

各部门（班组）应根据 7S 主管部门的要求，结合实际情况确定部门（班组）的 7S 保持提升内容，列入部门（班组）月度工作计划。上报 7S 管理部门，纳入绩效考核。表 6-2

是某公司化验班 7S 月度工作计划。

表 6-2   某公司化验班 7S 月度工作计划

序号	内容	责任人	完成时限	所需物资
1	药品库整理和卫生打扫，入水化验间取样瓶摆放位置已清洁，擦拭干净，定位；更换的电脑已重新定位	×××	2月8日	打扫卫生工具
2	药品库整理和卫生打扫，其他实验室卫生的打扫保持，实验室看板更新，创意申报	×××	2月8日	定位标签、酒精、拖把、抹布、绑扎带等
…	…	…	…	…

2. 例会管理

进入常态化管理阶段，企业应每月召开由 7S 分管领导、归口管理部门负责人、7S 管理专责、督导师参加的管理例会，例会的主要内容如下：

（1）检查月度工作计划完成情况；

（2）讨论下月工作计划和后续改善计划；

（3）通报 7S 费用预算计划的完成情况；

（4）协调解决 7S 管理过程中存在的问题；

（5）通报对各区域 7S 保持情况的巡视检查结果；

（6）讨论形成月度 7S 考评结果。

3. 检查管理

（1）员工日检查。

为了培养员工的 7S 素养，企业应要求员工在每天工作结束后，利用 5～10min 对当天的工作进行 7S，每天 7S 的范围不仅包括对工作环境、电脑桌面等进行整理、整顿、清扫，还包括对当天的工作完成情况进行检查。表 6-3 和表 6-4 给出了××公司办公室和生产现场员工每日 7S 活动自查表，员工可根据完成情况进行对照检查，根据完成情况在对应空格里划"√"。

表 6-3   ××公司员工每日 7S 活动自查表（办公室）

类别	检查内容	活动内容	周一	周二	周三	周四	周五
工作环境	1. 检查桌面、地面是否清洁	①清洁桌面；②清洁地面					
	2. 检查桌面物品、办公设施设备是否归位	①桌面物品、归位；②办公设施、设备归位					
	3. 检查是否有不需要的物品	①倒掉垃圾篓内的垃圾；②扔掉不需要的物品					
	4. 检查着装情况和服装整洁度	①整理着装；②换掉不清洁的服装					

续表

类别	检查内容	活动内容	周一	周二	周三	周四	周五
工作环境	5. 检查电源开关、门窗、空调等是否关闭	①关闭办公设备电源；②关闭门窗、空调等					
电脑桌面	6. 检查电脑桌面是否有电子文档	①将不需要的文档删掉；②将有用文档按类别存放					
当日工作	7. 检查当日工作计划完成情况	①完成工作上报或妥善留存；②标记未完成工作					
	8. 检查第二天工作计划	①未完成工作列入第二天计划；②对照周计划制定第二天计划					

表 6-4　　　　　　　　××公司员工每日 7S 活动自查表（生产现场）

类别	检查内容	活动内容	周一	周二	周三	周四	周五
工作环境	1. 检查现场环境是否清洁	①清除地面杂物；②用抹布擦干净仪表、设备、机器；③擦干净溅落或渗漏的水、油或其他脏污					
	2. 检查工具、标识牌是否完好并归位	①将完好工具归位，处理损坏工具；②将完好的标示牌、标签等归位，处理损坏					
	3. 检查是否有物品掉落在地上	捡起掉落的物品，检查是否损坏，并归位					
	4. 检查是否有不需要的物品	扔掉不需要的物品					
	5. 检查着装情况和服装整洁度	①整理着装；②换掉不清洁的服装					
	6. 检查是否有需要关闭的电源、火患等	①关闭需要关闭的电源；②处理火患等					
当日工作	7. 检查当日工作完成情况	①填写工作日志；②标记未完成工作					
	8. 检查第二天工作计划	①当天未完成工作列入第二天工作计划；②对照周工作计划制定第二天工作计划					

（2）班组周检查。

班组建立 7S 周检查制度，参考"每日 7S 活动自查表"对班组管辖范围内的生产现场、工具间、办公区域等的 7S 情况进行检查，也可适时邀请公司 7S 督导师或 7S 专责进行现场指导，及时对检查发现的问题进行整改，以提升 7S 管理水平。

（3）部门月检查。

部门组织各专业人员，每月对所辖区域的 7S 管理情况进行检查，部门内部进行打分，并按照查评成绩排队，对表现良好的区域进行奖励，对不良区域进行惩罚，在部门月度绩效考评中兑现。

（4）公司评比。

公司每月或每季度对全厂的 7S 管理情况进行全面检查，将检查结果与部门、班组的绩效考评挂钩。

推进期过后涌现出的 7S 改善亮点区域和个人，可以单独提出奖励申请，填写申请表格，由公司组织统一验收，每月或每季度进行奖励。

进入常态化管理期，企业可以将 7S 检查与星级企业检查评价、班组建设检查、设备评价等日常检查评比机制相结合，一方面可以有效减少基层班组负担，另一方面也有利于 7S 查评工作的持续开展。

4. 经费管理

企业应将 7S 费用管理纳入全面预算管理范畴，建立相应管理机制和流程：

（1）编制年度 7S 计划。根据公司整体工作安排，编制年度 7S 改善和工作计划。

（2）编制年度 7S 费用预算。根据年度 7S 计划，编制 7S 费用预算。

（3）年度预算审核批准。按照全面预算管理流程，完成年度 7S 费用预算的审核、批准。

（4）年度预算分解。将年度 7S 费用预算分解到月、落实到各部门。

（5）年度预算执行。严格按照费用预算管理日常 7S 费用。

（6）预算调整和检查。每月检查通报 7S 费用实际发生情况，对超出费用进行考核。年中根据实际情况对预算进行调整。

三、责任区划分

7S 推进初期，一般是由推进办公室直接负责示范区的推行督导和管理，然而随着 7S 改善区域的不断扩大，尤其是推进期过后，就需要建立 7S 区域负责制，将生产作业区、库房区、办公区、后勤区等划分成若干区域，明确每个区域日常管理负责人、督导师以及分管部门负责人，建立区域负责制。

1. 责任区的划分

将厂区按照专业和功能进行合理划分，例如汽轮机、锅炉、脱硫、化学、除灰、升压站、输煤、库房、办公楼、员工宿舍、厂区环境等，还可以对每个区域再进一步细化分解，例如锅炉区域分为本体、制粉系统、吹灰系统、送引风机系统、电除尘系统等；库房区分为 1、2 号库房区，3、4 号库房区等。表 6-5 是××公司 7S 管理责任区域一览表。

表 6-5　　　　　　　××公司 7S 管理责任区域一览表

7S 管理责任区	区域责任人	督导师	责任区	班组责任人
汽轮机、化学	×××	×××	1 号、2 号汽轮机 0m	机务：×××；电气：×××；热工：×××
			汽轮机 5m	机务：×××；电气：×××；热工：×××

续表

7S管理责任区	区域责任人	督导师	责任区	班组责任人
汽轮机、化学	×××	×××	汽轮机13.7m	机务：×××；电气：×××；热工：×××
			汽轮机26m	机务：×××；热工：×××
			水处理车间	机务：×××；热工：×××
			精处理区域	机务：×××；电气：×××；热工：×××
锅炉、除灰	×××	×××	1、2号炉制粉系统	机务：×××；电气：×××；热工：×××
			1、2号炉送、引风系统	机务：×××；电气：×××；热工：×××
			1、2号炉电除尘系统	机务：×××；电气：×××；热工：×××
			1、2号炉除渣、排污系统	机务：×××；电气：×××；热工：×××
		×××	1、2号炉本体系统	机务：×××；电气：×××；热工：×××
			1、2号炉吹灰系统	机务：×××；电气：×××；热工：×××
脱硫	×××	×××	1、2号塔石膏浆液排出泵及管路	机务：×××；电气：×××；热工：×××
			1、2号循泵房公用系统	
			1、2号吸收塔	
			1、2号GGH	
			1、2号低泄漏风机	
			1、2号增压风机	
输煤	×××	×××	油区卸、供油系统	机务：×××；热工：×××
			皮带输煤系统	机务：×××；热工：×××

2. 各层级管理内容

（1）7S专责：

1）对全厂改善区域进行定期巡视，提出区域整改意见；

2）督促检查各区域整改工作；

3）对区域督导师履职情况进行评价；

4）对各部门7S管理提升情况进行评价。

（2）部门负责人：

1）对本部门改善区域进行定期巡视，提出整改意见；

2）督促检查区域整改工作；

3）对区域督导师履职情况进行评价。

（3）督导师：

1）对所督导区域进行定期巡视，监督指导7S改善和提升；

2）协调解决区域改善出现的问题；

3）向 7S 专责、部门负责人反馈区域改善情况，对区域改善情况进行评价；

4）收集、整理、上报区域的改善创意。

（4）专业管理：

1）负责本专业 7S 管理区域的改善和提升；

2）保持本专业 7S 管理的改善成果；

3）对区域督导师提出的问题进行整改。

第三节 持 续 改 善

7S 进入常态化管理阶段，大部分区域的改善工作已经结束，但这并不意味着这个阶段的 7S 改善内容只剩下维护和保持。常态化管理阶段最重要的内容是持续改善、不断提升。

一、持续改善的含义

持续改善是指企业通过一定的制度化奖励措施，引导和鼓励员工积极主动地提出并实施有利于改善公司生产经营活动的革新建议、改进意见、发明创造等，它是激活员工智慧、推动全员参与、持续改进的有力武器。

二、持续改善的作用

持续改善能够起到以下作用：

（1）提高员工发现和解决问题的能力；

（2）培养员工的改善意识和改善能力；

（3）激发员工的创新热情和内在潜力；

（4）提升员工的责任感和敬业精神；

（5）为企业创造可观的经济效益。

三、持续改善的方式

企业开展持续改善有以下几种常见方式：

（1）提案改善；

（2）合理化建议；

（3）TQC（全面质量管理）活动；

（4）"五小"（小发明、小创造、小革新、小设计、小建议）活动。

四、提案改善活动

7S 持续改善的一种最常用方式是提案改善活动。提案改善起源于日本，是丰田生产方式（TPS）屋型模型的重要组成部分，已经在许多国家的企业和公司里得到应用和推广，为企业创造了巨大的经济效益。韩国的三星公司、中国的海信、中国台湾的高等学府等都建立了完善的提案改善体系。下面重点介绍提案改善活动的管理流程、关注点、格式以及案例。

1. 管理流程（见图6-3）

（1）员工针对工作中发现的问题深入思考调研，编制改善提案。

（2）提案改善作者将改善提案提交部门负责人。

（3）部门负责人组织部门内部审核，提出修改意见，提案改善作者进行修改完善，并提交公司提案改善评审小组。

（4）提案改善评审小组组织专业人员对提案进行综合评审。

（5）提案改善评审小组将意见反馈实施部门，开展改善活动。

（6）改善实施完毕后，公司提案改善评审小组组织进行最终评比，确定奖励等级，并对提案改善提出和实施者进行奖励。

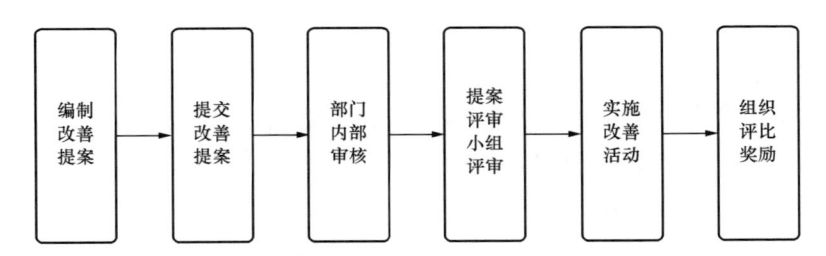

编制改善提案 → 提交改善提案 → 部门内部审核 → 提案评审小组评审 → 实施改善活动 → 组织评比奖励

图 6-3 提案改善活动管理流程图

2. 改善关注点

发电企业 7S 管理提案改善的内容涉及企业生产经营管理的方方面面，重点应关注以下五个方面。

（1）安全：

1）各类安全标识是否齐全，安全警示（提示）是否到位；

2）作业人员的安全防护措施是否完善；

3）工器具是否按要求存放；

4）消防器材是管理是否得当；

5）机械设备、工作台的突出部位是否加上防护罩。

（2）设备工具：

1）设备跑、冒、滴、漏的治理方法；

2）设备设施设计不合理，不方便作业；

3）作业工具的改造和创新。

（3）成本：

1）如何降低机组能耗；

2）如何减少物料成本及损耗；

3）如何减少设备损耗；

4）如何回收处理废旧物资；

5）如何消除时间浪费。

（4）效率：

1）优化审批流程，提高管理效率；

2）改进作业工序，提高工作效率；

3）提高库存利用率。

（5）环境：

1）如何创造更加良好的生产作业环境；

2）如何保持工作场所的干净整洁；

3）如何消除办公室的卫生死角；

4）如何使厂区环境更加优美。

3. 提案格式

改善提案审批表格式要求简明扼要、简单实用，一般包括以下内容：

（1）问题描述：改善对象进行简要描述，可辅以照片或图表说明。

（2）改善目的：简单说明改善的目的和意义。

（3）改善方法：描述改善方法、步骤，改善需要达到的标准和要求，预期能够实现的效果等。

（4）改善效果：描述改善实际效果，效果可分为有形和无形两种，有形效果主要是改善为企业创造的直接效益，包括安全的保障、能耗的降低、生产效率的提高等，最好用数字加以量化说明。无形效果一般包括管理效果的提高、员工素质的提升、工作环境的改善等，不能用数据衡量，可以用图片直观说明的尽量用图片加文字的方式加以描述。

（5）改善评价：提案改善评审小组根据《提案改善管理办法》的有关标准和要求，对提案进行客观、公正的评价。

（6）结论：提案改善评审小组根据实际改善效果，对提案进行综合评定，并确定奖励等级。

4. 提案改善案例

某公司 7S 改善项目申请表如表 6-6 所示。

表 6-6　　　　　　　　　　　　　　　7S 改善项目申请表

编号：

部门	生技部信息中心	姓名	×××	申报日	××年××月××日	受理日	××年××月××日
改善创意名称			信息中心文件柜目视化小创意				
问题描述			1. 文件盒摆放杂乱，不便于日常使用管理和资料查找； 2. 不能够直观地看到哪个文件盒被取走； 3. 文件盒取走后没有位置标识不便于迅速归位				
改善目的			通过在文件盒侧面和柜子顶部制作并粘贴明显的目录标签，标识资料盒的摆放位置，便于取放				
改善方法和步骤							
改善方法：将文件分类存放，制作统一的目录标签，并在柜子顶部粘贴相同的文件标签，当文件盒取出时上层标签自动垂下，一目了然，方便大家使用和归位。 步骤：1. 整理文件盒资料； 　　　2. 制作文件盒标签； 　　　3. 摆放文件盒并粘贴文件盒幕帘							
改善效果		有形效果：文件资料摆放整齐，美观大方；方便文件查找归位，提高工作效率			无形效果：帮助员工养成良好工作习惯，提升员工素养，塑造良好企业形象		
推进办公室审批意见							
评定得分			评定等级			批准	

注　团体创意，在创意者中填写组长，其他成员另外附上。

5. 提案改善的评价

对于提案改善的评价，可以从贡献度、推广价值、创意性、难易程度几个方面进行评价。企业可以根据实际需要确定每个方面分值所占的权重（参见表 6-7）。提案改善评审小组应按照提案改善的有形效果和无形效果进行综合打分，根据得分情况确定等级，例如一等奖、二等奖、三等奖、优秀奖、鼓励奖等。

表 6-7　　　　　　　　××企业提案改善评价的测评依据和权重

评价内容	评级内容的含义	权重
贡献度	改善在保障安全生产、提升企业效益、完善企业管理方面对企业做出的贡献、取得的成效、发挥的作用等	50%
推广价值	改善措施、方法是否可在其他领域运用	20%
创意性	改善在思路、方法、措施、效果等方面的创新程度	20%
难易度	改善实施过程的复杂程度	10%

五、提案改善与合理化建议

1. 提案改善与合理化建议的区别

虽然提案改善与合理化建议同是企业管理内部沟通的有效机制，但两者存在以下几个方面的区别，它们的区别如表 6-8 所示。

表 6-8　　　　　　　　提案改善与合理化建议活动的区别

主要区别	合理化建议	提案改善
实施者不同	自己提出，他人实施	自己提出，自己实施
关注点不同	更加关注问题的解决	更加关注员工的参与
组织参与者不同	工会组织、员工参与	企管部门组织，全员参与
质量要求不同	可以随意提	要能够实施
实施管理过程不同	更注重建议的提出	更注重改善的过程

2. 提案改善与合理化建议的结合

企业可以根据工作需要，将提案改善活动与合理化建议有机结合，一方面，吸取合理化建议的优点，降低提案采纳的门槛，鼓励员工不仅仅针对自己的工作提出改善建议和方案，使员工的参与面更广、积极性更高；另一方面，加强合理化建议的跟踪、落实、评价管理，使员工看到自己的建议和提案实施的成果、取得的效益。可见，两者相结合可以有效发挥各自优势，进一步提升活动效果。

第四节　7S 管理的延伸与提升

一、精益管理

1. 什么是精益管理

精益管理源于精益生产。精益生产（Lean Production）是起源于日本丰田汽车公司的生产组织管理方式。精益管理要求企业的各项活动都必须运用"精益思维"（Lean Thinking）。"精益思维"的核心就是以最小资源投入，创造出尽可能多的价值。精益管理，是一种以消灭浪费和不断改善为核心，使企业以最少的投入获取成本和运作效益显著改善的全新生产管理模式。

2. 发电企业的精益管理

发电企业推行好精益管理，重点就是要发现和梳理好一系列的价值流程，然后利用精益管理的思想和方法进行分析。流程实际是界定了一系列价值创造活动的职责，表面是保障流程运行的指导规范、奖惩措施，实质则是发电企业层级制管理结构下的授权关系。因此，精益管理必须以管理的机构为出发点，通过对发电企业的评估，对生产环节的优化，最终实现管理精益、价值最大。其中，管理结构评估决定方向，组织流程优化决定效率，制度规范制定决定效果。对发电企业而言，运行管理、煤耗控制、燃料内控、安健环管理、点检定修、技术管理、采购管理、市场营销、物资管理等都是精益管理关注的要点，应从这些方面开展流程诊断、优化，以流程管理的视觉组织工作团队，发现浪费，推进改善，从而达到精益管理的目的。

二、与企业文化相结合

1. 什么是企业文化

企业文化是企业在生产经营实践中逐步形成的，是全体员工共同遵循的基本信念和认知，还是带有本组织特点的使命、愿景、宗旨、精神、价值观和经营理念的总和。简而言之，是企业信奉的价值理念的实践化。

2. 企业文化的三个层次

一般人们认识上的企业文化由以下三个层次构成：

（1）表面层的物质文化，称为企业的"硬文化"。包括厂容厂貌、机器设备等。

（2）中间层的制度文化，包括各项规章制度和纪律等。

（3）核心层的精神文化，称为"企业软文化"。包括各种行为规范、价值观念、职工素质和优良传统等，是企业文化的核心，被称为企业精神。

3. 7S 管理对企业文化的贡献

7S 管理通过对工作环境的改善，对制度的规范，潜移默化地改变员工的行为习惯，提升员工素养，最终形成全体员工共同认可的企业理念和价值观。因此，7S 管理可以由外而内地影响企业文化的各个层面，甚至一些企业通过推行 7S 形成了各具特色的企业文化。像海尔公司的"日事日毕，日清日高"管理文化，靖远二电"每天进步百分之一"的"日新文化"等，这些优秀企业文化，都是建立在 7S 改善精神的基础之上的。

7S 管理虽然只是管理活动中的一个方法，但随着其外延的不断延伸，7S 管理也成为企业文化中的一部分。总体说来，7S 管理是一种创新的文化、学习的文化、执行的文化、改善的文化、激励的文化、细节的文化，见图 6-4。

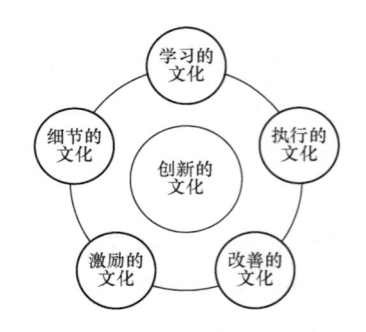

图 6-4　7S 管理对企业文化的贡献

三、自主管理

1. 什么是自主管理

自主管理是指一个组织的管理方式,主要通过员工的自我约束、自我控制、自我发现问题、自我分析问题、自我解决问题,变被动管理为主动管理,进而实现自我提高、自我创新、自我超越,推动组织不断发展与进步。

2. 为什么要实施自主管理

心理学家马斯洛认为,人有五种层次的需求,即生理需求、安全需求、社会需求、自尊需求、自我实现需求。企业管理者应想方设法满足员工各个层次的需求,以提高员工的工作满意度,调动员工的工作积极性,激发员工的智慧和创造力,使员工以更大的热情投入工作,为企业创造更好的经营成果。

(1) 自主管理是将决策权尽最大可能地向组织下层移动,让基层管理者和员工拥有充分的自主权,并做到责任权利的有机统一。

(2) 自主管理为每一位员工都提供了参与管理的渠道,使员工的聪明才智得到充分发挥、自我价值得到充分体现,让员工真正体验到工作所带来的乐趣和生命的意义。

(3) 自主管理在实现组织目标的同时实现员工的个人价值,使员工的创造力最终凝聚成企业的创新力和竞争力,促进企业生产经营目标的实现。

3. 7S 为自主管理打好了基础

自主管理是企业各项管理经历了严格的制度化阶段后,从无序状态走向有序状态,各项制度内涵被员工认可并自觉遵守,将以往制度下的监督命令变为员工的自觉认识和认真执行,变传统的"自上而下"的管理为"自下而上"的管理,更加强调以人为本,更加尊重人性需求,是企业管理的发展趋势和更高境界。7S 管理为企业早日实现自主管理奠定了良好的基础,是企业走向自主管理的必经之路。

(1) 管理更加完善并得到员工认可。

7S 管理使各项规章制度深入人心,得到员工的广泛认同和自觉遵守,企业在 7S 实践中不断完善管理,有利于企业从制度管理向自主管理的顺利过渡。

(2) 员工素质提升并能够自我管理。

7S 管理使员工素质素养得到有效提升,员工能够自觉遵守企业管理要求,并形成良好习惯,员工自律性增强、责任感增强,具备了自我管理能力。

(3) 建立有效沟通并形成良好管理氛围。

通过提案改善等活动的有效开展,管理者与基层员工增进了交流和沟通,7S 鼓励员工为企业生产经营献计献策,形成了从上到下共同关注企业管理、参与企业管理的良好氛围。

(4) 员工自主学习能力增强。

7S 管理要求员工在实践中不断学习提升，倡导员工积极识别和解决问题，鼓励员工进行不断尝试创新，自主学习能力显著增强。

4. 自主管理时代已经来临

随着越来越多的 80 后、90 后进入企业，并成为企业生产经营发展的生力军，如何有效教育和引导 80 后、90 后，充分激发这个群体的潜能，是摆在每一位管理者面前的难题。80 后、90 后年轻人个性更加张扬、更渴望被尊重和认可、自我实现的愿望更加强烈，命令式、说教式为主的管理方式显然已经不适应对这一代年轻人的管理，企业管理者要学习运用自主管理方式，营造坦诚沟通、理解尊重的管理氛围，建立鼓励学习、倡导创新的激励机制，提供公平竞争、个性化的发展平台，取得更好的管理效果，使企业管理更加适应时代的要求。

参 考 文 献

[1] 聂云楚. 如何推进5S. 深圳：海天出版社，2002.

[2] 吴发明，文菁华. 7S推行操作手册. 北京：人民邮电出版社，2008.

[3] 汤义萌，张勇飞. 6S与卓越现场管控. 深圳：海天出版社，2014.

[4] 石强，孙东风. 5S推行实操手册. 北京：中国电力出版社，2012.

[5] 涂高发. 图说工厂目视管理. 北京：人民邮电出版社，2014.

[6] 江艳玲，何庆成. 现场与5S管理实操应用全案. 北京：中国工人出版社，2013.

[7] 唐苏亚. 5S活动推行与实施. 广州：广东经济出版社，2012.

[8] 刘承元. TPM活动——挑战企业生产效率极限的武器. 深圳：海天出版社，2002.

[9] 中国华电集团公司. 火力发电企业生产安全设施配置标准. 北京：中国电力出版社，2005.

[10] 中国华电集团公司. 水力发电企业生产安全设施配置标准. 北京：中国电力出版社，2006.